高校思想政治理论课**教学案例**丛书

丛书主编　徐进功　石红梅

中国近现代史纲要

教学案例

主　编◎周雪香

厦门大学出版社

XIAMEN UNIVERSITY PRESS

国家一级出版社

全国百佳图书出版单位

图书在版编目（CIP）数据

中国近现代史纲要教学案例 / 周雪香主编. -- 厦门 ：
厦门大学出版社，2025．3．--（高校思想政治理论课教
学案例丛书 / 徐进功，石红梅主编）. -- ISBN 978-7
-5615-9468-1

Ⅰ．K25

中国国家版本馆 CIP 数据核字第 20242347W2 号

责任编辑	高　健
美术编辑	李夏凌
技术编辑	朱　楷

出版发行　厦门大学出版社

社　　址　厦门市软件园二期望海路 39 号
邮政编码　361008
总　　机　0592-2181111　0592-2181406(传真)
营销中心　0592-2184458　0592-2181365
网　　址　http://www.xmupress.com
邮　　箱　xmup@xmupress.com
印　　刷　厦门市竞成印刷有限公司

开本　720 mm×1 020 mm　1/16
印张　18
插页　1
字数　315 千字
版次　2025 年 3 月第 1 版
印次　2025 年 3 月第 1 次印刷
定价　69.00 元

厦门大学出版社
微信二维码

厦门大学出版社
微博二维码

本丛书出版获以下项目资助：

2025年厦门大学本科教材立项建设项目

中共福建省委教育工委2024年学校思想政治工作委托课题"思政课案例教学研究"

厦门大学马克思主义理论学科"双一流"建设项目

丛书主编

徐进功　石红梅

编委会

（按姓氏笔画排序）

王亚群　石红梅　吕微平　刘皓琰　张有奎　吴　茜

林　密　苗瑞丹　周雪香　徐进功　原宗丽　黄佳佳

傅丽芬　曾炜琴　蒋昭阳

序 言

　　思想政治理论课是落实立德树人根本任务的关键课程,办好思政课意义重大。党的十八大以来,以习近平同志为核心的党中央高度重视思政课建设,始终把学校思政课建设放在世界百年未有之大变局中来审视,置于以中国式现代化全面推进强国建设、民族复兴伟业的全局来考量,立足于培养德智体美劳全面发展的社会主义建设者和接班人的基础来谋划,作出了一系列重大决策部署。党对思政课建设的领导全面加强,思政课教师乐教善教、潜心育人的信心底气更足,广大青少年学生"四个自信"明显增强、精神面貌奋发昂扬,思政课发展环境和整体生态发生全局性、根本性转变。

　　厦门大学一贯重视思政课建设、重视思政课堂教学质量。特别是近年来,厦门大学党委坚持以习近平新时代中国特色社会主义思想为指导,深入贯彻落实习近平总书记在学校思想政治理论课教师座谈会上的重要讲话精神和对学校思政课建设的重要指示精神,成立由书记、校长任双组长的思想政治理论课领导小组,加大力度高位推进思政课高质量发展。我也深入课堂听思政课、带头上讲台讲思政课、参加集体备课会交流研讨,及时了解和解决思政课建设的重点难点问题。马克思主义学院在思政课程群建设、教研改革、队伍建设、大思政课建设、大中小学思政课一体化等方面持续下功夫,深化"专题教学＋网络教学＋实践教学""三位一体"教学模式改革,进一步巩固课堂教学主阵地、提升专题教学吸引力、丰富网络教学资源、以数字赋能思政课堂,拓展研学实践大课堂、增强实践教学影响力,多措并举探索思政课改革创新。

　　古今中外,每个国家都是按照自己的政治要求来培养人的。思政课是学校进行思想政治教育的主渠道、主阵地。如何建好建强这一主渠道、主阵地,同步推进思政课建设和党的创新理论武装,用习近平新时代中国特色社会主义思想武装青年、教育青年、引导青年,用身边鲜活的新时代小故事、蕴含红色基因的好故事讲好思政课大道理,提高思政课思想性、理论性的同时提升针对性和吸引力,是当前高校思政课建设面临的核心问题。

针对上述问题,厦门大学马克思主义学院组织学院教师,结合科研优势和教学实践,以案例教学为突破口,编写了《高校思想政治理论课教学案例丛书》,为高校思政课教师在课堂上讲好中国故事、传播好中国声音、教育好广大青年学生提供教学参考。丛书具有较强的系统性,涵盖"习近平新时代中国特色社会主义思想概论""马克思主义基本原理""毛泽东思想和中国特色社会主义理论体系概论""中国近现代史纲要""思想道德与法治"等五门本科思政必修课,采用统一体例,构建"案例呈现、案例指向、案例解析"的完整框架。丛书具有较强的针对性,在精细研读教材的基础上,瞄准教材各章节中的重点难点问题设计问题链,引入"《流浪地球》与群众史观"等社会热点案例激发学生理论学习的求知欲;引入"孟晚舟和法国阿尔斯通公司前高管皮耶鲁齐的遭遇对比"等对比案例引导学生正确认识中国特色和国际比较。丛书具有较强的时代性,引入"新时代的中国北斗"等富有中国化时代化特点的教学素材,充分体现党的十八大以来中国特色社会主义取得的举世瞩目成就;引入"大山的女儿——黄文秀"等耳熟能详又贴近青年的教学素材,引导学生正确处理"小我"和"大我"的关系。丛书具有较强的地域性,引入具有福建特色的教学素材,讲好福建的革命故事、红色故事和改革实践,特别是,丛书深度挖掘"鹭岛潮涌帆正满——美丽中国厦门实践"等习近平同志在福建工作期间的实例,引领师生感悟习近平新时代中国特色社会主义思想的萌发、孕育和发展历程,探寻习近平新时代中国特色社会主义思想的历史原点和生动注脚。

"新时代新征程上,思政课建设面临新形势新任务,必须有新气象新作为。"组织编写思想政治理论课案例教学辅导用书,是厦门大学全体思政课教师就思政课案例教学进行的一次有益探索,是学校在守正创新推动思政课建设内涵式发展上的经验积淀。丛书遵循高校思政课教学因事而化、因时而进、因势而新的规律,运用清晰的逻辑、学术的理论、时代的语言、优美的文字对案例进行解读阐述,实现政治性、思想性、时代性、可读性相结合。衷心希望这套丛书能帮助广大思政课教师不断提升教学素养和教学水平,把思政课讲深、讲透、讲活,让学生爱听爱学、入脑入心,引导青年学生切实感悟"中国之理"、解读"中国之治"、走好"中国之路",为培养更多让党放心、爱国奉献、担当民族复兴重任的时代新人作出积极贡献。

厦门大学党委书记　　张　荣

中国科学院院士

2025 年 1 月

目　录

导　言

一、教学主要目标

　　了解什么是历史，什么是中国近现代史，明确"中国近现代史纲要"的课程性质。从历史关乎国家民族兴亡，学史明理、爱党爱国等方面，引导学生理解学习中国近现代史纲要的目的和意义。学习的目的在于应用，学习中国近现代史有助于了解昨天，把握今天，更好地走向明天。

　　掌握中国近现代史的分期，了解旧民主主义革命时期和新民主主义革命时期不同历史阶段的概貌，引导学生明确中国近现代史的主题主线、主流本质，警惕和反对历史虚无主义。

　　掌握马克思主义的历史观和方法论，坚持用唯物史观来认识历史。树立大历史观，从历史长河、时代大潮、全球风云中分析演变机理、探究历史规律。树立正确党史观，正确认识和科学评价党史上的重大事件、重要人物。

二、教学重难点

　　综述中国近现代五个历史阶段的历史发展脉络，引导学生理解中国近现代史的主题主线、主流本质，并将之作为阐释历史任务、总结历史成就、评价历史地位的基本依据。

　　树立并坚持科学的历史观，引导学生学习运用唯物史观和正确党史观来认识历史，坚持实事求是的思想路线，分清主流和支流，掌握正确认识和科学评价重大历史事件、重要历史人物的方法。

三、教学案例

(一)《复兴之路》展览与中国梦的提出

1.案例呈现

《复兴之路》这个展览,回顾了中华民族的昨天,展示了中华民族的今天,宣示了中华民族的明天,给人以深刻教育和启示。中华民族的昨天,可以说是"雄关漫道真如铁"。近代以后,中华民族遭受的苦难之重、付出的牺牲之大,在世界历史上都是罕见的。但是,中国人民从不屈服,不断奋起抗争,终于掌握了自己的命运,开始了建设自己国家的伟大进程,充分展示了以爱国主义为核心的伟大民族精神。中华民族的今天,正可谓"人间正道是沧桑"。改革开放以来,我们总结历史经验,不断艰苦探索,终于找到了实现中华民族伟大复兴的正确道路,取得了举世瞩目的成果。这条道路就是中国特色社会主义。中华民族的明天,可以说是"长风破浪会有时"。经过鸦片战争以来一百七十多年的持续奋斗,中华民族伟大复兴展现出光明的前景。现在,我们比历史上任何时期都更接近中华民族伟大复兴的目标,比历史上任何时期都更有信心、有能力实现这个目标。

回首过去,全党同志必须牢记,落后就要挨打,发展才能自强。审视现在,全党同志必须牢记,道路决定命运,找到一条正确的道路多么不容易,我们必须坚定不移走下去。展望未来,全党同志必须牢记,要把蓝图变为现实,还有很长的路要走,需要我们付出长期艰苦的努力。

每个人都有理想和追求,都有自己的梦想。现在,大家都在讨论中国梦,我以为,实现中华民族伟大复兴,就是中华民族近代以来最伟大的梦想。这个梦想,凝聚了几代中国人的夙愿,体现了中华民族和中国人民的整体利益,是每一个中华儿女的共同期盼。历史告诉我们,每个人的前途命运都与国家和民族的前途命运紧密相连。国家好、民族好,大家才会好。实现中华民族伟大复兴是一项光荣而艰巨的事业,需要一代又一代中国人共同为之努力。空谈误国,实干兴邦。我们这一代共产党人一定要承前启后、继往开来,把我们的党建设好,团结全体中华儿女把我们国家建设好,把我们民族发展好,继续朝着中华民族伟大复兴的目标奋勇前进。

我坚信,到中国共产党成立一百年时全面建成小康社会的目标一定能实现,到新中国成立一百年时建成富强民主文明和谐的社会主义现代化国家的目标一定能实现,中华民族伟大复兴的梦想一定能实现。

（资料来源:习近平:《论中国共产党历史》,中央文献出版社 2021 年版,第 1~2 页。）

2.案例指向

本案例指向教材导言"中国近代史综述"和"中国现代史综述"两部分内容。把国家博物馆基本陈列的《复兴之路》和《复兴之路·新时代部分》转化为教学资源,通过深入学习习近平同志参观《复兴之路》展览时发表的重要讲话,帮助学生了解实现中华民族伟大复兴的中国梦的提出,理解中国近现代史的主流和本质是中国人民为救亡图存和实现中华民族伟大复兴而英勇奋斗、艰辛探索并不断取得伟大成就的历史。

3.案例解析

（1）提出实现中华民族伟大复兴的中国梦

该案例最重要的一点:2012 年 11 月 29 日,习近平在参观《复兴之路》展览时发表了这篇重要讲话,首次提出并阐释实现中华民族伟大复兴的中国梦:"现在,大家都在讨论中国梦,我以为,实现中华民族伟大复兴,就是中华民族近代以来最伟大的梦想。这个梦想,凝聚了几代中国人的夙愿,体现了中华民族和中国人民的整体利益,是每一个中华儿女的共同期盼。"中国梦的提出,背景就是在进入近代后,由于西方列强的入侵,由于封建统治的腐败,中国逐渐成为半殖民地半封建社会,中华民族遭受世界历史罕见的苦难。落后就要挨打,发展才能自强,实现中华民族伟大复兴,就成为中华民族近代以来最伟大的梦想。为了中华民族的伟大复兴,一代又一代中国人从不屈服,不断奋起抗争。旧民主主义革命时期多个探索国家出路的方案都先后失败了。1921 年中国共产党一经成立,就义无反顾地肩负起实现中华民族复兴的伟大梦想,建党以来 100 多年的探索和不断取得的伟大成就表明,坚持和发展中国特色社会主义,是实现中华民族伟大复兴的必由之路。

（2）作为实践教学和数字化教学资源的《复兴之路》展览①

习近平同志参观的《复兴之路》展览是国家博物馆的基本陈列。"在全党全国上下认真学习贯彻党的十八大精神的热潮中，中共中央总书记、中央军委主席习近平和中央政治局常委李克强、张德江、俞正声、刘云山、王岐山、张高丽等 29 日来到国家博物馆，参观《复兴之路》基本陈列。"②"《复兴之路》基本陈列共分中国沦为半殖民地半封建社会、探求救亡图存的道路、中国共产党肩负起民族独立和人民解放历史重任、建设社会主义新中国、走中国特色社会主义道路 5 个部分，通过 1200 多件（套）珍贵文物、870 多张历史照片，回顾了 1840 年鸦片战争以来中国人民在屈辱苦难中奋起抗争，为实现民族复兴进行的种种探索，特别是中国共产党领导全国各族人民争取民族独立、人民解放和国家富强、人民幸福的光辉历程。"③

随着十多年来展览内容、形式的进一步优化和数字技术的应用，国家博物馆《复兴之路》《复兴之路·新时代部分》能够为中国近现代史纲要课程（尤其是导言部分）提供翔实、鲜活、表现手法多样的教学辅助资料。所展出的大量珍贵文物和历史图片，有助于学生在课程的导言部分更加直观、深入地了解中国近现代史的基本脉络、历史分期、重大历史事件和重要历史进程等，"充分展示历史和人民怎样选择了马克思主义、选择了中国共产党、选择了社会主义道路、选择了改革开放，充分展示了历史和人民为什么必须始终坚持高举中国特色社会主义伟大旗帜不动摇，坚持中国特色社会主义道路不动摇，坚持中国特色社会主义理论体系不动摇"④。

（3）相关教学思路的调整和方法论的导入

习近平在阐释中国梦的历史背景时，采用了更简练生动的中国近现

---

① 《国家博物馆数字展厅〈复兴之路〉〈复兴之路·新时代部分〉》，https://www.chnmuseum.cn/portals/0/web/vr/fxzl/，访问日期：2024 年 4 月 22 日。

② 《政治局七常委首度在公开场合集体亮相》，https://news.cntv.cn/china/20121130/102951.shtml? isappinstalled＝1，访问日期：2024 年 4 月 22 日。

③ 张烁：《承前启后 继往开来 继续朝着中华民族伟大复兴目标奋勇前进》，《人民日报》2012 年 11 月 30 日。

④ 《中国国家博物馆〈复兴之路〉展览介绍》，https://www.chnmuseum.cn/portals/0/web/zt/fuxing/intro.html，访问日期：2024 年 4 月 22 日。

代史叙述框架,把中华民族的历史、现实与未来贯通起来,为导言综述部分和后续教材内容专题化提供了另一种备课思路。具体可分为"昨天:雄关漫道真如铁""今天:人间正道是沧桑""明天:长风破浪会有时"三个部分。在"回首过去—审视现在—展望未来"的视野下,引导学生学习运用唯物史观和正确党史观来认识历史,联系、全面、发展地看问题,坚持实事求是,分清主流和支流。引导学生从历史长河、时代大潮、全球风云中分析演变机理、探究历史规律,树立大历史观,在世界历史的比较视野中讲述第一章"进入近代后中华民族的磨难与抗争"。习近平提及:"近代以后,中华民族遭受的苦难之重、付出的牺牲之大,在世界历史上都是罕见的。"[①]这和教材第一章的叙事角度略有不同,教材主要基于"前所未有"的前后对比角度来叙述中华民族在近代遭受的苦难。就已有教学实践来看,有必要从世界历史的比较角度对学生进行方法和视野的拓展引导。

(二)毛泽东研究近代中国历史的方法

1.案例呈现

如何研究党史呢? 根本的方法马、恩、列、斯已经讲过了,就是全面的历史的方法。我们研究中国共产党的历史,当然也要遵照这个方法。我今天提出的只是这个方法的一个方面,通俗地讲,我想把它叫作"古今中外法",就是弄清楚所研究的问题发生的一定的时间和一定的空间,把问题当作一定历史条件下的历史过程去研究。所谓"古今"就是历史的发展,所谓"中外"就是中国和外国,就是己方和彼方。

(资料来源:《毛泽东文集》第2卷,人民出版社1993年版,第400页。)

谈到中国的反帝斗争,就要讲到外国资本主义、帝国主义如何凶恶地侵略中国。讲到中国无产阶级,就要讲到世界无产阶级,讲到中国无产阶级政党——共产党的斗争,就要讲到马、恩、列、斯他们怎样领导国际无产阶级同资本主义和帝国主义作斗争。这就叫"中外法"。中国是"中",外

---

① 张烁:《承前启后 继往开来 继续朝着中华民族伟大复兴目标奋勇前进》,《人民日报》2012年11月30日。

国是"外"。借用这个意思,也可以说,辛亥革命是"中",清朝政府是"外";五四运动是"中",段祺瑞、曹汝霖是"外";北伐是"中",北洋军阀是"外";内战时期,共产党是"中",国民党是"外"。如果不把"外"弄清楚,对于"中"也就不容易弄清楚。世界上没有这方面,也就没有那方面。所以有一个"古今",还有一个"中外"。辛亥革命以来,五四运动、大革命、内战、抗战,这是"古今"。中国的共产党、国民党,农民、地主,工人、资本家和世界上的无产阶级、资产阶级等等,这就是"中外"。我想,为了有系统地研究中共党史,将来需要编两种材料,一种是党内的,包括国际共产主义运动;一种是党外的,包括帝国主义、地主、资产阶级等。两种材料都按照年月先后编排。两种材料对照起来研究,这就叫做"古今中外法",也就是历史主义的方法。我们研究党史,必须全面看,这样研究党史,才是科学的。我们研究党史,必须是科学的,不是主观主义。研究党史上的错误,不应该只恨几个人。如果只恨几个人,那就是把历史看成是少数人创造的。

(资料来源:《毛泽东文集》第2卷,人民出版社1993年版,第406页。)

研究中共党史,应该以中国做中心,把屁股坐在中国身上。世界的资本主义、社会主义,我们也必须研究,但是要和研究中共党史的关系弄清楚,就是要看你的屁股坐在哪一边,如果是完全坐在外国那边去就不是研究中共党史了。我们研究中国就要拿中国做中心,要坐在中国的身上研究世界的东西。我们有些同志有一个毛病,就是一切以外国为中心,作留声机,机械地生吞活剥地把外国的东西搬到中国来,不研究中国的特点。不研究中国的特点,而去搬外国的东西,就不能解决中国的问题。

(资料来源:《毛泽东文集》第2卷,人民出版社1993年版,第407页。)

按照历史发展的顺序,我们党的历史,我觉得可以分为这样三个阶段:大革命时期是第一个阶段;内战时期是第二个阶段;抗日时期是第三个阶段。这个分法是否妥当,大家可以讨论,我只是作为一个意见提出的,不是中央的决议。如果有更适合党的历史过程的分法更好。

革命的任务,三个阶段都是反对帝国主义及其走狗。第一个阶段直接的表现是反对北洋军阀,第二个阶段直接的表现是反对国民党,第三个阶段表现为反对日本侵略者及汪精卫汉奸。

联合的群众,第一个阶段是全国各民主阶级,是国共合作;第二个阶段是缩小了的统一战线，国共分裂，全国分为两大部分，一部分在国民党的领导下，一部分在共产党的领导下，互相对垒，进行内战；第三个阶段是全民族抗日，恢复国共合作的形式。

革命所打击的目标，第一个阶段主要是北洋军阀，我们的政策是广泛的统一战线。第二个阶段表现为反对国民党，我们的政策是狭小的统一战线，是无产阶级和农民、下层小资产阶级联合。第三个阶段就是现在的政策，日本侵略者和汉奸是我们的打击目标。革命的阵线是国共合作，全国各爱国力量。这是我们的路线。……

中共党史分成这三个阶段，就斗争目标、打击对象、党的政治路线讲，都合乎事实，都说得通。

在一九二五至二七年的大革命之前，还有一个准备阶段。一九二一至一九二四年是大革命的直接准备，可以和一九二五年开始的大革命合成一个阶段。"七七"以前，国民党三中全会以后，国共合作的局面大体上已经形成，这可以考虑合并于第三个阶段，也不必再分。

说到革命的准备，一九二一年开始的第一个阶段，实际上是由辛亥革命、五四运动准备的。特别是五四运动，大革命的思想、干部、群众、青年知识分子都是这时开始准备的。所以严格地讲，我们研究党史，只从一九二一年起还不能完全说明问题，恐怕要有前面这部分的材料说明共产党的前身。这前面的部分扯远了嫌太长，从辛亥革命说起差不多，从五四运动说起可能更好。……

五四运动准备了大革命，没有五四运动就没有大革命。……

研究中国共产党的历史，还应该把党成立以前的辛亥革命和五四运动的材料研究一下。不然，就不能明了历史的发展。现在有很多东西直接联系到那时候，比如反对党八股，如不联系"五四"时反对老八股、老教条、孔夫子的教条、文言文，恐怕就不能把问题弄清楚。

（资料来源：《毛泽东文集》第2卷，人民出版社1993年版，第400～404页。）

2.案例指向

本案例指向教材导言"学习中国近现代史的目的和要求"部分，其中关于方法论的具体要求是"树牢唯物史观，提高运用科学的历史观方法论分析和解决问题的能力"。案例中毛泽东总结的近代中国历史研究的基本方法、立场、历史分期等,有助于引导学生学习树立唯物史观和正确党史观,以中国为中心,全面地历史地看问题,有利于倡导严谨的学风。

3.案例解析

(1)全面的历史的"古今中外法"

毛泽东指出:"如何研究党史呢？ 根本的方法马、恩、列、斯已经讲过了,就是全面的历史的方法。"毛泽东把这个方法的一个方面总结为"古今中外法",强调研究党史要弄清楚所研究的问题发生的一定的时间和一定的空间,把问题当作一定历史条件下的历史过程去研究。"古今"就是"历史的发展","中外"就是中国和外国,己方和彼方。

"古今中外法",体现了毛泽东的大历史观。要求有历史的、发展的、中外(己彼)的视野,分析问题既不能脱离一定的历史条件、历史过程,又要将历史和现实有机结合起来。这是树立唯物史观的基本内容之一。

毛泽东指出,"古今中外法"就是历史主义的方法。他举了一个典型案例,说明怎样研究党史才是全面的、科学的:"研究党史上的错误,不应该只恨几个人。如果只恨几个人,那就是把历史看成是少数人创造的。"这个例子举得很切题,有助于学生树立唯物史观,学会全面、客观地看待历史问题和进行历史评价。

毛泽东的"古今中外法",在"中外"这个层面,强调的是党史研究要注重比较的视野和方法。"中外"有两重含义:其一,中国和外国;其二,己方与彼方。毛泽东对此进行了举例说明:内战时期,共产党是"中",国民党是"外"。毛泽东还指出了"中外"比较研究的必要性:"如果不把'外'弄清楚,对于'中'也就不容易弄清楚。"

毛泽东在说明"古今中外法"时,还提出了系统整理党内、党外两种材料的设想。党内的,除了中共,包括国际共产主义运动;党外的,包括帝国主义、地主、资产阶级等。两种材料都按照年月先后编排。两种材料对照起来研究,这就叫做"古今中外法"。

史料是研究的基础。案例的这方面内容可以延伸至历史研究的基本过程和基本方法,引导学生在实践教学环节选择恰当题目,尽可能全面地收集相关核心史料,运用唯物史观的方法和立场,开展实践研学,撰写实践报告。

（2）以中国为中心的立场

案例中毛泽东说的"以中国做中心"，与"古今中外法"强调的"中外"并不矛盾，不是只研究中国的东西，而是"要坐在中国的身上研究世界的东西"。

"古今中外法"是1942年毛泽东在中央学习组讲话中提出的。当时面临彻底清算王明"左"倾错误路线的问题。毛泽东强调"以中国做中心"的党史研究立场，反对"一切以外国为中心"，并不仅仅是字面可见的中共与共产国际的国家立场问题，更重要的是路线立场的问题。

作为思想政治理论课的"导言"，必须引导学生树立唯物史观和正确党史观。本案例的这个方面，可以延伸至教材第五章王明等人的"左"倾教条主义错误对中国革命带来的严重危害等内容，帮助学生理解树立唯物史观和正确党史观的重要性和必要性，正确认识中国近现代的历史，要坚持以中国为中心的国家立场，坚持正确的路线立场。

（3）1911—1945年的历史分期

教材在导论第一目"中国近代史综述"下设"从鸦片战争到五四运动的前夜"和"从五四运动到中华人民共和国的成立"两个子目，遵循了在政治和学术层面得到广泛认同的中国近代史分期的理论和方法，即以五四运动为分野，将中国近代史分为旧民主主义革命和新民主主义革命两个时期。

毛泽东则提供了另一种分期方法，分为四个阶段：大革命准备阶段（1911—1924年）、大革命时期（1925—1927年）、内战时期（1928—1937年）、抗日时期（1937—1945年）。

关于大革命准备阶段，毛泽东认为，1921—1924年是大革命的直接准备阶段，这个阶段又是由辛亥革命、五四运动准备的，研究党史只从1921年起还不能完全说明问题，"前面的部分扯远了嫌太长，从辛亥革命说起差不多，从五四运动说起可能更好"，"五四运动准备了大革命，没有五四运动就没有大革命"。

毛泽东划分和命名的大革命准备阶段，即如学者所言，是有创见卓识的。

　　毛泽东说的大革命准备阶段，内涵是1921—1924年，外延则包括辛亥革命、五四运动，所以大革命的准备可以是1911—1924年。

毛泽东的这个分期及其命名,有独到之处,特别是把 1911—1924 年作为大革命的准备时期,是有创见的。这种分期的明显特点,就是从中国革命史的发展来分期,而不是从中国共产党的产生、发展来分期。从中国革命的发展来看,大革命确实是一个重要的历史阶段,而把辛亥革命到大革命前的一段作为大革命的准备阶段,也是合乎事理的。这样的分期和命名不愧是一种卓识。毛泽东强调了研究辛亥革命、五四运动对于研究党的历史的重要性,即强调了要把辛亥革命、五四运动作为中国共产党产生、发展的背景来研究,因为中国共产党的产生、发展是辛亥革命、五四运动历史发展的必然结果,中国共产党的路线方针政策也是辛亥革命、五四运动历史发展的必然产物。……毛泽东把中共党史研究的上限推到辛亥革命,这个观点以后被一些中共党史、中国革命史的研究者所采纳。大革命时期、(十年)内战时期、抗日(战争)时期的分期法,以后也被很多的党史、革命史研究者所采纳,可见毛泽东分期说对于中共党史研究的影响了。[①]

关于大革命时期、内战时期、抗日时期这三个阶段的划分,毛泽东聚焦革命的任务、联合的群众、革命所打击的目标,具体分析了它们在历史发展过程中呈现的阶段性差异,以之作为三个阶段的划分依据。毛泽东认为:"中共党史分成这三个阶段,就斗争目标、打击对象、党的政治路线讲,都合乎事实,都说得通。"

(4)毛泽东的严谨作风

本案例引文中有一个不应忽略的细节,即毛泽东在阐释自己见解的时候,首先申明:"这个分法是否妥当,大家可以讨论,我只是作为一个意见提出的,不是中央的决议。如果有更适合党的历史过程的分法更好。"申明自己是一家之言,可以讨论。

借着案例中体现的毛泽东与人讨论的平等姿态和严谨的治学作风,提出本课程关于学风的基本要求:其一,学习、工作中的讨论和交流不同于辩论或吵架,要有平等的态度,尊重对方,不做人身攻击。其二,作风要

---

① 周一平:《中共党史史学史》,甘肃人民出版社 2001 年版,第 13～14 页。

严谨,具体到本课程,要求学生完成课程作业和提交相关实践论文报告时,首先要注意学术规范,秉承基本的学术道德,做好注释,避免抄袭。

(三)正确认识和科学评价重要历史人物

1.案例呈现

今天,我们怀着十分崇敬的心情,在这里隆重集会,纪念中国共产党、中国人民解放军、中华人民共和国的主要缔造者,中国各族人民的伟大领袖毛泽东同志诞辰一百二十周年。

毛泽东同志是伟大的马克思主义者,伟大的无产阶级革命家、战略家、理论家,是马克思主义中国化的伟大开拓者,是近代以来中国伟大的爱国者和民族英雄,是党的第一代中央领导集体的核心,是领导中国人民彻底改变自己命运和国家面貌的一代伟人。

毛泽东同志等老一辈革命家,都是从近代以来中国历史发展的时势中产生的伟大人物,都是从近代以来中国人民抵御外敌入侵、反抗民族压迫和阶级压迫的艰苦卓绝斗争中产生的伟大人物,都是走在中华民族和世界进步潮流前列的伟大人物。

⋯⋯⋯⋯⋯

毛泽东同志为中国新民主主义革命的胜利、社会主义革命的成功、社会主义建设的全面展开,为实现中华民族独立和振兴、中国人民解放和幸福,作出了彪炳史册的贡献。毛泽东同志毕生最突出最伟大的贡献,就是领导我们党和人民找到了新民主主义革命的正确道路,完成了反帝反封建的任务,建立了中华人民共和国,确立了社会主义基本制度,取得了社会主义建设的基础性成就,并为我们探索建设中国特色社会主义的道路积累了经验和提供了条件,为我们党和人民事业胜利发展、为中华民族阔步赶上时代发展潮流创造了根本前提,奠定了坚实的理论和实践基础。

⋯⋯⋯⋯⋯

对历史人物的评价,应该放在其所处时代和社会的历史条件下去分析,不能离开对历史条件、历史过程的全面认识和对历史规律的科学把握,不能忽略历史必然性和历史偶然性的关系。不能把历史顺境中的成功简单归功于个人,也不能把历史逆境中的挫折简单归咎于个人。不能用今天的时代条件、发展水平、认识水平去衡量和要求前人,不能苛求前人干出只有后人才能干出的业绩来。

革命领袖是人不是神。尽管他们拥有很高的理论水平、丰富的斗争经验、卓越的领导才能,但这并不意味着他们的认识和行动可以不受时代条件限制。不能因为他们伟大就把他们像神那样顶礼膜拜,不容许提出并纠正他们的失误和错误;也不能因为他们有失误和错误就全盘否定,抹杀他们的历史功绩,陷入虚无主义的泥潭。

前事不忘,后事之师。一个马克思主义政党对自己的错误所抱的态度,是衡量这个党是否真正履行对人民群众所负责任的一个最重要最可靠的尺度。我们党对自己包括领袖人物的失误和错误历来采取郑重的态度,一是敢于承认,二是正确分析,三是坚决纠正,从而使失误和错误连同党的成功经验一起成为宝贵的历史教材。

…………

二十五年前,在党和国家面临向何处去的重大历史关头,在邓小平同志领导下,我们党解决了正确评价毛泽东同志和毛泽东思想的历史地位、根据新的实际和历史经验确立中国实现社会主义现代化的正确道路这两个相互联系的重大历史课题,作出了把党和国家的工作重点转移到以经济建设为中心的社会主义现代化建设上来、坚持四项基本原则、实行改革开放的历史性决策,实现了新中国成立以来我们党历史上具有深远意义的伟大转折。

(资料来源:习近平:《论中国共产党历史》,中央文献出版社 2021 年版,第 49~58 页。)

2.案例指向

本案例指向教材导言第三目"学习中国近现代史的目的和要求"部分,其中的教学重难点问题是引导学生树立唯物史观和正确党史观,正确认识和科学评价重要历史人物。本案例能够帮助学生掌握评价历史人物的具体方法,理解为什么要正确认识和科学评价重要历史人物。

3.案例解析

(1)如何正确认识和科学评价重要历史人物

如何正确认识和科学评价重要历史人物,引导学生树立唯物史观和正确党史观，是"导言"部分的教学重难点之一。习近平在纪念毛泽东同志诞辰一百二十周年座谈会上的重要讲话中指出了评价历史人物的基本原则和科学态度，教学过程中可以将之概括为一个"应该"和八个"不能"。

一个"应该"即"应该放在其所处时代和社会的历史条件下去分析"。以习近平对毛泽东的评价为例，"近代以来中国伟大的爱国者和民族英雄"这段评价，就是把毛泽东放在近代以来中国历史发展的时势中，放在近代以来中国人民抵御外敌入侵、反抗民族压迫和阶级压迫的艰苦卓绝斗争中，放在中华民族和世界进步潮流中来分析的。

八个"不能"包括：不能离开对历史条件、历史过程的全面认识和对历史规律的科学把握；不能忽略历史必然性和历史偶然性的关系；不能把历史顺境中的成功简单归功于个人；不能把历史逆境中的挫折简单归咎于个人；不能用今天的时代条件、发展水平、认识水平去衡量和要求前人；不能苛求前人干出只有后人才能干出的业绩来；不能因为他们伟大就把他们像神那样顶礼膜拜；不能因为他们有失误和错误就全盘否定。

这八个"不能"指出了评价历史人物时的常见错误类型。这些错误类型又最终表现为两种偏离实际的导向：一是"神化"历史人物，搞个人崇拜；二是全盘否定，陷入虚无主义的泥潭。

这些常见错误类型，究其致误原因，主要也在于两个方面：其一，并非有意为之，根源在于评价人自身知识、能力的不足，对历史的认识不足。这些不足可以通过深入学习来解决。其二，故意歪曲，别有用心。需要旗帜鲜明地警惕和反对其中的历史虚无主义论调。

（2）为什么要正确评价重要历史人物

为什么要正确分析和评价重要历史人物？习近平提到"前事不忘，后事之师"这个成语。只有正确分析和评价重要历史人物，才能继承和发扬成功的经验，才能坚决纠正失误和错误，"从而使失误和错误连同党的成功经验一起成为宝贵的历史教材"。以评价毛泽东为例，正是因为1978年在党和国家面临向何处去的重大历史关头，解决了正确评价毛泽东同志和毛泽东思想的历史地位等问题，才实现了新中国成立以来我们党历史上具有深远意义的伟大转折。

(四)从苏联解体看警惕和反对历史虚无主义

1.案例呈现

苏联解体前,在所谓"公开性""民主化"的口号下……一些苏共党员甚至领导层成员成了否定苏共历史、否定社会主义的急先锋,成了传播西方意识形态的大喇叭,苏共党内从思想混乱演变到组织混乱。最后,这样一个有着 90 多年历史、连续执政 70 多年的大党老党就哗啦啦轰然倒塌了。

(资料来源:《习近平总书记重要讲话文章选编》,中央文献出版社、党建读物出版社 2016 年版,第 23 页。)

我之所以强调这个问题,是因为这个重大政治问题处理不好,就会产生严重政治后果。古人说:"灭人之国,必先去其史。"国内外敌对势力往往就是拿中国革命史、新中国历史来做文章,竭尽攻击、丑化、污蔑之能事,根本目的就是要搞乱人心,煽动推翻中国共产党的领导和我国社会主义制度。苏联为什么解体?苏共为什么垮台?一个重要原因就是意识形态领域的斗争十分激烈,全面否定苏联历史、苏共历史,否定列宁,否定斯大林,搞历史虚无主义,思想搞乱了,各级党组织几乎没任何作用了,军队都不在党的领导之下了。最后,苏联共产党偌大一个党就作鸟兽散了,苏联偌大一个社会主义国家就分崩离析了。这是前车之鉴啊!……所以,正确处理改革开放前后的社会主义实践探索的关系,不只是一个历史问题,更主要的是一个政治问题。建议大家把《关于建国以来党的若干历史问题的决议》找出来再看看。

(资料来源:习近平:《习近平著作选读》第 1 卷,人民出版社 2023 年版,第 79~80 页。)

唯物史观是我们共产党人认识把握历史的根本方法。如果历史观错误,不仅达不到学习教育的目的,反倒会南辕北辙、走入误区。现在,一些错误倾向要引起警惕:有的夸大党史上的失误和曲折,肆意抹黑歪曲党的历史、攻击党的领导;有的将党史事件同现实问题刻意勾连、恶意炒作;有的不信正史信野史,将党史庸俗化、娱乐化,热衷传播八卦轶闻,对非法境外出版物津津乐道,等等。……要旗帜鲜明反对历史虚无主义,加强思想引导和理论辨析,澄清对党史上一些重大历史问题的模糊认识和片面理解,更好正本清源、固本培元。

（资料来源:习近平:《在党史学习教育动员大会上的讲话》,人民出版社 2021 年版,第 24~25 页。）

2.案例指向

本案例指向教材导言"学习中国近现代史的目的和要求"部分,警惕和反对历史虚无主义是其中的一项重要内容。本案例能够帮助学生认知历史虚无主义的严重危害,引导学生从方法和行动上警惕并反对历史虚无主义。

3.案例解析

(1)历史虚无主义的本质

历史虚无主义以所谓"重新评价"为名,歪曲近现代中国革命历史、党的历史和中华人民共和国历史。其要害是从根本上否定马克思主义的指导地位和中国走向社会主义的历史必然性,否定中国共产党的领导。习近平多次以苏联解体为例,指出要旗帜鲜明反对历史虚无主义。

历史虚无主义的本质是一种唯心史观下的有特定政治目的的政治思潮。"对当今中国来说,历史虚无主义就是在各种以唯心史观为哲学基础的错误思潮影响下,为适应资本主义国家对中国等社会主义国家实施和平演变战略的政治需要而产生,并和国内反共、反社会主义势力企图对社会主义国家进行和平演变的战略相呼应而兴起,在 20 世纪得到较大发展,并在 21 世纪开始泛滥的一股政治思潮,其目的不是学术研究,而是打着学术研究的旗号来从根本上否定马克思主义指导地位、中国共产党的领导和中国走向社会主义的历史必然性,从而达到颠覆共产党的领导和社会主义制度的目的。"[1]

(2)苏共亡党、苏联解体的前车之鉴

"在苏共亡党、苏联解体的过程中,历史虚无主义扮演了重要角色,正是历史虚无主义的泛滥导致了苏共意识形态大厦的崩塌。苏共历史上的第一次虚无主义泛滥开始于苏共二十大即将闭幕时赫鲁晓夫的'秘密报

---

[1]　朱继东:《新时代党的意识形态思想研究》,人民出版社 2018 年版,第 212 页。

告'。这份存在着严重失实的'秘密报告'在评价斯大林时采用了表面上抽象肯定、实际上全盘否定的方法,处处把领袖作用同政党、人民群众的作用对立起来并使用对敌斗争的语言,并且很多地方是在捏造事实攻击、诋毁斯大林,导致人们开始对苏共和社会主义产生怀疑。再加上西方资本主义国家反动宣传的影响,反共、反社会主义的思潮不久便开始在苏联出现。在一些公开场合,斯大林的画像被当众扯下来撕碎;在一些高等院校和科研院所,出现了反共、反社会主义的政治活动;在游行活动中,甚至有人喊出了'打倒共产党'、'打倒苏维埃'的口号。"①

历史虚无主义严重泛滥,到苏联解体前,"苏共党员甚至领导层成员成了否定苏共历史、否定社会主义的急先锋,成了传播西方意识形态的大喇叭,苏共党内从思想混乱演变到组织混乱"。由是引发苏共轰然倒塌,苏联分崩离析。

(3)反对历史虚无主义的方法和行动

反对历史虚无主义,要坚持唯物史观,树立正确党史观。"要坚持以我们党关于历史问题的两个决议和党中央有关精神为依据,准确把握党的历史发展的主题主线、主流本质,正确认识和科学评价党史上的重大事件、重要会议、重要人物。要实事求是看待党史上的一些重大问题。"②

反对历史虚无主义,要坚守人民立场,坚定历史自信。"在讲授中国历史时,要注重引导学生传承民族气节、崇尚英雄气概,引导学生学习英雄、铭记英雄,自觉反对那些数典忘祖、妄自菲薄的历史虚无主义和文化虚无主义,自觉提升境界、涵养气概、激励担当。"③

四、延伸阅读

1.毛泽东:《如何研究中共党史》(1942年3月30日),《毛泽东文集》

---

① 朱继东:《新时代党的意识形态思想研究》,人民出版社2018年版,第212～213页。
② 习近平:《在党史学习教育动员大会上的讲话》,人民出版社2021年版,第24页。
③ 习近平:《论中国共产党历史》,中央文献出版社2021年版,第71页。

第 2 卷,人民出版社 1993 年版。

2.《中国共产党中央委员会关于建国以来党的若干历史问题的决议》,人民出版社 1981 年版。

3.《中共中央关于党的百年奋斗重大成就和历史经验的决议》,人民出版社 2021 年版。

4.李大钊:《史学要论》,商务印书馆 1999 年版。

五、拓展研学

1.阅读并展开历史虚无主义典型案例讨论。请学生搜集与中国近现代史重大历史事件、重要历史人物相关的历史虚无主义典型论调,分组讨论,指出其中的错误。

2.课后请学生查阅工具书中"唯物主义""唯心主义""虚无主义"等词条。既让学生在导论课后熟悉本课程需要用的基本工具书,例如《辞海》,又让学生对相关理论问题做必要的了解。

3.开展实践研学和现场教学活动。利用寒暑假组织学生参观中国国家博物馆《复兴之路》《复兴之路·新时代部分》等基本陈设,搜集馆藏珍稀文物、图像史料,撰写"以图证史:中华民族的复兴之路""文物证史:中华民族的复兴之路"系列调研报告。

4.向学生推介国家博物馆官网上的数字展厅,并将相关数字化展陈内容转化为教学资源,以问卷、访谈等形式获取学生关于"数字化资源与中国近现代史纲要教学"的反馈意见。

5.建议学生组成学习小组、小型读书会、学生实践队,就"导论"课程涉及的以下选题进行课后自主性学习研讨:(1)党史研究中的中国优秀学术传统;(2)历史虚无主义的主要特点;(3)中国马克思主义史学的奠基人——李大钊。

第一章　进入近代后中华民族的磨难与抗争

一、教学主要目标

了解并熟悉鸦片战争前的中国与世界的基本情况和发展趋势、鸦片战争后以西方列强为中心的殖民主义势力对中国侵略及其影响的基本事实和历史脉络。

正确理解和认识鸦片战争这一事件在近代历史书写中的重要性，并学会运用历史唯物主义观点深刻认识"落后就要挨打"这一历史论断内在逻辑，结合近代中国"半殖民地半封建社会"这一重要社会性质理论判断，正确认识和评价进入近代后中华民族的磨难和抗争的历史。

培育学生树立正确历史观和方法论，结合中华民族百年磨难和抗争史，懂得从历史大势中把握历史机遇的重要性，树立以爱国主义为核心的民族精神，并认识到积极参与民族复兴大业的历史意义。

二、教学重难点

条约体系的建立及其影响。面对以西方为中心的殖民主义的入侵，中国面临"三千年未有之大变局"，其中最大变局就是中西关系的主导者发生转移，鸦片战争前中国主导的朝贡贸易体系逐渐被消解和替代，中国逐渐被纳入西方主导的条约体系，这一主导中西格局的制度嬗变及其影响是理解进入近代后中华民族的磨难与抗争问题的关键。

殖民主义历史的认识与评价问题。关于殖民主义历史的认识和评价,长期以来一直是一个颇具争议的命题,结合经典作家的理论阐释正确评价殖民主义的历史,特别是殖民中国的历史也是本章重点难点,这也涉及如何认识资本主义的发展逻辑、近代中国社会性质和近代中国发展道路这些重大的理论命题。

中国人民民族意识觉醒及其反抗行为的认识和评价。面对来自以西方为中心的殖民主义的挑战和威胁,中国人民并没有一味妥协退让,而是不断地进行反抗和自我反思,在中西冲突中不断强化中华民族的共同体意识,从器物到制度再到文化,在不断自省中提出了"振兴中华"的最强音,成为近代以来实现民族独立的强大精神动力。因此,教学过程中要强化学生对这一中华民族共同体意识形成过程的认识和评价,对于实现中华民族伟大复兴具有重大的理论意义。

三、教学案例

(一)静海寺与《南京条约》的签订

1.案例呈现

南京静海寺,明永乐间敕建。名曰静海,四海和谐,波澜不惊之意也。盖成祖遣中官郑和七使西洋,是百异毕陈,万邦来朝,故建寺以旌伐。记谓此寺规模宏阔,殿堂百余楹,地三百亩;英宗刻藏经于京师,有诏赐静海乙部,是则一时名刹,金陵盛景矣。正德间重修,嗣后凡六毁五建,烬余仅偏殿数楹而已。近时多有兴复,二零零五年岁在乙酉,适为郑和出航六百周年,乃复扩建,虽未能尽循初建之旧制,然其恢弘壮丽不让焉。

噫!静海之废兴也,世事之映照。郑玛之出使,意在通好,所至平等贸易,非遇袭则不武,此中华民族和合理念之体现也。是以中土声闻远播,友朋接踵,国力益盛。然明廷旋即固步自封,外行海禁,内施酷政,遂渐陵替。逮及清叶,未能更张,反见其厉。是以三百余年而中华衰落,且不自知焉。道光间,英人狂输鸦片于前,继之以坚炮利舰,破关陵城,虽将士奋勇,无奈朝廷腐朽,一战而北。一八四二年八月英人迫议约于此寺,同月二十九日签订《南京条约》于英舰康华丽号,是为西方列强侵略瓜分中华之始。自兹而后,我中华遂屡战屡败,乃至无年不受不平等条约,任人宰割,生灵涂炭,中华之衰,莫此为甚。呜呼!和谐万邦乃立寺以表,丧权辱国则斯地为证。虽名静海,政浊国弱,海何得静!国无外交,关隘竟属强敌;民陷水火,山河岂得自主。后人至此得无感慨耶!今逢昌明,既重现静海往日之盛事,复示来者以殷鉴。工程既就,勒石以记其事。

（资料来源:王长才:《碑铭记荣辱 慷慨觉海天——游静海寺诵读许嘉璐先生撰〈重修静海寺记并铭〉记》,《民主》2007年第10期。）

1842年8月初,往日宁静的长江江面上,突然浓烟滚滚,炮声隆隆。在英国特命全权公使亨利·璞鼎查和海军少将威廉·巴尔克的率领下,一支由80余艘战舰、4500余名士兵组成的英国侵略军,闯到南京下关附近江面,停泊在仪凤门外的草鞋峡一带。

……在英军大兵压境的形势下,南京城内一片惊慌,驻守南京的清兵有八旗兵6000人,绿营兵9000人,但军纪松弛,军心涣散,无力与英军作战。负守城之责的江苏按察使黄恩彤不懂军事;江宁将军德珠布已"年逾八旬,室有六妾,其人风烛余光耳";两江总督牛鉴从上海溃逃回来后,成为惊弓之鸟。璞鼎查了解到这些情况后,采用了武力威胁与和谈的两手,一面派部队上岸骚扰,抢掠中国百姓,并将炮口对准南京城,扬言要开炮攻城;一面表示可谈判解决问题。牛鉴急忙致信璞鼎查,哀求英军不要攻城,并派人火速请耆英、伊里布来宁主持谈判。

……谈判分为两个阶段:第一阶段从8月初到8月19日,双方参加谈判的代表级别较低,中方有张喜、黄恩彤、咸龄等人,英方有马科姆、马礼逊、郭士立等人,而耆英等人与璞鼎查主要是通过交换照会来谈判的。双方会谈的内容是围绕着英方起草的《南京条约》(又称《江宁条约》,或称《白门条约》)草案讨价还价。谈判开始时,英方提出的条约草案中有割让香港,赔款3000万元,开放广州、福州、厦门、宁波、上海五处为通商口岸等条款。8月8日起,张喜等人四次登上英国军舰,与马科姆等商谈条约的具体条款。按照道光皇帝的旨意和耆英、伊里布的意见,张喜等人主要在赔款和通商口岸上与英方讨价还价。张喜提出赔款数目太大,要求减少,不同意开放通商口岸,仍要英人到广州通商。马科姆一面对中方施加压力,声言如不同意英方的条件,就开炮攻城,一面在赔款的问题上稍作让步,表示可以协商,但得先交赎城费。在通商口岸的问题上坚持不让,并威胁说如不同意,就北上攻打天津、北京。8月12日起,双方代表又在仪凤门附近的静海寺举行了几次会谈。英方代表表示"既能诚心和好,稍减其数,亦尚可行"。同意将赔款减去900万元,为2100万元。

从8月20日到29日为谈判的第二阶段。双方进行了高一级的会谈,耆英、伊里布、牛鉴与璞鼎查进行了几次会谈,张喜与马科姆等人的会谈也同时进行。双方主要是在条约的一些技术问题上进行磋商,并对通商口岸一条进行讨价还价。8月20日,耆英、伊里布、牛鉴等人登上英旗舰"康华丽"号与璞鼎查会面。8月24日,耆英等人接到道光帝的批复,对《南京条约》草案基本认可,但不准把福州作为通商口岸,要耆英与英军交涉,同日,璞鼎查等人到静海寺回拜耆英等人。耆英设宴招待璞鼎查,提出了在通商口岸中减少福州的要求。璞鼎查蛮横地拒绝了,声言条约不能再修改。8月26日、27日,清政府代表又与英方代表进行了两次会谈。璞鼎查向耆英等人试探了清政府对鸦片贸易的态度,建议清政府"若将鸦片的入口使之合法化,使富户与官吏都可参加合作⋯⋯下便人民,上裕国课"。在英军的坚船利炮威胁下,耆英、伊里布、牛鉴等人完全接受了英方的条件。

(资料来源:陈济民编著:《南京掌故》,南京出版社2008年版,第172～173页。)

2.案例指向

本案例主要指向教材第一章第一节第三目"鸦片战争的爆发",对于理解鸦片战争的结果及其影响,特别是鸦片战争后中国社会经济、阶级关系的变动以及中国社会主要矛盾和历史任务的转换具有重要的意义。

3.案例解析

作为近代历史上第一个不平等条约《南京条约》签约的主要历史见证地之一——静海寺,在近代历史上具有重要的政治符号意义。正如许嘉璐在《重修静海寺记并铭》所言:"静海之废兴也,世事之映照。"①1842 年 8 月 12 日、13 日、14 日和 24 日,静海寺承载了鸦片战争期间中英 7 次议约谈判中的 4 次谈判。在这 4 次谈判中,英方代表以军事进攻相威胁,向中方代表提出诸多不对等的要求。第一次谈判,英方代表陆军少校麻恭提出中国赔款银元 3000 万,割让香港给英国,开放广州、厦门、福州、宁波、上海为通商口岸等条款。第二次谈判英方提出要看道光皇帝委以耆英等人全权的《上谕》正本,并要求答复第一次谈判中所提出的条款。第三次谈判英方非常强硬,要求各条不但不能反驳,并增加多条内容,威胁若不答应,战事不会停止。第四次谈判璞鼎查受到很高礼遇,提出继续在城内进一步讨论条约内容。直至 8 月 26 日中英双方在上江考棚达成协议。《南京条约》作为中国近代历史上第一个不平等条约,实际上选择静海寺作为议约场所本身就是当时中英议和不对等的体现,所涉及条款更是对之后中国历史发展产生了重要影响。正如郭卫东所言:"《南京条约》不仅是鸦片战争时期英国侵华活动的基本总结,更成为其他列强侵华的立足点和出发点,尔后所有不平等条约规定的种种特权均是此约谋得利权的延续、派生和补充。"②根据田涛主编的《清朝条约全集》统计,康熙朝至宣统朝总共签订中外条约 186 个,1840 年鸦片战争之后签订的条约有 179 个,其中 165 个条约为不平等条约。③应该说这 165 个不平等条约都或多或少与英国通过《南京条约》谋得的特权内容有联系。可以说,以《南京条约》的签订为起点,西方侵略者通过一系列不平等条约的签订,把偌大的一个中国纳入西方人主导的资本主义体系中,并逐渐把中国瓜分完毕。这一时间、空间和文本对于近代中国的影响具有重要标志性意义。具体讲,至少应把握以下几点:

(1)《南京条约》与近代史的肇端问题

提及鸦片战争及《南京条约》的签订,势必会面对一个学界聚焦的学术命题——何为"近代",特别是与"近代"一词密切相关的"中国近代分期

---

① 王长才:《碑铭记荣辱 慷慨觉海天——游静海寺诵读许嘉璐先生撰〈重修静海寺记并铭〉记》,《民主》2007 年第 10 期。

② 郭卫东:《〈南京条约〉是百年国耻的起点》,《历史评论》2022 年第 2 期。

③ 田涛主编:《清朝条约全集》,黑龙江人民出版社 1999 年版。

问题"，相关讨论和争议从未间断。① 这一争议和讨论之所以会引起学术界的长时间关注，无疑是这一概念直接涉及如何认识鸦片战争以来中国历史发展的阶段性特征，特别是涉及如何认识和评价鸦片战争后所建立的条约体系及其对中国的影响问题。西方列强对中国的侵略不是始于鸦片战争。早在明正德十二年(1517)，葡萄牙作为殖民主义的开路先锋就曾到达广东，占据东莞县的屯门、南头等处。明人张燮《东洋西考》记载："佛郎机素不通中国，正德十二年，驾大舶突至广州澳口，铳声如雷，以进贡为名。抚按查无《会典》旧例，不行。乃退泊东莞南头，盖房树栅，恃火铳自固。"②之后，西班牙、荷兰、英国等西方列强都先后以不同方式入侵中国，并攫取了大量在华特权利益。但是，鸦片战争之所以成为中西关系的转折，并赋予重大的历史时间界标意义，其中最重要的是因为鸦片战争后所签订的《南京条约》。因为《南京条约》所涉及的十三条条款让西方列强所主导的国际政治经济新秩序以条约的内容完全嫁接到中国，并以条约的形式变成了一种制度性安排，确保西方列强在中国政治、经济、军事和文化方面的长期霸权地位。正如许嘉璐在《重修静海寺记并铭》所言："一八四二年八月英人迫议约于此寺，同月二十九日签订南京条约于英舰康华丽号，是为西方列强侵略瓜分中华之始。自兹而后，我中华遂屡战屡败，乃至无年不受不平等条约，任人宰割，生灵涂炭，中华之衰，莫此为甚。"③因此，我们赞同日本学者沟口雄三的观点，他在论及"近代"一词的内涵时指出："'近代'这一概念，本来是地区性的欧洲的概念，至多不过是他们欧洲人内部对旧时代而言的自我歌颂的概念，可是随着欧洲自我膨胀到世界一样大，不知不觉地就成了世界性的概念，这时，'近代'一词甚至成了证明他们在世界史上的优越地位的指标。亚洲对此则或由抵抗而屈服，或由赞美而追随，结果是被迫接受了这个概念。"④可见，所谓"近

① 相关的学术梳理可以参阅赵庆云：《何为"近代"——中国近代史时限问题讨论述评》，《兰州学刊》2015年第11期。

② 张燮：《东西洋考》，中华书局1981年版，第93页。

③ 王长才：《碑铭记荣辱 慷慨觉海天——游静海寺诵读许嘉璐先生撰〈重修静海寺记并铭〉记》，《民主》2007年第10期。

④ 沟口雄三：《中国前近代思想的演变》，索介然、龚颖译，中华书局2005年版，第7页。

代"这一概念本身就涵盖有西方的"世界"霸权语境的意义,中国在引入、接受和运用这一概念时,无疑也是与西方在中国的殖民霸权密切相关。因此,我们在理解鸦片战争及《南京条约》时必须充分认识到时间背后所展现的社会意义。

(2)《南京条约》与近代中国社会性质的转变

《南京条约》议定的十三条条款对于之后中国社会影响巨大,很多条款内容为之后西方在中国的霸权地位确立和统治提供了制度性安排。如条约第二款规定:"自今以后,大皇帝恩准英国人民带同所属家眷,寄居大清沿海之广州、福州、厦门、宁波、上海等五处港口,贸易通商无碍。"这一条款内容让西方在华的贸易空间迅速扩大。从鸦片战争之后《南京条约》所规定广州、厦门、福州、宁波和上海五口开放,至清王朝结束,西方各国通过历次不平等条约迫使清政府向西方开放 80 个沿海、沿江和沿边商埠。条约第十款规定:"英国商民居住通商之广州等五处,应纳进口、出口货税、饷费,均宜秉公议定则例,由部颁发晓示,以便英商按例缴纳。"[1]这里"秉公议定"多被认为是确立近代中国与西方"协定关税"的首次具文规定。尽管有学者认为条约使用的术语是"宜"而不是"必须",这一条款仅能作为发端而非正式确立[2],但是,1843 年所签订的中英《五口通商章程》直接与这一"议定"规定密切相关。之后,美国、法国、意大利、瑞典和挪威又先后迫使清政府分别签订《五口通商章程》,对"议定"内容做出具体规定。应该说,鸦片战争及其之后签订的这一系列贸易通商章程,基本上确立了条约关税制度的核心议题——协定关税的基本原则和内容,是"嗣后各国立约通商典范"[3]。之后,中外商约交涉都是在这些条款的基础上进行增补和修订。再比如条约第三条:"准将香港一岛给予大英国君主暨嗣后世袭主位者常远据守主掌",更是对中国领土主权的赤裸裸的掠夺。可以说,鸦片战争之前的中国社会是独立自主的封建社会,但是鸦片战争后,独立的中国逐步变成半殖民地的中国,封建的中国逐步变成半封建的

---

① 田涛主编:《清朝条约全集》,黑龙江人民出版社 1999 年版,第 57 页。

② 唐凌:《协定关税——一条束缚中国的巨大绳索》,《广西师范大学学报(哲社版)》1992 年第 3 期。

③ 王尔敏:《晚清商约外交》,中华书局 2009 年版,第 39 页。

中国。而随着近代中国从独立自主的封建社会逐渐演变成半殖民地半封建社会,中国的社会阶级关系、社会主要矛盾和历史任务都因之发生了变化,这一社会巨变都与《南京条约》所签订的相关内容有直接关系。

(二)"黄祸论"

1.案例呈现

中国人是可怕的,这是由于他们的庞大人数,由于他们的过度繁殖率使他们几乎不可能继续在中国境内生活下去,也是由于不应该根据中国商人(欧洲商人在上海、广州或买卖城是同这些中国商人打交道的)来对他们作出判断。在中国国内居住着许多受中国文明摧残程度较少的群众,精力无比充沛,而且强烈地好战,他们是在连续不断的内战中锻炼出来的,在这些内战中,死亡了几万人至几十万人。此外,应该指出,近年来他们开始熟悉掌握最新式的武器和欧洲人的纪律,这是欧洲的国家文明的成果和最新成就。只需把这种纪律和对新武器、新战术的熟悉掌握同中国人的原始的野蛮、没有人道观念、没有爱好自由的本能、奴隶般服从的习惯等特点结合起来,——而在1860年英法联军远征中国以后,美洲和欧洲的许多军事冒险家纷纷侵入中国,在他们的影响下,中国人现在正把上述诸点结合起来——再考虑到中国的庞大人口不得不寻找一条出路,你就可以了解来自东方威胁着我们的危险是多么巨大!

(资料来源:吕浦、张振鹍等编译:《"黄祸论"历史资料选辑》,中国社会科学出版社1979年版,第3~4页。)

中国的确在动起来,而且正如拿破仑正确地指出的,中国将震动全世界。但是怎么样震动呢?把中国动起来看做是即将来临的灾祸的一种恶兆已不乏其人。他们谈论"黄祸",预言一旦千百万中国人意识到自己的力量时,将给西方文明带来灾难和毁灭。这些预告灾害的先知们说,正如哥德人和汪达尔人突然袭击并且践踏了罗马帝国的美好领地一样,黑黝黝的东方民族——五千万人口的日本,三亿人口的印度,四亿三千七百万人口的中国,加之有与他们的众多人口相称的训练有素而且科学地装备了起来的军队——可能要冲击破坏并且践踏西方文明。现在,不是地中海或者大西洋,而是太平洋将成为全世界最惊心动魄、最有决定性的战斗的场所。这种预告灾害的预言是很可能应验的。

(资料来源:吕浦、张振鹍等编译:《"黄祸论"历史资料选辑》,中国社会科学出版社1979年版,第189页。)

若今泰西各报盛称之黄祸,自表面观之,固我黄种人之荣誉也,以白人而畏我黄人,则我黄人于世界所占之地位若何,闻者能无色飞眉舞乎!试为一再思之,中有莫大之险境存焉。彼白人岂不知我黄种人之不足为患,反急急于倡言黄祸者,盖其毒计也。夫黄种之国,中国为最大,黄种之人,中国为最众。观中国之现象,可豫决黄祸之能否?试问今日中国之现象如何?曰萎靡不振,甚于昔日,内而政治废弛,外而土地被削,所有国内铁道、矿务之权,多让于外人,丝、茶、棉、麻输出之货,日少一日。风气未开,恶习先染,国力疲弱,朝不保暮,自顾不及,则彼西人复何患黄祸之作也哉!

(资料来源:徐维荣:《黄祸》,《志学报》1905年第1期。)

有人时常提出这样一种在表面上似乎有道理的论调,他们说:中国拥有众多的人口与丰厚的资源,如果它觉醒起来并采用西方方式与思想,就会是对全世界的一个威胁;如果外国帮助中国人民提高和开明起来,则这些国家将由此而自食恶果;对其他各国来说,他们所应遵循的最明智的政策,就是尽其可能地压抑阻碍中国人。一言以蔽之,这种论调的实质就是所谓"黄祸论"。这种论调似乎很动听,然而一加考察,就会发现,不论从任何观点去衡量,它都是站不住脚的。这个问题除了道德的一面,即一国是否应该希望另一国衰亡之外,还有其政治的一面。中国人的本性就是一个勤劳的、和平的、守法的民族,而绝不是好侵略的种族;如果他们确曾进行过战争,那只是为了自卫。只有当中国人被某一外国加以适当训练并被利用来作为满足该国本身野心的工具时,中国人才会成为对世界和平的威胁。如果中国人能够自主,他们即会证明是世界上最爱好和平的民族。再就经济的观点来看,中国的觉醒以及开明的政府之建立,不但对中国人,而且对全世界都有好处。全国即可开放对外贸易,铁路即可修建,天然资源即可开发,人民即可日渐富裕,他们的生活水准即可逐步提高,对外国货物的需求即可加多,而国际商务即可较现在增加百倍。能说这是灾祸吗?国家与国家的关系,正像个人与个人的关系。从经济上看,一个人有一个穷苦愚昧的邻居还能比他有一个富裕聪明的邻居合算吗？由此看来，上述的论调立即破产，我们可以确有把握地说，黄祸毕竟还可以变成黄福。

（资料来源：《孙中山选集》上卷，人民出版社 1956 年版，第 61～62 页。）

2.案例指向

本案例主要指向教材第一章第二节第四目中的"为侵略中国制造舆论"，对于理解西方列强对中国的侵略，特别是认识西方列强侵华的强盗逻辑和霸权意识具有重要的参考价值。

3.案例解析

"黄祸论"可以追溯至 16 世纪中国进入欧洲视野之始，当时西方流行一种以"轻蔑和否定的口吻"谈论包括中国在内的远东世界。18 世纪中叶以来，其势力和影响力不断壮大。孟德斯鸠、卢梭以及 19 世纪的自由主义者都热衷于讨论中国的东方式专制，"冥顽不灵、千篇一律的清一色和不自由"①。19 世纪 90 年代以来"黄祸论"的泛滥实际上就是西方世界对包括中国在内远东地区社会和文化否定性认识的某种延续与"标签化"结果。这一认识为西方列强侵略中国制造一整套舆论话语体系。因此，弄清楚"黄祸论"的内在本质对于认识西方列强对中国的侵略行为及其内在逻辑具有重要价值。

（1）"黄祸论"试图通过虚构种族优越论来制造"白人至上"的优越感，为西方殖民中国寻找文化基因。如美国人斯陶特早在 1862 年就撰写一本小册子鼓吹高加索人种优越论，认为"高加索人种（包括它的各种类型）被赋与了超越所有其他人种的最高尚的心灵和最美丽的身体"，认为"中国人、日本人、马来人和蒙古人的每一个阶层"势必会使其"国家退化"，提出"种族的不纯是衰退的一个原因"的观点。② 德皇威廉二世为臭名昭著《黄祸图》的御笔题词"欧洲各民族！联合起来保卫你们的信仰和你们的

---

① 海因茨·哥尔维策尔：《黄祸论》，商务印书馆 1964 年版，第 31～33 页。
② 吕浦、张振鹍等编译：《"黄祸论"历史资料选辑》，中国社会科学出版社 1979 年版，第 7～21 页。

家园"①,更是一种直白的种族优越论宣誓。因此,列夫·托尔斯泰在评论《黄祸图》时给予德皇讽刺性评价,称"他那种粗鄙的、异端的、爱国主义的观点"已经"落后于时代一千八百年"②。

(2)"黄祸论"在种族优越论的基础之上,对中国文明做出否定性评价和认识,并贴上"野蛮""停滞""固化"标签,以此来凸显出西方侵华的"救世主"角色。如1876年11月18日,美国人德梅隆答询美联邦参众两院有关中国移民的联合特别委员会时指出,中国的历史是"一部时间久得发霉的历史","沉迷在自满和旧传统之中",已经"定型化了,固定化了,发展到了顶点","进步已经终止"③。实际上,所谓"黄祸论",一方面是通过确立自己进步的历史观念来把中国文明标签化为落后的、愚昧的停滞文明,另一方面又通过各种方式遏制中国、阻碍中国向西方学习,并虚构出一种"中国威胁论"文明冲突论论调。

因此,一开始国人对于这种"白人至上"的种族主义论调的目的性也早有警惕。1904年,孙中山直白指出:"这种论调似乎很动听,然而一加考察,就会发现,不论从任何观点去衡量,它都是站不住脚的。"④1005年,徐维荣《黄祸》一文就非常明确指出西方炮制这种"种族优越论"陷阱。⑤因此,伴随着西方列强的每一次入侵,尽管西方列强在"黄祸论"掩饰下不断为自己的行为辩护,企图为西方列强侵略压迫中国制造借口,寻找合理性。但是与他们主观愿望相反,中国人民反抗意识和行为却在不断加强,并最终把西方殖民势力赶出中国,实现民族独立。可以说,这一"黄祸论"与之后"东亚病夫"论和"中国威胁论"有异曲同工之处,其本质就是丑化、遏制中国的发展,试图长期把中国纳入西方列强所主导的霸权体系之中。我们必须给予高度警惕。

---

① 吕浦、张振鹍等编译:《"黄祸论"历史资料选辑》,中国社会科学出版社1979年版,第139页。

② 吕浦、张振鹍等编译:《"黄祸论"历史资料选辑》,中国社会科学出版社1979年版,第128页。

③ 吕浦、张振鹍等编译:《"黄祸论"历史资料选辑》,中国社会科学出版社1979年版,第52~53页。

④ 《孙中山选集》上卷,人民出版社1956年版,第61~62页。

⑤ 徐维荣:《黄祸》,《志学报》1905年第1期。

(三)从"两极相联"到"双重使命"：西方列强侵华战争的认识问题

1.案例呈现

自从英国人在中国采取军事行动的第一个消息传来以后,英国政府报纸和一部分美国报刊就连篇累牍地对中国人进行了大量的斥责,大肆攻击中国人违背条约的义务、侮辱英国的国旗、羞辱旅居中国的外国人,如此等等。可是,除了亚罗号划艇事件以外,它们举不出一个明确的罪名,举不出一件事实来证实这些指责。而且就连这个事件的实情也被议会中的花言巧语歪曲得面目全非,以致使那些真正想弄清这个问题真相的人深受其误。

…………

这场极端不义的战争就是根据上面简单叙述的理由而进行的——现在向英国人民提出的官方报告完全证实了这种叙述。广州城的无辜居民和安居乐业的商人惨遭屠杀,他们的住宅被炮火夷为平地,人权横遭侵犯,这一切都是在"中国人的挑衅行为危及英国人的生命和财产"这种站不住脚的借口下发生的！英国政府和英国人民——至少那些愿意弄清这个问题的人们——都知道这些非难是多么虚伪和空洞。有人企图转移对主要问题的追究,给公众造成一个印象:似乎在亚罗号划艇事件以前就有大量的伤害行为足以构成开战的理由。可是这些不分青红皂白的说法是毫无根据的。英国人控告中国人一桩,中国人至少可以控告英国人九十九桩。

英国报纸对于旅居中国的外国人在英国庇护下每天所干的破坏条约的可恶行为真是讳莫如深！非法的鸦片贸易年年靠摧残人命和败坏道德来填满英国国库的事情,我们一点也听不到。外国人经常贿赂下级官吏而使中国政府失去在商品进出口方面的合法收入的事情,我们一点也听不到。对那些被卖到秘鲁沿岸去当不如牛马的奴隶、被卖到古巴去当契约奴隶的受骗契约华工横施暴行"以至杀害"的情形,我们一点也听不到。外国人常常欺凌性情柔弱的中国人的情形以及这些外国人带到各通商口岸去的伤风败俗的弊病,我们一点也听不到。我们所以听不到这一切以及更多得多的情况,首先是因为在中国以外的大多数人很少关心这个国家的社会和道德状况;其次是因为按照精明和谨慎的原则不宜讨论那些不能带来钱财的问题。因此,坐在家里而眼光不超出自己买茶叶的杂货店的英国人,完全可以把政府和报纸塞给公众的一切胡说吞咽下去。

与此同时,在中国,压抑着的、鸦片战争时燃起的仇英火种,爆发成了任何和平和友好的表示都未必能扑灭的愤怒烈火。

(资料来源:《马克思恩格斯文集》第 2 卷,人民出版社 2009 年版,第 618~621 页。)

英国人在亚洲刚结束了一场战争,现在又开始进行另一场战争了。波斯人对英国侵略的抵抗和中国人迄今对英国侵略所进行的抵抗,形成了值得我们注意的对照。在波斯,欧洲式的军事组织被移植到亚洲式的野蛮制度上;在中国,这个世界上最古老国家的腐朽的半文明制度,则用自己的手段与欧洲人进行斗争。波斯被打得一败涂地,而绝望的、陷于半瓦解状态的中国,却找到了一种抵抗办法,这种办法实行起来,就不会再有第一次英国对华战争那种节节胜利的形势出现了。

…………

现在,中国人的情绪与 1840—1842 年战争时的情绪已显然不同。那时人民保持平静,让皇帝的军队去同侵略者作战,失败之后,则抱着东方宿命论的态度屈从于敌人的暴力。但是现在,至少在迄今斗争所及的南方各省,民众积极地而且是狂热地参加反对外国人的斗争。他们经过极其冷静的预谋,在供应香港欧洲人居住区的面包里大量地投放了毒药(有几只面包送交李比希化验。他发现面包的各个部分都含有大量的砒霜,这表明在和面时就已掺入砒霜。但是药量过大,结果一定是变成了呕吐剂,因而抵消了毒效)。他们暗带武器搭乘商船,而在中途杀死船员和欧洲乘客,夺取船只。他们绑架和杀死所能遇到的每一个外国人。连移民到外国去的苦力都好像事先约定好了,在每一艘移民船上起来暴动,夺取船只,他们宁愿与船同沉海底或者在船上烧死,也不投降。甚至国外的华侨——他们向来是最听命和最驯顺的臣民——也进行密谋,突然在夜间起事,如在沙捞越就发生过这种情形;又如在新加坡,当局只是靠武力和戒备才压制住他们。是英国政府的海盗政策造成了这一所有中国人普遍奋起反抗所有外国人的局面,并使之表现为一场灭绝战。

…………

简言之,我们不要像道貌岸然的英国报刊那样从道德方面指责中国人的可怕暴行,最好承认这是"保卫社稷和家园"的战争,这是一场维护中华民族生存的人民战争。虽然你可以说,这场战争充满这个民族的目空一切的偏见、愚蠢的行动、饱学的愚昧和迂腐的野蛮,但它终究是人民战争。而对于起来反抗的民族在人民战争中所采取的手段,不应当根据公认的正规作战规则或者任何别的抽象标准来衡量,而应当根据这个反抗的民族所刚刚达到的文明程度来衡量。

(资料来源:《马克思恩格斯论中国》,人民出版社 2015 年版,第 60~65 页。)

有一位思想极其深刻但又怪诞的研究人类发展原理的思辨哲学家,常常把他所说的两极相联规律赞誉为自然界的基本奥秘之一。在他看来,"两极相联"这个朴素的谚语是一个伟大而不可移易地适用于生活一切方面的真理,是哲学家所离不开的定理,就像天文学家离不开开普勒的定律或牛顿的伟大发现一样。

"两极相联"是否就是这样一个普遍的原则姑且不论,中国革命对文明世界很可能发生的影响却是这个原则的一个明显例证。欧洲人民的下一次起义,他们下一阶段争取共和自由、争取廉洁政府的斗争,在更大的程度上恐怕要决定于天朝帝国(欧洲的直接对立面)目前所发生的事件,而不是决定于现存其他任何政治原因,甚至不是决定于俄国的威胁及其带来的可能发生全欧战争的后果。这看来像是一种非常奇怪、非常荒诞的说法,然而,这决不是什么怪论,凡是仔细考察了当前情况的人,都会相信这一点。

中国的连绵不断的起义已经延续了约十年之久,现在汇合成了一场惊心动魄的革命;不管引起这些起义的社会原因是什么,也不管这些原因是通过宗教的、王朝的还是民族的形式表现出来,推动了这次大爆发的毫无疑问是英国的大炮,英国用大炮强迫中国输入名叫鸦片的麻醉剂。满族王朝的声威一遇到英国的枪炮就扫地以尽,天朝帝国万世长存的迷信破了产,野蛮的、闭关自守的、与文明世界隔绝的状态被打破,开始同外界发生联系,这种联系从那时起就在加利福尼亚和澳大利亚黄金的吸引之下迅速地发展起来。同时,这个帝国的银币——它的血液——也开始流向英属东印度。

所有这些同时影响着中国的财政、社会风尚、工业和政治结构的破坏性因素,到 1840 年在英国大炮的轰击之下得到了充分的发展;英国的大炮破坏了皇帝的权威,迫使天朝帝国与地上的世界接触。与外界完全隔绝曾是保存旧中国的首要条件,而当这种隔绝状态通过英国而为暴力所打破的时候,接踵而来的必然是解体的过程,正如小心保存在密闭棺材里的木乃伊一接触新鲜空气便必然要解体一样。可是现在,当英国引起了中国革命的时候,便发生一个问题,即这场革命将来会对英国并且通过英国对欧洲发生什么影响? 这个问题是不难解答的。

(资料来源:《马克思恩格斯论中国》,人民出版社 2015 年版,第 5～8 页。)

2.案例指向

本案例主要指向教材第一章第二节"西方列强对中国的侵略",对于理解西方列强对中国侵略的残酷性,正确认识和评价马克思有关"殖民主义双重使命"的论断具有重要意义。

3.案例解析

关于西方列强对中国的侵略及其影响的认识,一直是学术界讨论的重要问题。如何正确认识和评价西方列强的侵略行为,不能以功、过或者积极、消极二分的方法简单评价,不能割裂道德评价与历史分析的统一性,不能割裂主观动机和客观效果的统一性,更不能罔顾历史具体问题而简单盲目套用相关理论。以上几段材料是马克思、恩格斯针对英国对华战争及其影响的深刻观察,涉及马克思、恩格斯关于殖民主义"两极相联"和"双重使命"论断。我们在认识和评价西方列强对华侵略行径及其影响时,也应该结合这一问题进行认识。具体讲应该把握以下几点:

(1)全面理解并科学运用马克思等经典作家有关殖民主义"双重使命"论断。"双重使命"问题,是在 19 世纪 50 年代初期,马克思在研究印度的殖民历史时,最早意识到并论述了这一问题。1853 年 6 月 10日、7 月 22 日,马克思先后撰写《不列颠在印度的统治》《不列颠在印度统治的未来结果》两篇文章,在文中提及殖民主义"双重使命"与"历史的不自觉的工具"的论断。但是,我们必须认识到,实际上文中用于批评英国殖民行为的篇幅远远多于"赞赏"的篇幅。在文中,马克思明确指出:"不列颠人给印度斯坦带来的灾难,与印度斯坦过去所遭受的一切灾难比较起来，毫无疑问在本质上属于另一种，在程度上要深重得多。"①因此，我们在论及西方列强对中国殖民行为时，提"双重使命"的问题并不是美化殖民行为、为殖民者辩护，"双重使命"揭示了殖民主义的历史作用是一个复杂的悖论。西方列强对中国侵略所带来的破坏性要远远大于建设性意义，这是不容置疑的。

（2）关于西方列强对中国入侵行为的认识与评价，必须将其纳入资本主义不同发展阶段的历史逻辑中去思考。19世纪中叶，为什么英国会成为西方列强侵略中国的急先锋？为什么会以"鸦片"的名义发动军事战争？为什么西方列强在侵华过程中都特别重视市场拓展？……这些都与当时西方各个主要资本主义国家的发展历史密切相关。进入19世纪之后，西方主要资本主义国家先后进入工业革命发展阶段。工业革命的飞速发展，刺激这些资本主义国家开辟新的海外市场和原料供应地。正是由于西方资本主义发展的这一特征，19世纪中叶，西方列强侵略中国的方式与传统拓殖型殖民、资源掠夺性殖民有很大不同，对中国侵略主要是以商业殖民的形式呈现，其殖民形式或者方式更具有隐蔽性。因此，我们在评价和认识西方列强对中国的入侵行为及其逻辑时，也必须认识到这一点。

（3）关于西方列强对中国入侵行为的认识与评价，必须结合中国近代社会的"半殖民地半封建"这一社会性质进行把握。尽管近代中国在实际上已经丧失了拥有完整主权的独立国的地位，仍然维持着独立国家和政府的名义，还有一定的主权。由于它与连名义上的独立也没有而由殖民主义宗主国直接统治的殖民地尚有区别，被称为半殖民地。租界就是这些半殖民地社会的一个具体体现。在租界内，西方各国拥有相对独立的行政、立法、司法特权，中国人则遭受各种歧视、压迫、侮辱和虐待。英国驻上海领事阿礼国曾毫不隐讳地说，上海租界"是一个独立的国家"。但是，同时也必须认识到西方列强的殖民入侵把中国卷入世界资本主义经济体系之中，中国传统封建社会经济结构因之而被破坏，正如前引马克思所言："当这种隔绝状态通过英国而为暴力所打破的时候，接踵而来的必然是解体的过程，正如小心保存在密闭棺材里的木乃伊一接触新鲜空气便必然要

---

① 《马克思恩格斯选集》第1卷，人民出版社2012年版，第849页。

解体一样。"①中国社会经济也展现出资本主义现代社会的某些特征。

　　(4)关于西方列强对中国入侵行为的认识与评价,必须从中国近代社会发展的大势中去把握。目前,有一种认识倾向也是我们在认识和评价西方列强对中国入侵行为时必须要高度警惕的。这就是有人试图通过某个个案研究或者具体事例分析,试图去弱化殖民主义的侵略性。如以通商口岸的具体公共事务、公共文化、医疗教育的现代发展,来掩盖殖民主义的侵略本质。这种以点代面、以偏概全的做法是违背基本历史事实的。首先,从整个历史发展大势看,西方列强的侵略粗暴地中断了中国近代历史发展的自然进程,这是不容置疑的。正如毛泽东所言:"中国封建社会内的商品经济的发展,已经孕育着资本主义的萌芽,如果没有外国资本主义的影响,中国也将缓慢地发展到资本主义社会。"②而且随着西方列强对中国侵略的不断加深,其对近代中国社会发展的阻碍、摧残愈发明显。其次,从近代中国社会发展的政治进程看,西方列强的入侵破坏了近代中国发展的政治根基。资本—帝国主义的政治控制,严重削弱了中国的主权,政府逐渐沦为西方列强代理人和驯服工具的当权者,致使政府既无开启现代政治进程的统一意志,也缺乏启动现代政治进程的能力。最后,从近代中国社会发展的经济演进看,西方列强的入侵使得近代中国难以集聚工业化所必需的资本基础,使近代中国资本主义经济无法独立发展,西方列强和它所支持的封建主义的生产关系,从根本上禁锢了近代中国社会生产力的解放和发展,这也是导致近代中国经济落后和人民贫困的主要原因之一。

(四)"洋鬼怕百姓":三元里人民抗英斗争

1.案例呈现

　　呜呼!粤西之祸可胜言哉!当其伏莽之初,实胚胎于庚子、辛丑夷事

---

① 《马克思恩格斯论中国》,人民出版社 2015 年版,第 8 页。

② 毛泽东:《中国革命和中国共产党》,《毛泽东选集》第 2 卷,人民出版社 1991 年版,第 626 页。

之后，又乘丙午、丁未阳九之厄运而起，一时士大夫当外寇方平，辄玩视草窃，以为此癣疥疾，不足忧。于是厝薪所积，狃于处堂之安；滥觞不塞，遂有决防之患。论者徒见其弃疾于粤西，而不知其阶乱之在粤东也。方琦相之羁縻义律也，粤东之民谣曰：百姓怕官，官怕洋鬼。迨三元里之役，粤民起而创之，遂兴团练之局。未几闻抚事定，积不能平，遂有次年揭帖之变。而大府亟出示安抚之，又从而谢止夷人之入城者。于是粤东之民又谣曰：官怕洋鬼，洋鬼怕百姓。夫至于能怕其官之所怕，则粤东之民浸浸乎，玩大府于股掌间矣。

（资料来源：谢山居士辑：《粤氛纪事》卷一《粤西起事》，同治八年刻本，第1页。）

　　附郭西北之三元里九十余乡，率先齐出拒堵，对岸之三山等村亦闻声而起。老弱馈食，丁壮赴战，一时义愤同赴，不呼而集者数万人。夷目毕霞领其兵与村民战。村民稍却，被追，深入牛栏岗。所近居民大至，转瞬民多夷少，急匿丛薄间，放枪自卫。村民但遥围之。入夜，则脱衣悬树杪，迎风摇扬，作疑兵，民不敢前。及天明，入林内，搜杀几尽。逃者不识途径，亦多被截击。有叩首流血得免者。伯麦、毕霞同时殒命，收其调兵符券、防身铁剑、小枪之属。夷兵方舍命突围出，无奈人如山积，围开复合，各弃其鸟枪，徒手延颈待戮，乞命之声震山谷。

（资料来源：梁廷枬：《夷氛闻记》卷三，清刻本，第18～19页。）

　　尔杀害我众乡百姓，大伤天和，又将各处棺骸尽行残毁，各庙神佛俱受灾殃，正为天怒人怨之时，鬼神亦不容尔畜类。即如现在尔等船只，或遭风火，或陷沙洲，样样俱是天意。尔所放火箭，全然无用，明明是鬼神护佑我们。尔畜生若再逆天行事，得罪上苍，天上雷神，何难将尔义律等，立刻殛死？何难以雷火烧尽尔等兵船？何难一阵狂风掀翻船只，将尔等葬诸鱼腹？况且如今并不用惊动天神，即用我们义民，便足以灭尽尔等畜牲，上为天神泄愤，下为冤鬼出气。不用官兵，不用国帑，自己出力，杀尽尔等猪狗，方消我各乡惨毒之恨也。尔咭唎、嘆哔平日何等强横，如今二人，已被我们义民，轻施手段，将他擒住，碎尸万段。尔等更有何样本领，敢犯我们，我们何难一鼓将尔剿灭耶？

（资料来源：《广东义民斥告英夷说帖》，《筹办夷务始末（道光朝）》卷三一，故宫博物院影印清内府钞本，1930年，第19～20页。）

三元里西村南岸九十余乡众裕耆等，为不共戴天，誓灭英夷事：向来英夷屡不安分，久犯天朝。昔攻沙角炮台，戕害官兵。我皇上深仁，不忍加诛，且示怀柔。乃尚不知感恩，犹复包藏祸心，深入重地，施放火箭，烧害民居，攻及城池，目无大宪。钦差大臣见城厢内外遭殃，议息兵安民，英夷理宜得些好意即休。岂料贪胜，不知输服，得尺进尺，容纵兵卒，扰乱村庄，抢我耕牛，伤我田禾，坏我祖坟，淫辱妇女，鬼神共怒，天地难容。我等所以奋不顾身，困义律于北门，斩伯麦于南岸。汝等逆党，试思此际若非我府尊为尔解围，各逆其能保首领下船乎？今闻尔出示当途，辱骂大宪无功，扬言于众，总要与伯麦伸冤，视我此地无人实甚。是以饱德之义士金助兵粮，荷锄之农夫操戈御敌，纠壮勇数十万，何怕英逆之义律不可剪除？水战陆战兼能，岂怕夷船坚厚？务使鬼子无只身存留，鬼船无帆回国。尔等不避，不日交战。为此特示。

（资料来源：梁忠实编著：《檄文经典》，泰山出版社 2004 年版，第 169 页。）

2.案例指向

本案例主要指向教材第一章第二节"反抗外国武装侵略的斗争"，对于理解中国人民在反侵略斗争中所展现的不甘屈服和敢于斗争的英雄气概具有重要意义。

3.案例解析

1939 年 12 月，毛泽东在《中国革命和中国共产党》一文中指出："帝国主义和中国封建主义相结合，把中国变为半殖民地和殖民地的过程，也就是中国人民反抗帝国主义及其走狗的过程。"[1]这种反抗表现在社会的各个阶层。以林则徐、关天培、陈化成、冯子材、刘铭传、邓世昌等为代表的一批爱国官兵，虽然其反抗的主要目的是维护清王朝的利益和统治，但是，他们对西方侵略者的坚决抵抗，展现出传统政治精英所不具有的爱国强国意识。正如邓世昌所称："吾辈从军卫国，早置生死于度外，今日之事，有死而已。"[2]以魏源、王韬、薛福成、马建忠、郑观应、康有为、严复、孙中山等为代表的一批知识分子，虽然没有与西方侵略者进行直接的生死

---

① 《毛泽东选集》第 2 卷，人民出版社 1991 年版，第 632 页。

② 徐珂辑：《清稗类钞·忠义类》，商务印书馆 1917 年版，第 56 页。

搏斗,但是他们拿起自己的武器,奋笔疾书,一方面痛批西方列强对中国的侵略行径,一方面不断提出自己的反侵略主张和应对策略。以农民群众为主的三元里抗英斗争、太平天国运动和义和团运动等反侵略斗争,在面对西方列强的入侵时,虽然其一些反抗方式表现出封建主义的宗教色彩,如三元里人民"白云山神"说、太平天国"拜上帝教"、义和团"刀枪不入"等,但是其反侵略斗争也是十分英勇。应该说,这些不同阶层的反侵略斗争坚决抵制了西方列强吞并中国的野心,也让西方列强意识到中国的国民能力是巨大的。因此,八国联军总司令、德国元帅瓦德西在向德皇威廉二世报告时说:"吾人对于中国群众,不能视为已成衰弱或已失德性之人,彼等在实际上,尚含有无限蓬勃生气。"在面对义和团团民的英勇反抗时指出:"无论欧、美、日本各国,皆无此脑力与兵力,可以统治此天下生灵四分之一也。""故瓜分一事,实为下策。"①应该说在这些诸多反侵略斗争中,三元里人民的抗英斗争不是规模最大,也不是反抗最激烈,但确是最早,在中国人民百年反抗斗争中的"界标"意义重大。

在三元里人民抗英斗争之前,西方列强已经开始入侵中国:葡萄牙在明正德十一年(1516)就曾到达广东,占据东莞县的屯门、南头等处。嘉靖三十六年(1557),又用欺诈和贿赂的方法,窃取了澳门。荷兰曾在万历二十九年(1601),以贸易为名驾舰携炮直抵香山澳,天启元年(1621),以武力侵占台湾。17世纪后期开始,法国遣使会、巴黎外方传教会长期向中国派遣传教士,输入西方宗教文化,这实际上也是一种侵略。在这些入侵过程中,中西方冲突不断,包括清政府在内也都试图采取各种策略阻止和赶走这些殖民者。但是,相对于之前的反抗斗争,三元里人民反英斗争表现出之前反抗斗争所不具有的特质,被誉为是中国近代史上第一次大规模的群众自发有组织反抗斗争。其特征具体表现在以下几点:(1)规模大。汇集附近103乡民众,名义上是以三元里人民为代表,实际上涉及三元里之外百余乡的民众。(2)组织性强。三元里人民反抗发起尽管是自发的,但是在反抗过程表现出很强组织协调性。1841年5月19日,各乡代表汇聚牛栏岗,决定联合战线,采取统一策略:各乡自成一单位,各备大旗一面,自举领队一人,

---

① 　中国史学会主编:《义和团》(三),上海人民出版社1957年版,第244页。

指挥作战;每乡准备大锣数面,一有警报,"一乡鸣锣,众乡皆出";各乡 15 岁以上 50 岁以下男子,一律出动;和敌人作战,不采取正面进攻的方式,而要用诱敌深入聚而歼之的包围战术;以牛栏岗为决战地点。[①] (3)斗争性强。三元里村农民宣誓:"旗进人进,旗退人退,打死无怨。"从以上三段材料可以看出,三元里人民表现出不甘屈服和敢于斗争的英雄气概,粤东流行的"洋鬼怕百姓"的民谣也是很好的明证。关于此,就连英国侵略军也不得不承认,"我军向乡民抛掷火筒,但丝毫不能阻止乡民的前进。在我军分队后撤时,中国人立刻密集到我军后方和两面侧翼,坚决地、勇气勃勃地困扰我军,迫近到我兵刺刀的跟前,并抓紧每一个有利的机会(如在我军渡越小河,或在山径和村中小路单排前进的时候),和我兵肉搏"[②]。

应该说,以三元里人民为代表的农民群体所展现的是中国人民坚贞不渝的反抗精神。在当时错综复杂的政治局势中,这一反抗斗争展现出的大无畏斗争精神,成为之后中国人民反抗外来侵略用之不竭的精神动力,也彰显出人民群众创造历史的伟大实践。

(五)严复与寻求"救亡"

1.案例呈现

客谓处存亡危急之秋,务亟图自救之术,此意是也。固知处今而谈,不独破坏人才之八股宜除,举凡宋学汉学,词章小道,皆宜且束高阁也。即富强而言,且在所后,法当先求何道可以救亡。惟是申陆王二氏之说,谓格致无益事功,抑事功不俟格致,则大不可。夫陆王之学,质而言之,则直师心自用而已。自以为不出户可以知天下,而天下事与其所谓知者,果相合否?不径庭否?不复问也。自以为闭门造车,出而合辙,而门外之辙与其所造之车,果相合否?不龃龉否?又不察也。向壁虚造,顺非而泽,持之似有故,言之若成理。其甚也,如骊山博士说瓜,不问瓜之有无,议论

[①] 陈锡祺:《广东三元里人民的抗英斗争》,广东人民出版社 1956 年版,第 24 页。

[②] 奥却他朗尼:《中国战争纪事》,转引自陈锡祺:《广东三元里人民的抗英斗争》,广东人民出版社 1956 年版,第 31 页。

先行蜂起，秦皇坑之，未为过也。盖陆氏于孟子，独取良知不学、万物皆备之言，而忘言性求故、既竭目力之事，惟其自视太高，所以强物就我。后世学者，乐其径易，便于惰窳敖慢之情，遂群然趋之，莫之自返。其为祸也，始于学术，终于国家。故其于己也，则认地大民众为富强，而果富强否，未尝验也；其于人也，则神州而外皆夷狄，其果夷狄否，未尝考也。抵死虚桥，未或稍屈。然而天下事所不可逃者，实而已矣，非虚词饰说所得自欺，又非盛气高言所可持劫也。迫及之而知，履之而艰，而天下之祸，固无救矣。胜代之所以亡，与今之所以弱者，不皆坐此也耶！前车已覆，后轸方道，真可叹也！若夫词章一道，本与经济殊科，词章不妨放达，故虽极蜃楼海市，惝恍迷离，皆足移情遣意。一及事功，则淫遁诐邪，生于其心，害于其政矣；苟且粉饰，出于其政者，害于其事矣。而中土不幸，其学最尚词章，致学者习与性成，日增惝慢。又况以利禄声华为准的，苟务悦人，何须理实，于是惝慢之余，又加之以险躁，此与武侯学以成才之说，奚啻背道而驰？仆前谓科举破坏人才，此又其一者矣。

　　然而西学格致，则其道与是适相反。一理之明，一法之立，必验之物物事事而皆然，而后定之为不易。其所验也贵多，故博大；其收效也必恒，故悠久；其究极也，必道通为一，左右逢源，故高明。方其治之也，成见必不可居，饰词必不可用，不敢丝毫主张，不得稍行武断，必勤必耐，必公必虚，而后有以造其至精之域，践其至实之途。迫夫施之民生日用之间，则据理行术，操必然之券，责未然之效，先天不违，如土委地而已矣。且西士有言：凡学之事，不仅求知未知，求能不能已也。学测算者，不终身以窥天行也；学化学者，不随在而验物质也；讲植物者，不必耕桑；讲动物者，不必牧畜。其绝大妙用，在于有以炼智虑而操心思，使习于沉者不至为浮，习于诚者不能为妄。是故一理来前，当机立剖，昭昭白黑，莫使听荧。凡夫恫疑虚猲，荒渺浮夸，举无所施其伎焉者，得此道也，此又《大学》所谓"知至而后意诚"者矣。且格致之事，以道眼观一切物，物物平等，本无大小、久暂、贵贱、善恶之殊。庄生知之，故曰道在屎溺，每下愈况。王氏窗前格竹，七日病生之事，若与西洋植物家言之，当不知几许轩渠，几人齿冷。且何必西士，即如其言，则《豳》诗之所歌，《禹贡》之所载，何一不足令此子病生？而圣人创物成能之意，明民前用之机，皆将由此熄矣。率天下而祸实学者,岂非王氏之言欤?

(资料来源:严复:《严复文集》,线装书局 2009 年版,第 257～258 页。)

呜呼,观今日之世变,盖自秦以来,未有若斯之亟也!夫世之变也,莫知其所由然,强而名之曰运会。运会既成,虽圣人无所为力。盖圣人亦运会中之一物。既为其中之一物。谓能取运会而转移之,无是理也。彼圣人者,特知运会之所由趋,而逆睹其流极。唯知其所由趋,故后天而奉天时,唯逆睹其流极,故先天而天不违;于是裁成辅相,而置天下于至安。后之人从而观其成功,遂若圣人真能转移运会也者,而不知圣人之初无有事也。即如今日中倭之构难,究所由来,夫岂一朝一夕之故也哉!尝谓中西事理,其最不同而断乎不可合者,莫大于中之人好古而忽今,西之人力今以胜古。中之人以一治一乱、一盛一衰为天行人事之自然;西之人以日进无疆,既盛不可复衰,既治不可复乱,为学术政化之极则。盖我中国圣人之意,以为吾非不知宇宙之为无尽藏,而人心之灵,苟日开浚焉,其机巧智能,可以驯致于不测也。而吾独置之而不以为务者,盖生民之道,期于相实相养而已。大天地之物产有限,而生民之嗜欲无穷,孳乳寝多,鳞萃日广,此终不足之势也。物不足则必争,而争者人道之大患也。故宁以止足为教,使各安于朴鄙颛蒙,耕凿焉以事其长上。是故《春秋》大一统,一统者,平争之大局也。秦之销兵焚书,其作用盖亦犹是。降而至于宋以来之制科,其防争尤为深且远。取人人尊信之书,使其反复沈潜,而其道常在若远若近、有用无用之际;悬格为招矣,而上智有不必得之忧,下愚有或可得之庆。于是举天下之圣智豪杰,至凡有思虑之伦,吾顿八纮之网以收之,即或漏吞舟之鱼,而已曝腮断鳍,颓然老矣,尚何能为推波助澜之事也哉!嗟乎!此真圣人牢笼天下,平争泯乱之至术,而民智因之以日窳,民力因之以日衰,其究也,至不能与外国争一旦之命,则圣人计虑之所不及者也。虽然,使至于今,吾为吾治,而跨海之汽舟不来,缩地之飞车不至,则神州之众,老死不与异族相往来,富者常享其富,贫者常安其贫;明天泽之义,则冠履之分严,崇柔让之教,则嚚凌之气泯;偏灾虽繁,有补苴之术;萑苻虽夥,有剿绝之方:此纵难言郅治乎,亦用相安而已。而孰意患常出于所虑之外,乃有何物泰西其人者,盖自高颡深目之伦,杂处此结衽编发之中,则我四千年文物声明,已涣然有不终日之虑。逮今日而始知其危,何异齐桓公以见痛之日,为受病之始也哉!

（资料来源:严复:《论世变之亟》,严复:《严复文集》,线装书局 2009 年版,第 235～236 页。）

我们要进一步学习和发扬严复的爱国主义精神。严复的一生首先是爱国者的一生。他的一切寻求、一切进取、一切成功都是与其爱国之心、报国之志分不开的。1884 年马江海战惨败后,他就开始对李鸿章等洋务派的"新政"表示不满。1894 年中日甲午海战中北洋舰队全军覆没,使他更不能沉默了。他爱国激情奔放,认为"身贵自由,国贵自主",如果一旦丧失独立,"其生也不如死,其存也不如亡",他决心"吾奋吾力,合群图强",呼吁全国"同力合志""联一气而御外仇"。从《严译名著丛刊》的八部著名译著看,都有明显的爱国倾向,其中《天演论》、《原富》、《法意》以及《名学》所表现的爱国思想尤为突出。他不是为翻译而翻译,而是借重译著,并通过序言和大量按语,表达自己的爱国思想和爱国主张,从而希望达到救亡图存的目的。

在祖国进行现代化建设的今天,爱国主义具有团结中华民族的强大凝聚力,是振兴中华的强劲动力。我们要学习严复这种崇高的爱国主义精神,树立民族自豪感和自信心,齐心协力,为建设富强、繁荣、民主的祖国贡献自己的一切才智和力量。

我们要进一步学习和发扬严复的首倡变革精神。严复是清末中国维新运动最坚决、最权威的理论家。严复在传播维新思想、反对封建专制制度方面,做出了同时代人所望尘莫及的贡献。他以一种崭新的资产阶级世界观,从思想根基上冲决封建主义意识形态的桎梏,成为近代中国思想界占有支配地位的先进思想,对当代以至几代人的政治变革发生了广泛而深远的影响。严复通过对当时国内外形势的分析,斩钉截铁地宣称清王朝专制制度非变不可。他连续发表多篇政治论文,提出:"由今之道,无变今之俗,百虽易人,不能治也。""天下之理最明,而所必至者,如今日中国不变法,则必亡是已。"他的变革思想是多方面的,政治上兴民权,重自由,实行君主立宪;经济上办实业,发展民族资本主义工业;文化思想上,倡西学,育人才,鼓民力,开发智,新民德。等等。他的不少论述不仅成了当时维新变法的最有力的理论依据和最锐利的思想武器,而且对于辛亥革命也具有不可忽视的影响,也为"五四"新文化运动开辟了道路,甚至至今还可以借鉴。

我们要学习和发扬严复学贯中西的渊博思想。严复是精通国学、传播西学的大师,他才兼文理,学贯中西,著译丰富,开创了中国近代文化史的新纪元。他痛陈八股的弊病,指出其"锢智慧""坏心术""滋游手"三大害,揭露"其为祸也始于学术,终于国家",主张"痛除八股而大讲西学"。他批判"中学为体,西学为用"的口号,他说:"有牛之体就有牛之用,有马之体就有马之用;从来没有听说过可以有牛之体而有马之用。"在译注《天演论》中,严复将斯宾塞的"普遍进化论"与中国古代《易经》中所包含的丰富的进化论思想因素融会贯通,从而勾勒出自然、社会不断进化的新宇宙观。

严复是中国近代史上向西方寻找救国真理的第一代知识分子的代表,他爱国主义和追求真理的思想,他严谨的治学精神,他对教育的重视和对教学工作的严肃态度,代表了千千万万中国知识分子在旧民主主义革命时期所走过的道路。

(资料来源:习近平:《序言》,福建省严复研究会编:《1993 严复国际学术研讨会论文集》,海峡文艺出版社 1995 年版,第 2~4 页。)

2.案例指向

本案例主要指向教材第一章第四节"反侵略战争的失败与民族意识的觉醒",对于理解中国人民和志士仁人探索挽救中华民族危亡、实现民族复兴的道路具有参考价值。

3.案例解析

西方列强发动的侵华战争也让中国人民在反侵略过程中不断觉醒,一大批志士仁人或者奋笔疾书痛斥西方侵略者,或者思考反侵略的救国之策,或者积极推动救国之策的落地实践。从林则徐、魏源等人"师夷长技以制夷",到洋务派人士的"师夷长技以自强";从维新派人士的"立宪救国",到资产阶级革命派的"民主共和",都展现了中国人在面对西方列强不断入侵过程中的自我觉醒、探索和奋起的过程,中华民族觉醒也成为近代中国势不可挡的历史趋势。严复作为这些志士仁人的代表人物之一,在著书立说中寻求救亡之道,展现出 19 世纪末 20 世纪初知识分子的社会历史担当,这种社会责任意识至今仍值得学习和借鉴。正如习近平总书记所言:"时至今日,严复的科学与爱国思想仍不过时。"①毛泽东同志在《论人民民主专政》一文里赞美严复等人"代表了在中国共产党出世以前向西方寻找真理的一派人物"②。蔡元培在《五十年来中国之哲学》里,称严复"尊民叛君,尊今叛古"③。以上三段材料实际上从不同角度展现严复的探索救亡之路的不同面向。具体表现在以下几个方面:

(1)严复的"救亡"论

1895 年 5 月 1 日至 6 月 16 日,严复在《直报》上连载《救亡决论》一文,详细地分析了八股式教育的三大弊端——"锢智慧""坏心术""滋游手",认为"西学格致,则其道与是适相反",指出必须倡导废除八股而学西学,并喊出"救亡"的口号。应该说,严复的这一主张具有很强的社会功用价值。虽然早在 15、16 世纪中西方接触中,已经有中国人被西方"坚船利炮"所震撼,提出仿制西方技术的想法。但是,这一时期对于西方的观察和认识仍主要局限于"夷情叵测"层面。正如费正清所言,"尽管'夷务专家'已注意到与西方打交道的问题,但还不足以引起他们真正地去理解对方"。④ 即便被称为"睁眼看世界"的林则徐,虽然表现出"敢于率先突破固有的文化思维,探索新的适应时代变化的图强之路"⑤,但是其"睁眼看世界"的广度和深度都是有限的,甚至其言论中仍表现出"中央帝国"根深蒂固观念的影响。1839 年,林则徐、邓廷桢、怡良在会奏《拟谕英吉利国王檄》中就言之凿凿描述这一"天下观"逻辑。⑥ 可以说,19 世纪末期,时人时局仍需要国人打破旧有意识和思想,严复从八股教育批判入手,从中

①　习近平主编:《科学与爱国——严复思想新探》,清华大学出版社 2001 年版,"序一"第1 页。

②　《毛泽东选集》第 4 卷,人民出版社 1991 年版,第 1469 页。

③　高平叔编:《蔡元培哲学论著》,河北人民出版社 1985 年版,第 275 页。

④　费正清:《中国沿海的贸易与外交:通商口岸的开埠(1842—1854 年)》,牛贯杰译,山西人民出版社 2021 年版,第 255 页。

⑤　陈支平:《从文化传承的视野来评价林则徐的伟大历史贡献》,《福建论坛(人文社科版)》2015 年第 9 期。

⑥　林则徐等:《拟谕英吉利国王檄》,郑振铎编:《晚清文选》,西苑出版社 2003 年版,第2～3 页。

西方文化比较视野论述学习西方的重要性、紧迫性、必要性，显然具有很强的社会价值。特别是甲午战争之后，这种思想和意识更有紧迫性。因此，《救亡决论》一经发表，便引起广泛关注。"救亡"一词也成为国民寻求救亡之道过程中频繁被提及的词语。

（2）严复的"世变"论

李鸿章面对西方大规模入侵时曾言："地球东西南朔九万里之遥胥聚于中国，此三千余年一大变局也。"①严复的"世变"论实际上是在"变局论"基础上对当时中国社会所面临新形势的深刻剖析。传统中国文明在历史上曾经居于世界文明发展前列，在整个世界体系中占据重要地位。但是，随着西方资本主义世界全面崛起，中华文明也面临前所未有的危机。中西交往的历史事实不断印证中华文明所遭遇的挑战和危机。中国之外的世界已经发生翻天覆地变化，中国要不要变，是墨守成规，还是积极应对这种变化，也一直是时人争论的焦点。严复在《论世变之亟》中指出西洋的学术政治"不外于学术则黜伪而崇真，于刑政则屈私以为公而已"。从中外文化比较的角度来说明当时中国所面临"世变之亟"，严复在文中倡导要用力今胜古来代替好古忽今，用进化论来代替循环论的观点，也代表当时"先进中国人"对解决中国危机的先进认识。

（3）严复的"科学"与"爱国"精神

在"救亡论"和"世变论"的背后，折射的是严复作为当时先进知识分子的高度自觉意识，以及对于时局把握和认识的深刻性，也反映严复在面临民族存亡之际的"大智慧"。正如习近平总书记所言："他高举科学与爱国两面大旗，以'开民智'、'鼓民力'、'新民德'为己任：一方面，'摒弃万缘，惟以译书自课'，先后译注了《天演论》、《原富》、《法意》、《穆勒名学》、《群学肄言》、《群己权界论》、《社会通诠》和《名学浅说》等十余部西方学术名著，内容涉及生物学、社会学、伦理学、经济学、法学、哲学、政治学等诸多学科，以图师夷制夷，疗贫起弱；另一方面，以高度的爱国热忱，针砭时弊，抨击封建专制，鼓吹变法维新，连续发表《论世变之亟》、《原强》、《辟韩》和《救亡决论》等政论文章，以警醒国人，企求'治国明民'之道，挽救民

---

① 李鸿章：《李文忠公奏稿》卷19，民国景金陵原刊本，第45页。

族危机。"①严复作为19世纪末20世纪初,探索中国救亡之路的引路人之一,其作为使中华民族在遭遇严重危机情况下燃起了新的希望。

四、延伸阅读

1.吕浦、张振鹍等编译:《"黄祸论"历史资料选辑》,中国社会科学出版社1979年版。

2.毛泽东:《中国革命和中国共产党》,《毛泽东选集》第2卷,人民出版社1991年版。

3.茅海建:《天朝的崩溃:鸦片战争再研究》,三联书店1995年版。

4.行龙、李文海:《近代中国的民族觉醒》,清华大学出版社2002年版。

5.马克思:《英人在华的残暴行动》,《马克思恩格斯选集》第1卷,人民出版社2012年版。

6.马克思:《鸦片贸易史》,《马克思恩格斯选集》第1卷,人民出版社2012年版。

7.马克思:《不列颠在印度的统治》,《马克思恩格斯选集》第1卷,人民出版社2012年版。

8.马克思:《不列颠在印度统治的未来结果》,《马克思恩格斯选集》第1卷,人民出版社2012年版。

9.史华慈:《寻求富强:严复与西方》,叶凤美译,中信出版集团2016年版。

10.黄兴涛:《重塑中华:近代中国"中华民族"观念研究》,北京师范大学出版社2017年版。

11.罗福惠:《非常的东西文化碰撞:近代中国人对"黄祸论"及人种学的回应》,北京大学出版社2018年版。

---

① 习近平主编:《科学与爱国——严复思想新探》,清华大学出版社2001年版,"序一"第1页。

五、拓展研学

1.课程学习过程中,建议学生利用课余时间观看《世界历史》(第 59 集)、《百年中国》(第 1 集)、《复兴之路》(第 1 集)等历史纪录片,从视觉上加强对西方列强侵华战争残酷性和中国社会各阶层救国图强的各种探索的认识。

2.课程教学过程中,教师可以结合教学内容,组织学生开展以下实践活动:赴胡里山炮台遗址、盘古炮台遗址和陈化成墓等厦门地区有关鸦片战争期间抗英事迹的遗存考察,加深学生对中国人民反侵略斗争行为及其精神的认识;赴鼓浪屿协和礼拜堂、日光岩寺、故宫鼓浪屿外国文物馆等地进行研学,考察和体验中西文化的差异;赴鼓浪屿工布局遗址、海关遗址以及英国、美国和日本等国驻厦领事馆遗址,考察西方列强侵华过程中所攫取的在华特权,赴广州三元里抗英斗争纪念馆和福州的严复故居考察,深化对中国人反侵略斗争和民族意识觉醒的认识。

第二章 不同社会力量对国家出路的早期探索

一、教学主要目标

面对西方列强入侵和封建统治腐败带来的民族危机,近代中国农民阶级、地主阶级洋务派和资产阶级维新派对国家出路展开探索,从各自的立场出发,先后提出并尝试了各自的救国主张和方案,但均以失败告终。围绕这一历史发展线索,本章的主要教学目标包括:

了解太平天国运动的历史进程、历史意义、失败原因和教训,理解农民阶级的阶级局限性和历史局限性,引导学生认识农民阶级不能担负起领导反帝反封建斗争取得胜利的重任,单纯的农民战争不可能完成争取民族独立和人民解放的历史任务。

了解封建统治阶级中的一部分人推动洋务运动的历史进程、历史意义、失败原因和教训,理解洋务运动的本质和历史局限性,引导学生认识洋务运动不可能为中国摆脱贫弱找到出路。

了解资产阶级维新派领导的戊戌维新运动的历史进程、历史意义、失败原因和教训,理解资产阶级维新派的阶级局限性和历史局限性,引导学生认识在半殖民地半封建的旧中国试图通过统治者走自上而下的改良道路,根本行不通,必须用革命的手段,推翻帝国主义、封建主义联合统治的半殖民地半封建的社会制度。

二、教学重难点

农民阶级、地主阶级洋务派和资产阶级维新派探索国家出路的历史进程与历史意义。从唯物史观出发，站稳人民立场，从积极作用和不足之处两方面客观看待，既充分肯定农民阶级、地主阶级洋务派和资产阶级维新派探索国家出路的历史作用，又要看到其无法超越旧思想和旧制度的阶级局限性。

农民阶级、地主阶级洋务派和资产阶级维新派对国家出路早期探索失败的原因及教训。通过对这一内容的阐述，帮助学生理解太平天国、洋务运动、维新变法运动虽然都取得了一定的成绩，但不可避免地都以失败告终。中华民族依然处于日益深化的民族危机和社会危机之中。这说明农民阶级、地主阶级洋务派、资产阶级维新派对国家出路探索的方案没有达到挽救民族危机、实现国家独立富强的目的。中国迫切需要新的思想引领救亡运动，迫切需要新的组织凝聚革命力量。历史呼唤着新的革命阶级登上政治舞台。

三、教学案例

(一)太平天国为什么无法实现"均田"

1.案例呈现

凡田分九等，其田一亩，早晚二季可出一千二百斤者为尚尚田，可出一千一百斤者为尚中田，可出一千斤者为尚下田，可出九百斤者为中尚田，可出八百斤者为中中田，可出七百斤者为中下田，可出六百斤者为下尚田，可出五百斤者为下中田，可出四百斤者为下下田。尚尚田一亩，当尚中田一亩一分，当尚下田一亩二分，当中尚田一亩三分五厘，当中中田一亩五分,当中下田一亩七分五厘,当下尚田二亩,当下中田二亩四分,当下下田三亩。

凡分田,照人口,不论男妇,算其家口多寡,人多则分多,人寡则分寡,杂以九等。如一家六人,分三人好田,分三人丑田,好丑各一半。凡天下田,天下人同耕,此处不足,则迁彼处,彼处不足,则迁此处;凡天下田,丰荒相通,此处荒,则移彼丰处,以赈此荒处,彼处荒,则移此丰处,以赈彼荒处,务使天下共享天父上主皇上帝大福,有田同耕,有饭同食,有衣同穿,有钱同使,无处不均匀,无人不饱暖也。凡男妇每一人自十六岁以尚受田多逾十五岁以下一半,如十六岁以尚,分尚尚田一亩,则十五岁以下减其半,分尚尚田五分,又如十六岁以尚分下下田三亩,则十五岁以下减其半,分下下田一亩五分。

凡天下树墙下以桑。凡妇蚕绩缝衣裳。凡天下每家五母鸡,二母彘,无失其时。凡当收成时,两司马督伍长除足其二十五家每人所食可接新谷外,余则归国库。凡麦豆苎麻布帛鸡犬各物及银钱亦然。盖天下皆是天父上主皇上帝一大家,天下人人不受私物,物归上主,则主有所运用,天下大家处处平均,人人饱暖矣。此乃天父上主皇上帝特命太平真主救世旨意也、但两司马存其钱谷数于典钱谷及典出入。凡二十五家中,设国库一,礼拜堂一,两司马居之。凡二十五家中,所有婚娶弥月喜事俱用国库,但有限式,不得多用一钱。如一家有婚娶弥月事,给钱一千,谷一百斤,通天下皆一式,总要用之有节,以备兵灾。

（资料来源:罗尔纲:《太平天国的理想国:天朝田亩制度考》,商务印书馆1950年版,第2～3页。）

至于论太平天国不能实行土地社会公有制度的原因,乃时势使然。因为田亩等级的划分,人口与田亩分配的统计,在军事时期是无法从事的。而且,这一个制度,原是一件震古烁今的大改革,民众难于图始,实行尤多阻碍。曾国藩讨粤匪檄便以"农不能自耕以纳赋,而谓田皆天主之田;商不能自贾以取息,而谓货皆天主之货"的话来刺激群众。太平天国为着要缓和革命阻力,便不得不把这一个大改革留待胜利以后。据贼情汇纂所记太平天国初年在设立乡官之后,原来就预定要实行此制的,当时曾通谕民间道:"天下农民米谷,商贾资本,皆天父所有,全应解归圣库。"

但是,此令既出,民众不愿,竟不能行。那时候环境阻碍力之大可想而知。自然,此种土地社会公有制度能否行得通,还是一个疑问。

(资料来源:罗尔纲:《太平天国的理想国:天朝田亩制度考》,商务印书馆1950年版,第36~37页。)

定都天京不久,太平天国相继发布体现社会经济构想的《百姓条例》和《天朝田亩制度》,宣传"不要钱漕""田产均耕""剩余归公"。《天朝田亩制度》反映了农民的美好愿望,农民的拥护也是太平天国前期发展迅猛的重要原因。但任何美好的理想,如果不具备实施条件,只能变为空想。为保障天京和广大太平军的粮食供应,稳定社会秩序,1854年夏初,杨秀清、韦昌辉、石达开联衔奏请确定"照旧交粮纳税"政策,即利用清朝现成的征收钱漕制度。至1855年,"照旧交粮纳税"政策已在太平军主要活动的湖北、安徽、江西三个省份的部分地区有所落实。但受战争环境制约,太平军对乡村控制相对薄弱,在与清军进行拉锯战的过程中,始终难以打破缺粮乏饷困境,遂惯于采取强制征收的极端手段——"打贡"("打先锋""勒贡献""写人帽"),来获取经济资源。

(资料来源:刘晨:《太平天国辖境苏浙农村社会经济秩序探析》,《历史研究》2022年第5期。)

2.案例指向

本案例指向教材第二章第一节"太平天国运动的起落"的内容。通过分析《天朝田亩制度》的文本以及罗尔纲先生的评述,帮助学生了解太平天国运动的历史进程、历史意义和教训,引导学生坚持唯物史观。既充分肯定太平天国运动作为中国人民反帝反封建斗争的开篇,是一场正义的事业,洪秀全是农民革命运动的领袖,又要看到其无法超越旧思想和旧制度的阶级局限性,以及败亡的惨痛教训,进而认识到农民阶级不能担负起领导反帝反封建斗争取得胜利的重任。

3.案例解析

本案例第一则文献来自太平天国的《天朝田亩制度》。《天朝田亩制度》是太平天国所创制度里面最重要的一种,是太平天国的纲领性文件,是人间天国理想的具体化和纲领化。此制度在太平天国癸好三年(1853年)冬,即建都天京时颁布。它主要针对农村,其中心内容是彻底废除封建土地制度,把土地按人口平均分配给农民,也包括了建设地方政权、规定生产和生活方式等许多内容。第二则文献是我国著名太平天国史研究专家罗尔纲对于《天朝田亩制度》中土地公有制无法实行原因的分析。第三则文献是学界对太平天国税赋制度在江苏和浙江部分地区实际运作情况的最新认知。

案例中,第一则文献反映的是《天朝田亩制度》中最重要的部分——土地公有制。太平天国反对私有制度而主张天下一家共有共享的制度,认为人人都是他们所崇拜的那一位高高在天上的天父上主皇上帝所生所养,因此必须"天下人人不受私物,物归上主,则主有所运用,天下大家处处平均,人人饱暖"。据此可知,他们的土地所有权归于上帝,也就是归于这个奉上帝意旨到人间来开创的太平天国。在土地公有的情况下,太平天国将田地根据其产量分为九等,在此基础上按照人口多寡和年龄分配土地。百姓耕种所得不许私有,每户留足口粮,其余都归国库。

从案例可见,《天朝田亩制度》主张建立"有田同耕,有饭同食,有衣同穿,有钱同使,无处不均匀,无人不饱暖"的理想社会,否定了封建社会的基础即封建土地所有制,体现了广大农民要求平均分配土地的强烈愿望,是对以往农民战争中"均贫富""等贵贱"和"均平""均田"思想的发展与超越,具有进步意义。太平天国起义亦因为在《天朝田亩制度》中比较完整地表达出千百年来农民对拥有土地的渴望,而成为中国旧式农民战争的最高峰。此外,中国古来授田,以男丁为主,此则男女一律同等授田,是一次创举,有助于妇女地位的提高。

不过,它并没有超出农民、小生产者的狭隘眼界。它所描绘的"理想天国",仍然是闭塞的自给自足的自然经济,是小农业和家庭手工业相结合的传统生活方式。每户除了耕种外,还要从事副业,种桑、养蚕、纺织、养鸡、养猪。就耕种和副业收入,百姓不仅须将粮食上缴国库,还须将麦、豆、苎麻、布帛、鸡、犬各物及银钱同样缴交给国库,而消费则由国家统筹。在这样的情况下,百姓无法将剩余产品投入市场。因此,"理想天国"又是一个没有商品交换的和绝对平均的社会。这种社会理想,在很大程度上具有不切实际的空想性质。

实际上,《天朝田亩制度》中的平分土地方案即使在太平军占领地区也并未能实行。罗尔纲指出,不论是田亩等级的划分,还是人口与田亩分配的统计,在军事时期都无法实行。太平天国原来预定要实行此制,曾发布通谕:"天下农民米谷、商贾资本,皆天父所有,全应解归圣库。"但是,民众不愿遵循,以致此令不通。曾国藩亦曾在征伐太平天国的檄文中抨击这一制度,呼吁百姓反对太平天国,"农不能自耕以纳赋,而谓田皆天王之田;商不能自贾以取息,而谓货皆天王之货"。在这样的内外阻力下,太平天国不得不搁置此项改革。如第三则文献所示,"为保障天京和广大太平军的粮食供应,稳定社会秩序",太平天国实际仍沿用清朝现成的征收钱漕制度。但受战争环境制约,太平天国对乡村控制较为薄弱,始终难以解决缺粮乏饷问题,以致其惯于采取强制征收的极端手段。缺粮乏饷问题以及失去民心,也为太平天国最终的失败埋下了伏笔。

《天朝田亩制度》既没有制度施行的外部环境条件,也不是完善的、具有可行性的改革方案。由此观之,以太平天国为代表的农民阶级不是新的生产力和生产关系的代表,无法克服小生产者所固有的阶级局限性,缺乏科学思想理论的指导,没有先进阶级的领导,因而无法从根本上提出完整的、正确的政治纲领和社会改革方案。

本案例的辨析,帮助学生运用辩证唯物主义与历史唯物主义的立场、观点和方法,客观认识太平天国运动的历史意义与局限性,澄清学生的模糊认识,引导学生树立正确的历史观。

(二)太平军洋枪队之战

1.案例呈现

我十二年在省住有四月之久,然后有巡抚李鸿章到上海接薛巡抚之任,招集洋鬼,与我交兵。李巡抚有上海正关,税重钱多,故招鬼兵与我交战。其发兵来破我嘉定、青浦,逼我太仓、昆山等县,告急前来,此正是十二年四、五月之间,见势甚大,逼不得已,调选精锐万余人亲领前去。此鬼兵攻城,其力甚足,嘉定、青浦到省一百余里,其攻城,尔外无救,五、六时辰,其定成功也。其炮太利害,百发百中,打坏我之城池,打平城池,洋枪炮连响,一踊直入,是以□我救不及。接到警报,当即启兵,救之不及,失去二城。该鬼兵即到太仓，即而攻打，外有汉军而来，助其之战。打入城者，鬼把城门。凡见清官兵，不准尔自取一物，大小男女任其带尽，清官兵不敢与言。若尔清朝官兵多言者，不计尔官职大小，乱打不饶。至我天王不肯用鬼兵者，因此之由也。有一千之鬼，要押制我万之人，何人肯服，故未用他也。

那时鬼兵已至太仓开仗，我亦到来，外有清兵万余众，鬼兵三四千人，清兵自松江、泗泾、青浦、嘉定、宝山、上海连来大小营寨一百余座，城城俱有鬼兵守把。我到太仓，当与其见仗，两边立阵迎战，自□至午，胜负未分，两家受伤千余士卒。次早又立阵于东门，开兵大战，自辰至巳，力破鬼阵，当斩数百，追其下水死者千余，当破清营三十余座，得其大炮洋枪不计其数。次早行军，即追其尾，困其嘉定城中之鬼，未得出来。上海来救之鬼，是广东调来之鬼，立即来救嘉定这城鬼子，由南翔而来，当与迎战，两阵并交，连战三日，俱是和战，两家伤二三千人。那时见不得，飞调听王陈炳文带万余众到，当即再与交锋，一战鬼兵大败，又斩千余。其救嘉定未得，其追逃，被我追杀其大半，克复定城，派官把守，即下青浦。又将青浦鬼兵困稳，外又有松江洋鬼及上海再调来救其浦县，用火舟而来解救，此之天意从事，我早架大炮等他，此正火舟来之候，不意我亦开炮打他，初一炮正中其舟，其火舟烧起，其救末由，其浦城鬼兵自行退去，自惊下水而亡数百余鬼子。下路地方，动步皆水，实实难行，有警急之事，错步性命难全，是以鬼兵惊退下水而亡，因此之来由也。

收得青浦之后，顺攻泗泾之营十余个。自泗泾至下到松江以及太仓而来，大小营寨一百三十余营概行攻破，松江城外之营亦已攻开，独松江一孤城，城内是鬼子所守。次日又有上海来救之鬼用舟装洋药洋炮千余条而来，经我官兵出队与其迎战，鬼败我胜，将其火药洋炮洋枪为我所有。那时洋鬼并不敢与我见仗，战其即败，将松江困紧。

正当成功之时，曾帅之军已由上而下，破我芜湖、巢县、无为、运漕、东西梁山、太平关一带，和州亦然，有如破竹之势，而至金陵，逼近京都。

那时天王一日三道差官捧诏到松江追我。诏甚严，何人敢违，不得已，将松江兵退回，未攻此郡，因严诏之逼。然后转苏州，与众将从长计议，万难周全，知曾帅之军由上而下，利在水军，我劳其逸，水道难争，其军常胜,其势甚雄,不欲与战,我总是解粮多多回京,将省府财物米粮火药炮火俱解回京,待廿四个月之后,再与其战,解京围,其兵久而必惰,而无斗战之心,然后再与其战等议真情。知曾帅之兵,初来之势,锐精之雄,这鼓气壮,我不肯来争。正当议楚,应欲举行,天王又差官捧诏来催,诏云:"三诏追救京城,何不启队发行? 尔意欲何为? 尔身受重任,而知朕法否? 若不遵诏,国法难容! 仰莫仕睽专催起马,启奏朕知。"诏逼如此,不得不行,是以计议调抽兵马起队前来。主逼如此,无心在阳,苏、杭之事,概交各将任,我少管,连母亲以及家眷概交与主为信,表我愚忠。

(资料来源:罗尔纲:《李秀成自述原稿注》,中华书局 1982 年版,第 279~284 页。)

2.案例指向

本案例指向教材第二章第一节"太平天国运动的起落"的内容。通过分析李秀成口中的太平军洋枪队之战,帮助学生了解太平天国运动的历史进程、历史意义、失败原因和教训,引导学生认识,在半殖民地半封建的中国,农民具有伟大的革命潜力,但它自身不能担负起领导反帝反封建斗争取得胜利的重任。单纯的农民战争不可能完成争取民族独立和人民解放的历史任务。

3.案例解析

本案例文献来自太平天国运动后期的重要将领忠王李秀成于 1864 年被清朝俘虏后的供状。该供状不仅供述了太平天国领导人洪秀全、杨秀清、萧朝贵、冯云山、韦昌辉、石达开等人的出身,还回顾了拜上帝教、金田起义、建都天京、两次破江南江北大营、杨韦事变、三河大捷、攻克苏常、天京保卫战等太平天国运动的重要历史细节,并提及太平天国运动失败的原因,以及李秀成本人参加起义的全过程。

本案例的基本内容为 1862 年(太平天国壬戌十二年、清同治元年)太平军与洋枪队在上海展开激战的情形。这年 3 月,李鸿章出任江苏巡抚。面对太平军大举来攻的严峻形势,李鸿章启用外国雇佣军来抵御太平军。在洋枪队的支援下,清军一度攻占嘉定、青浦、太仓等地。不过洋枪队入城后,横行无忌,搜刮财物,甚至对先入城的清朝官兵也进行了搜身,且不管官兵官职大小,对胆敢多言的人施以暴行。李秀成以此为由说明太平天国为何不肯雇佣洋枪队。之后,李秀成率军与清军、洋枪队交战,收复嘉定、青浦，击退来援的洋枪队，并缴获大量洋枪洋炮。然而，与此同时，曾国藩率军攻克安徽一带，进逼金陵，以致天京告急。李秀成只得率军回救而撤离。

通过对本案例的辨析，帮助学生运用辩证唯物主义和历史唯物主义的立场、观点和方法，客观认识太平天国运动，驳斥社会上流行的否定太平天国运动、抬高洋务运动作用、美化改良等历史虚无主义错误观点，澄清学生的模糊认识，引导学生树立正确的历史观。

从本案例中我们可以看出，太平天国起义沉重打击了封建统治阶级，强烈撼动了清政府的统治根基。就整体而言，太平天国作为与清王朝对峙的政权而存在，本身就构成了对清王朝统治的挑战，重创了清廷的统治威信，还迫使清政府雇佣洋枪队来抵御。从太平军与洋枪队之战来看，当时上海是全国最大的通商口岸之一，华洋杂处，是江南财富集中之地。太平军进占嘉定、青浦、太仓、松江，不仅打击了封建统治阶级，严重损害清王朝的财税来源，威胁清政府统治的经济基础，而且让清王朝在国际社会中大失颜面，并提升了太平天国的国际影响力。

太平天国起义亦有力地打击了外国侵略势力。外国侵略势力在华烧杀抢掠，无恶不作。太平天国尽管信奉拜上帝教，却没有与这些外国侵略势力为伍。当中外反动派勾结起来向太平军举起屠刀时，太平军毫不犹豫地同洋枪队展开英勇的斗争，抵御了外国侵略，也冲击了西方殖民主义者在亚洲的统治，显示了农民阶级的反抗精神和战斗力量。

本案例除了体现出农民阶级探索国家出路的历史进程与历史意义外，也部分揭示了太平天国运动失败的原因与教训。太平天国起义遭遇了中外反动势力的全面围剿。尽管太平天国运动可以取得一时一地的胜利，但依然难以推翻封建主义与帝国主义两座大山。因此，在半殖民地半封建的中国，农民虽然具有伟大的革命潜力，但它自身不能担负起领导反帝反封建斗争取得胜利的重任。单纯的农民战争不可能完成争取民族独立和人民解放的历史任务。

（三）福建船政局的兴衰

1.案例呈现

三月二十五日（1872 年 5 月 2 日），左宗棠奏称：窃维制造轮船，实中国自强要著，臣于闽浙总督任内请易购雇为制造，实以西洋各国恃其船炮横行海上，每以其所有傲我所无，不得不师其长以制之，其时英人威妥玛、赫德有借新法自强之说，思借购雇而专其利。美里登、有雅芝等亦扬言制造耗费，购雇省事，冀以阻挠成议。幸赖圣明洞鉴，允于福建设立船局，特命沈葆桢总理船政，而后群喙息而公论明。臣于具奏后旋即去闽，然于船政一事则始终未敢恝置也。

西征以后，叠接沈葆桢、周开锡、夏献纶缄牍，皆称船政顺利，日起有功。第一号轮船万年清驶赴天津时，华夷观者如堵，诧为未有之奇。……

嗣是率作兴事，成效益臻。臣原奏自铁厂开工起限五年内造成大小轮船十八只，计闽局自八年正月抉厂开工，至今已造过几号，为时尚止二年。纵限内十六号轮船未能悉数报竣，然亦差数不远，此时日之可考者也。

试造之始，本拟由浅入深。近来船式愈造愈精，原拟配炮三尊者今可配炮八尊，续造二百五十四马力轮船竟配新式大洋炮十三尊，此成效之可考者也。据夏献纶禀各厂匠作踊跃精进，西洋师匠所能者均已能之，而艺局学徒一百四十余名既通英法语言文字，于泰西诸学尤易研求。臣前据闽局缄报，天文、算学、画图、管轮、驾驶诸艺童有学得七八分者，有学得五六分者，屡请英法教师考校，列上等者七八十名，次亦三四十名，将来进诣尚未可量。如果优其廪饩，宽以时日，严其程督，加以鼓舞，则以机器造机器，以华人学华人，以新法变新法，似制造、驾驶之才固不可胜用也。前闻西人议论，每叹华人质地聪颖犹胜泰西诸邦，未之能信；观近时艺童能事渐多、所学日进，参之西人美者妒者之口，观其消沮敛退之形状，似非无因。此人事之可考者也。

文煜、王凯泰奏称"较外洋兵船尚多不及"，臣未见其原奏，不知所称不及外洋兵船在何事，无从悬揣。惟文煜等既于造成轮船称其灵捷，又以拨给殷商为可惜，是已成之船非不适用，数百万之费非虚掷也明矣。其称尚多不及外洋兵船者，亦只就目前言之，并非画地自限，谓此事终应让能岛族也。泰西各国之各造轮船，始事至今阅数十年，所费何可胜计。今学造三年之久，耗费数百万之多，谓遂能尽其奇巧无毫发憾，臣亦不敢信其诚然。然侧闻岛人议论，佥谓中国制造驾驶必可有成，而闽局地势之宜，措置之当，索图传览，靡不叹服。亦足证前功之有可睹、后效之可必期也。

至制胜之有无把握，此时海上无警，轮船虽成未曾见仗，若豫决其必有把握，固属无据之谈。但就目前言之，制造轮船已见成效，船之炮位、马力又复相当，管驾、掌轮均渐熟悉，并无洋人羼杂其间，一遇有警，指臂相联，迥非从前有防无战可比。此理势之可考者也。

……所有福建轮船局务必可有成，有利无害，不可停止实在情形，谨披沥直陈。

（资料来源：郑剑顺编《福建船政局史事纪要编年：清同治五年至宣统二年（1866年至1910年）》，厦门大学出版社1993年版，第31～32页。）

十一月十六日（1880年12月17日），江南道监察御史李士彬上奏，指出闽局存在问题。奏称："臣闻福建船政初开局时，立法甚善，派有提调一人、监工一人总司局务，局中学生督课甚严，勤者奖之，惰者革退。近则专徇情面，滥竽充数，不一而足。学技艺者率皆学画、学歌词，提调、监工不谙洋务，并不过问，船政大臣亦为所欺。凡局中一切公事，该提调任意把持，不肯举办。所造轮船，惟扬威（应为扬武）、振远（应为威远）二只尚称合式，余则大半不商不兵，难以适用。局中及各船薪水，每月需银万余两，大家虚糜，船政大臣极欲整顿，竟有积重难返之势。"

（资料来源：郑剑顺编《福建船政局史事纪要编年：清同治五年至宣统二年（1866年至1910年）》，厦门大学出版社1993年版，第71页。）

十一月初二日（1884年12月18日），兼署船政张佩纶在书牍中谈及船政"积弊"时说："一曰制船费六十万，今止廿余万，局用复去十余万，三年之费不能成一船。一曰兵船新式者至六百匹马力，厂止百五十匹马力之机器，事事迁就，工疲艺劣。而其最大之弊，则在绅士。局差几百，绅居其半，学生居其三之一，余则员弁。当沈文肃时，以名臣巨绅总之，诸生皆其晚进密姻，孰才孰不才，孰有事，孰托词，了不能欺，如湘将之将湘军、淮将之将淮军也。然文肃一行,而众口已攻其戚吴仲翔去。绅与绅犹且如此。其后丁、吴、黎、张均不久更代。客官于绅士必接以礼貌,乃益习于宽疲。且于绅士贤否不能深知之,则皆竽滥耳。得不必感,不得则怨。黎与何又皆粤人,于是粤党渐盛,员有党而相争之势益成矣。然则员可信乎?曰,不可。员之能者不必争此冷地,其来者非本省失职无聊之辈,即与大臣亲故及有奥援者,是吾辈略有偏执,均售其欺而已。"

(资料来源:郑剑顺编:《福建船政局史事纪要编年:清同治五年至宣统二年(1866年至1910年)》,厦门大学出版社1993年版,第91页。)

2.案例指向

本案例指向教材第二章第二节"洋务运动的兴衰"的内容。通过分析福建船政局的兴衰历史,帮助学生了解封建统治阶级中的一部分人推动洋务运动的历史进程、历史意义、失败原因和教训,理解洋务运动的本质和历史局限性,引导学生认识洋务运动不可能为中国摆脱贫弱找到出路。洋务运动不仅没有使中国"强"和"富",甚至也没能使清王朝免于衰落、灭亡的命运。

3.案例解析

案例文献反映的是福建船政局创办的背景、经过、成就和存在的问题。19世纪60年代起,为了挽救清政府的统治危机,地主阶级洋务派主张引进、仿造西方的武器装备和学习西方的科学技术,创设近代企业,兴办洋务。在此背景下,1866年清政府批准时任闽浙总督左宗棠的建议,在福建设立船政局,引进外国技师,学习西方技术,建造现代军舰。

19世纪60—90年代,地主阶级洋务派举办的洋务事业主要有三个方面:兴办近代企业、建立新式陆海军、创办新式学堂与派遣留学生。福建船政局既是洋务派创办的近代军事企业,也奠定了福建水师这一新式海军的基础,还创办新式学堂,推动了军事教育的发展。因此,福建船政局的兴衰不仅与整体洋务运动的成败紧密相连,而且反映着洋务运动的本质和历史局限性。

第一则文献是船政局的创始人左宗棠向清政府奏报福建船政局的创立始末与成绩。他的奏折先回顾了福建船政局创立的原因与背景,"实以西洋各国恃其船炮横行海上,每以其所有傲我所无,不得不师其长以制之"，即中国面临严重的外侮，故要师夷长技以制夷。随后，左宗棠介绍了船政局的成绩，1869 年船政局铁厂开工至今已经建造九艘轮船，并提到第一艘轮船"万年清"号驶入天津，引起了中外人士的轰动，"华夷观者如堵，诧为未有之奇"。由此可见，地主阶级洋务派通过所掌握的国家权力集中力量优先发展军事工业，在客观上对中国早期工业的发展起了促进作用。但是，也应注意到，洋务派兴办洋务新政，主要是为了维护封建统治，并不是要使中国朝着独立的资本主义方向发展。

然后，左宗棠禀报称，船政局的工匠技艺在不断精进，"各厂匠作踊跃精进，西洋师匠所能者均已能之"，140 多名学徒亦学会了英语与法语，还有不少学童在"天文、算学、画图、管轮、驾驶"等科目上学有所成。这些都反映出洋务运动培养了一批通晓洋务的人才，对中国近代教育诞生起到了积极作用，还让当时更多的中国人接触了新的知识，使人们开阔了眼界。在此基础上，对一部分人来说，西方的各种技术和器物不再被当作"奇技淫巧"受到排斥，而是被视为模仿、学习的对象。这一切，都有利于资本主义经济的发展，也有利于社会风气的改变。

福建船政局尽管具有一定的历史作用，最终仍遭遇失败。第二、三则文献讲的便是当时江南道监察御史李士彬和兼署船政大臣的张佩纶对于船政局存在问题的认识。李士彬批判指出，船政局的提调、监工"专徇情面，滥竽充数，不一而足"，且不懂洋务，还欺骗船政大臣，把持船政局的一切公事。船政局所造的轮船大多质量低下，既不是商船也不是战船，只有"扬武"和"威远"两舰可用。在这样低效率下，船政局每月需要耗费万余两银子，挥霍浪费，毫无经营效益。张佩纶同样注意到，船政局的造船效率低下且耗资巨大。但他认为最大的问题在于企业管理，裙带关系、派系之争都拖累了船政局的发展。

综合两人的分析和左宗棠的奏报，我们可以看到洋务运动失败主要有三个原因：

第一，洋务运动具有封建性。洋务运动的指导思想是"中学为体，西学为用"，企图以吸取西方近代生产技术为手段，来达到维护和巩固中国封建统治的目的，这就决定了它必然失败的命运。因为新的生产力是同封建主义的生产关系及其上层建筑不相容的，是不可能在封建主义的桎梏下充分地发展起来的。

第二,洋务运动对列强具有依赖性。洋务运动进行之时,清政府已与西方国家签订了一批不平等条约。西方列强正是凭借种种特权,从政治、经济等各方面加紧对中国的侵略和控制,它们并不希望中国真正富强起来。而洋务派官员却一再主张对外"和戎",其所兴办的企业一切仰赖外国,他们企图依赖外国来达到"自强""求富"的目的,无异于与虎谋皮。

第三,洋务企业的管理具有腐朽性。洋务派所创办的一些新式企业虽然具有一定的资本主义性质,但其管理基本上仍是封建衙门式的。洋务派所办的军事工业完全由官方控制,经营不讲效益,造出的枪炮、轮船往往质量低下。企业内部极其腐败,充斥着营私舞弊、贪污受贿、挥霍浪费等官场恶习。

在归纳完福建船政局的兴衰与洋务运动失败的原因后,引导学生认识洋务运动不可能为中国摆脱贫弱找到出路,也不可能避免最终失败的命运。

(四)"上清帝第六书"

1.案例呈现

去国二年,侧望新政,而泄沓如故,土室抚膺,闭门泣血。项果有德人据胶之事,邀索条款。和议甫定,而英、俄乘机邀索,应接无暇。山东复有命案,德使翻然,教堂遍地,处处可以开衅。诸国接踵,其何以堪之! 职闻胶变,从海上来,闻万国报馆议论沸腾,咸以分中国为言。海内震惶,乱民蠢动。项元旦日食,天象告变,警戒非常。瓜分豆剖,大露机牙,栋折榱坏,同受倾压。用敢万里浮海,再诣阙廷,思竭愚诚,冀裨万一,蒙大臣延询以善后变法大计,用敢冒昧陈露,以备皇上采择焉。

职窃考大地百年来守旧诸国,削灭殆尽。有亡于一举之割裂者,各国之于非洲是也;有亡于屡举之割裂者,俄、德、奥之于波兰是也;有尽夺其政权、利权而一旦亡之者,法之于安南是也;有遍据其海陆形胜而渐次亡之者,英之于印度是也。此皆泰西取国之胜算,守旧被灭之覆辙,近事彰彰者也。当此主忧臣辱之日,职亦何忍为伤心刺耳之谈。然自东师辱后,泰西以野蛮鄙我,以黑奴侮我,故所派公使,皆调从非洲,无一调自欧洲者。按其公法均势保护诸例,只为文明之国,不为野蛮。十年前吾幸无事者,诸国方分非洲耳。今分地已讫,无地可图,故聚谋以分中国为事。剖割之图,传遍大地;擘画详明,绝无隐讳。此尚虚声,请言实迹。俄、德、法何事而订密约?英、日何事而订深交?土、希之役,何以惜兵力不用?战舰之数,何以竞厚兵而相持?譬犹地雷四伏,药线交通,一处火燃,四面皆应。胶警乃其借端,德国固其嚆矢耳!

二万万华腴之地,四万万秀淑之民,诸国眈眈,朵颐已久;慢藏诲盗,陈之交衢;唾手可得,俯拾即是。……

然徒言变法,条理万端,随举一事,皆关重大,少一不变,连类无功。此当世之士略能言之,职亦尝上陈之。惟其推行之本末、先后之次序、章程节目之繁、刚柔宽猛之用,从何下手,乃无疑惑;从何取法,乃无弊端。如作书画,必当有佳谱仿摹,尤贵见墨迹临写,庶不走作,乃易揣摩。职窃为皇上上下古今、纵横中外思之。尧舜三代之道在爱民,皇上必已熟讲之,职愿皇上常讽《孟子》而深知其意;勾践、燕昭之行在雪耻,皇上当已习闻之,职愿皇上熟诵《国语》《国策》而誓于心。若至近之墨迹可摹、绝佳之画谱可临者,职于地球中新兴者得二国焉,曰俄、曰日。职愿皇上以俄国大彼得之心为心法,以日本明治之政为政谱而已。

昔彼得为欧洲所摈,易装游法,学于船匠,变政而遂霸大地;日本为俄、美所败,步武泰西,乃至易服改纪而雄视东方。此二国者,其始遭削弱与我同,其后底盛强与我异。日本地势近我,政俗同我,成效最速,条理尤详;取而用之,尤易措手。职译纂累年,成《日本变政考》一书,专明日本改政之次第;又有《大彼得变政记》,顷方缮写,若承垂采,当以进呈。若西人所著之《泰西新史揽要》《列国变通兴盛记》,于俄、日二主之事颇有发明。皇上若俯采远人,法此二国,诚令译署并进此书,几余披阅。皇上劳精垂意讲之于上,枢译诸大臣各授一册讲之于下,权衡在握,施行自异;起衰振靡,警聩发聋,其举动非常,更有迥出意计外者。风声所播,海内慑耸,职可保外人改视易听,必不敢为无厌之求。盖遇昧者其胆豪,见明者则气怯;且虑我地大人众,一旦自强,则报复更烈。非皇上洞悉敌情,无以折冲樽俎;然非皇上采法俄、日,亦不能为天下雄也。

考日本维新之始，凡有三事：一曰大誓群臣以革旧维新，而采天下之舆论，取万国之良法；二曰开制度局于宫中，征天下通才二十人为参与，将一切政事制度重新商定；三曰设待诏所许天下人上书，日主以时见之，称旨则隶入制度局。此诚变法之纲领，下手之条理，莫之能易也。伏愿皇上采而用之，因日食之警，震动修德，除旧布新；择吉日大誓百司庶僚于太庙，或御乾清门，下诏申警，宣布天下以维新更始；上下一心，尽革旧弊；采天下之舆论，取万国之良法，俾趋向既定，四海向风。然后用南书房、会典馆之例，特置制度局于内廷，妙选天下通才数人为修撰，派王大臣为总裁，体制平等，俾易商榷。每日值内，同共讨论；皇上亲临折衷一是，将旧制新政斟酌其宜。某政宜改，某事宜增，草定章程，考核至当，然后施行。

其午门设待诏所，派御史为监收，许天下人上书，皆与传达，发下制度局解之，以通天下之情，尽天下之才。或与召见，称旨者擢用，或擢入制度局参议。其将来经济特科录用之才，仿用唐制开集贤、延英之馆以待之，拔其尤者选入制度局。其他条陈关涉新政者，皆发制度局议行。盖六部为行政之官，掌守例而不任山议，然举行新政，无例可援。军机山纳喉舌，亦非论道经邦。跪对顷刻，岂能讨论？总署困于外交，且多兼差，簿书期会，刻无暇晷。变法事体大，安有无论思专官而可行乎？周公思兼三王，仰思待旦；《中庸》称博学、审问、慎思、明辨而后笃行。今有办事之官，而无议论之官，譬有手足而无心思，又以鼻口而兼耳目。不学、问、思、辨而徒为笃行，夜行无烛，瞎马临池，宜其丛脞也。若开局讨论，专设一官，然后百度维新可得备详。

（资料来源：康有为：《康有为全集》第 4 集，中国人民大学出版社 2020 年版，第 11～14 页。）

2.案例指向

本案例指向教材第二章第三节"维新运动的兴起和夭折"的内容。通过分析康有为的"上清帝第六书"，帮助学生了解资产阶级维新派领导的戊戌维新运动的历史进程、历史意义，理解资产阶级维新派的阶级局限性和历史局限性，引导学生认识改良主义不可能为近代中国找到救亡出路。

3.案例解析

案例文献来自 1898 年 1 月 29 日康有为上呈给光绪帝的《外衅危迫

分割洊至急宜及时发愤大誓臣工开制度新政局折》（"上清帝第六书"①）。在这封奏折中，康有为列举世界各国兴亡盛衰的原因和教训，充分说明变法的急迫性，敦促光绪帝痛下发愤更始的决心，尽快改革并重新确定国家的基本方针和前进方向。他通过对日本明治维新的经验总结，提出了变法的三条纲领，其中最根本的一条就是开制度局，将其作为指导全国变法的中枢机构，以排除顽固守旧官吏的干扰和抵制，发现并选拔天下的维新人才，使新政得以顺利推行。该奏折不仅反映了资产阶级维新派政治改革的要求，而且推动了光绪帝推行变法，进而成为戊戌变法的施政纲领。

首先，案例揭示了康有为上书亦即戊戌变法发生的背景。自甲午战争惨败以来，帝国主义纷至沓来，使中国陷入被瓜分的亡国危局。危机激发了民族觉醒。1897 年冬德国强占胶州湾后，康有为赶赴北京，接连撰写了上清帝第五书和第六书。

其次，案例介绍了资产阶级维新派向日本和俄国学习资本主义政治制度和思想文化并实行新政的改良主张。围绕如何实行新政，康有为借鉴日本明治维新经验指出：一是皇帝召集群臣，诏定国是，宣布变法。二是在内廷设立制度局，并选拔有才能的人主持该局。皇帝每日到制度局议政，颁布施行商定之事。三是在午门设上书所，允许天下人的上书可直接送达皇帝。其中有符合要求的，便量才擢用。

案例还反映了资产阶级维新派宣传维新主张的方式与方法。案例中提到了著书立说、介绍外国变法的经验教训等方式，例如康有为撰写了《日本变政考》和《俄彼得变政记》两本书，并将其推荐给光绪帝。此外，"上清帝第六书"本身即体现了向皇帝上书的方式。上书以及改革的内容在很大程度上体现出资产阶级维新派将变法的重点放在争取光绪皇帝及其周围帝党官员的支持上，希望通过他们自上而下地实行变法主张。

通过对本案例的辨析，将帮助学生运用辩证唯物主义和历史唯物主义的立场、观点和方法，客观认识戊戌维新运动的历史意义与局限性，澄清学生的模糊认识，引导学生树立正确的历史观。

---

① 关于"上清帝第六书"的版本问题，参见李爱军：《"上清帝第六书"的各种版本及其比较》，《理论界》2012 年第 3 期。

戊戌维新运动是一次爱国救亡运动。以康有为为代表的资产阶级维新派在民族危亡的关键时刻,高举救亡图存的旗帜,多次上书清廷,要求通过变法,发展资本主义,使中国走上富强的道路。维新派的政治实践和思想理论,不仅贯穿着强烈的爱国主义精神,而且推动了中华民族的觉醒。

戊戌维新运动还是一场思想启蒙运动,维新派大力传播西方资产阶级的社会政治学说、改革经验,推动清廷接受天下人上书,从而将顽固的封建主义思想壁垒打开了一个缺口,有利于民主思想在中国的传播,有利于人们的思想解放。

从案例中亦可以看出,维新派存在不敢否定封建主义的局限性。他们在政治上不敢根本否定封建君主制度,只是幻想依靠光绪皇帝"以君权雷厉风行",通过和平、合法的手段,实现自上而下的改良,让资产阶级和开明士绅的代表参加政权。

(五)维新派眼中的戊戌政变

1.案例呈现

于四月二十三日皇上下诏定国是,决行改革,于是诸臣上奏,虽不敢明言改革之非,而腹诽益甚。五月初五日下诏废八股取士之制,举国守旧迂谬之人,失其安身立命之业,自是日夜相聚,阴谋与新政为敌之术矣。礼部者科举学校之总汇也,礼部尚书许应骙,百计谋阻挠废八股之事,于是御史宋伯鲁、杨深秀劾之,许应骙乃转劾康有为,皇上两不问。

先是二月间康有为上书大陈变革之方,大约以革除壅蔽,整定官制为主义,请在京城置十二局,凡局员皆选年力精壮讲习时务者为之。书既上,皇上饬下总理衙门议行。总理衙门延至五月尚未复奏,盖意在敷衍搪塞也。至四月二十三日,国是之诏既下,皇上乃促总署速议复奏。总署议奏,驳不可行。上震怒。至五月十七日,复命军机大臣与总署会议。同月二十五日议复,仍驳其不可行。上益怒,亲以朱笔书上谕命两衙门再议,有须切实议行,毋得空言搪塞之语。两衙门乃指其书中之末节无关大局者准行数条,其大端仍是驳斥。上无如之何,太息而已。夫皇上既知法之当变矣,既以康有为之言为然矣,而不能断然行之,必有借于群臣之议者何也,盖知西后之相忌,故欲借众议以行之,明此事之非出于皇上及康有为之私见也。而诸臣之敢于屡次抗拂上意者,亦恃西后为护符,欺皇上之无权也。当五月间大臣屡驳此书,皇上屡命再议之时,举京师谣言纷纭不可听闻,皆谓康有为欲尽废京师六部九卿衙门。彼盈廷数千醉生梦死之人,几皆欲得康之肉而食之。其实康不过言须增新衙门耳,尚未言及裁旧衙门也,而讹言已至如此,办事之难,可以概见矣。皇上病重之说,亦至此时而极盛,盖守旧者有深意焉矣。

皇上自四月以来,屡次所下新政之诏,交疆臣施行。而疆臣皆西后所擢用,不知有皇上,皆置诏书于不问,皇上愤极而无如之何。至六月初十日诏严责两江督臣刘坤一、两广督臣谭钟麟、直隶督臣荣禄,又将督抚中之最贤而能任事之陈宝箴,下诏褒勉,以期激发疆臣之天良,使有所劝惩,稍襄新政。不意各疆臣怨望益甚,谤讟纷起,而顽固之气,卒不少改,惟嫉视维新之臣若仇敌耳。

中国之淫祠,向来最盛,虚糜钱帑,供养莠民,最为国家之蠹。皇上于五月间下诏书,将天下淫祠悉改为学堂,于是奸僧恶巫,咸怀咨怨。北京及各省之大寺,其僧人最有大力,厚于货贿,能通权贵,于是交通内监,行浸润之谮于西后,谓皇上已从西教,此亦激变之一小原因也。

至七月间候补京堂岑春煊上书请大裁冗员,皇上允其所请,特将詹事府、通政司、光禄寺、鸿胪寺、太常寺、太仆寺、大理寺,及广东湖北云南巡抚、河东总督、各省粮道等官裁撤。此诏一下,于是前者尸位素禄阘冗无能妄自尊大之人,多失其所恃,人心皇皇,更有与维新诸臣不两立之势。

中国之大弊,莫甚于上下壅塞,下情不能上达,至是皇上屡命小臣上书言事,长台不得阻抑。乃七月间礼部主事王照上书请上游历外国,礼部堂官等不为代达。皇上震怒,乃将礼部尚书怀塔布等六人革职,赏王照以四品京堂,是为皇上初行赏罚之事。此诏之下,维新者无不称快,守旧者初而震恐,继而切齿,于是怀塔布、立山等,率内务府人员数十人环跪于西后前,痛哭而诉皇上之无道,又相率往天津就谋于荣禄,而废立之议即定于此时矣。皇上于二品以上大员,无进退黜陟之权,彼军机大臣及各省督抚等屡抗旨,上愤极而不能黜之,此次乃仅择礼部闲曹,无关紧要之人,一试其黜陟,而大变已至矣,皇上无权,可胜慨哉。

皇上至是时亦知守旧大臣与己不两立,有不顾利害,誓死以殉社稷之意,于是益放手办事,乃特擢杨锐、林旭、刘光第、谭嗣同四人,参预新政。参预新政者,犹唐之参知政事,实宰相之任也。命下之日,皇上赐四人以一密谕,用黄匣亲缄之,盖命四人尽心辅翼新政,无得瞻顾也。自是凡有章奏,皆经四人阅览,凡有上谕,皆由四人拟稿,军机大臣侧目而视矣……

上既广采群议,图治之心益切,至七月二十八日,决意欲开懋勤殿选集通国英才数十人,并延聘东西各国政治专家,共议制度,将一切应兴应革之事,全盘筹算,定一详细规则,然后施行。犹恐西后不允兹议,乃命谭嗣同查考雍正、乾隆、嘉庆三朝开懋勤殿故事,拟一上谕,将持至颐和园,禀命西后,即见施行。乃越日而变局已显,衣带密诏旋下矣。

七月二十九日皇上召见杨锐,赐以密谕,有朕位几不能保之语,令其设法救护,乃谕康有为及杨锐等四人之谕也。当时诸人奉诏涕泣,然意上位危险,谅其事发在九月阅兵时耳。于时袁世凯召见入京,亦共以密诏示之,冀其于阅兵时设法保护,而辛以此败事。

(资料来源:梁启超:《戊戌政变记》,岳麓书社 2011 年版,第 106～109 页。)

自(八月)初六日垂帘之诏既下,初七日有英国某教士向一内务府御膳茶房某员,询问皇上圣躬安否,某员言皇上已患失心疯病,屡欲向外逃走云,盖皇上自恐不免,因思脱虎口也。而为西后之党所发觉,乃将皇上幽闭于南海之瀛台。南海者大内之离宫也。瀛台在海之中心,四面皆环以水,一面设板桥以通出入,台中约有十余室云。当皇上之欲外逃也,闻有内监六人导之行,至是将六监擒获,于十三日与六烈士一同处斩。而西后别易己所信任之内监十余人以监守瀛台,名虽至尊,实则囚虏矣。

(资料来源:梁启超:《戊戌政变记》,岳麓书社 2011 年版,第 95 页。)

2.案例指向

本案例指向教材第二章第三节"维新运动的兴起和夭折"的内容。通过分析维新派梁启超眼中的戊戌政变,帮助学生了解资产阶级维新派领导的戊戌维新运动的失败原因和教训,理解资产阶级维新派的阶级局限性和历史局限性,引导学生认识,在半殖民地半封建的旧中国,企图通过统治者走自上而下的改良道路根本行不通,必须用革命的手段,推翻帝国主义、封建主义联合统治的半殖民地半封建的社会制度。

3.案例解析

案例文献来自资产阶级维新派的代表人物梁启超所著的《戊戌政变记》。1898年6月11日（农历四月二十三日），光绪帝颁布了"明定国是"谕旨，宣布开始变法，史称"戊戌变法"。9月21日（农历八月初六日），慈禧太后发动政变，以"训政"的名义，重新独揽大权。"戊戌变法"如同昙花一现，只经历了103天就夭折了。梁启超作为亲历者，在《戊戌政变记》中详细论述了戊戌政变的发起与终结，并分析了戊戌政变的原因。案例选取了其中梁启超对戊戌政变的过程与原因的描述等内容。

维新派试图通过光绪皇帝推行的改革方案，遭到了封建守旧势力的激烈反对。光绪皇帝所颁布的新政命令，由于中央和地方守旧官僚们的抵制，大多未能付诸实施。在案例文献中，废八股、裁撤闲散与重叠机构、裁汰冗员、提倡向皇帝上书言事以及康有为的变革之方等大量改革方案，引起守旧势力百般阻挠、搁置乃至对维新的敌视。案例文献也说明了为何诸臣敢屡次违抗光绪帝的旨意，因为"恃西后为护符，欺皇上之无权也"。变法倡导者光绪帝并不居于权力核心地位，慈禧太后才是真正的掌权者。而这样的权力结构不仅使变法屡遭干扰，更导致变法倡导者与权力核心者产生激烈冲突。

尽管案例文献主要体现的是资产阶级维新派的观点与主张，但我们运用辩证唯物主义和历史唯物主义的立场、观点和方法去审视《戊戌政变记》，进而发现戊戌维新运动的失败主要是由于维新派自身的局限以及以慈禧太后为首的强大的守旧势力的反对。当时民族资本主义经济力量还十分微弱，民族资产阶级的社会基础相当狭窄。民族资产阶级的政治代表维新派的势力更是非常弱小，很多人自身还保留着封建士大夫的痕迹。他们既没有严密的组织，也不掌握实权和军队，更没有去发动群众。这样，他们就只能把自己实行改革的全部希望寄托在一个没有实权的光绪皇帝身上。

从案例文献来看，维新派本身的局限性突出地表现在以下三个方面：首先，维新派不敢否定封建主义，只是幻想依靠光绪皇帝实现自上而下的改良，让资产阶级和开明士绅的代表参加政权。其次，维新派对帝国主义抱有幻想,他们虽然大声疾呼救亡图存,却又幻想西方列强能帮助自己变法维新。在案例中,梁启超提到"上既广采群议,图治之心益切,至七月二十八日,决意欲开懋勤殿选集通国英才数十人,并延聘东西各国政治专家,共议制度"。"延聘东西各国政治专家"便是维新派提出的建议——"聘请日本前首相伊藤博文来中国任维新的顾问"。英、日帝国主义虽然表面上同情维新派,但实质上只是为了乘机扩大在华侵略势力,并寻找它们在中国的代理人。最后,维新派脱离人民群众,其活动基本上局限于官僚士大夫和知识分子的小圈子。正因为没有人民力量作为后盾,所以当他们得悉守旧派要发动军事政变时,只得打算依靠掌有兵权的袁世凯,结果反被袁世凯出卖。而一旦守旧派操刀反击,维新派也就没有丝毫抵抗的能力。

总之,戊戌维新运动的失败表明,在半殖民地半封建的旧中国,企图通过统治者走自上而下的改良道路,是根本行不通的,必须用革命的手段,推翻帝国主义、封建主义联合统治的半殖民地半封建的社会制度。

四、延伸阅读

1. 毛泽东:《中国革命和中国共产党》,《毛泽东选集》第 2 卷,人民出版社 1991 年版。

2. 林庆元:《福建船政局史稿》,福建人民出版社 1999 年版。

3. 汤志钧:《戊戌变法史》,上海社会科学院出版社 2003 年版。

4. 罗尔纲:《太平天国史》,中华书局 2009 年版。

5. 夏东元:《洋务运动史》,华东师范大学出版社 2010 年版。

五、拓展研学

建议全班学生组成学习小组,展开课外研学。各学习小组可以选择以下三类研学形式中的一种,通过搜集相关原始文献、研究成果,展开深入探讨,并形成研学报告。

1.举行关于《中国革命和中国共产党》的读书会。学生通过阅读和交流《中国革命和中国共产党》的内容,深刻领会中国半殖民地半封建的社会性质与历史使命。

2.前往太平天国运动、洋务运动和戊戌维新运动有关的历史遗址参观,例如走访太平天国天王府遗址、福州中国船政文化博物馆,加深学生对这段历史的了解。

3.观看电视连续剧《走向共和》第1～21集,增进对洋务运动、戊戌维新运动的了解,并撰写观影感想。

第三章　辛亥革命与君主专制制度的终结

一、教学主要目标

了解辛亥革命爆发的特定社会历史条件、阶级基础与骨干力量的形成、革命纲领的提出、革命形势的发展，认识 19 世纪末 20 世纪初中国进行资产阶级民主革命的必要性、正义性和进步性。

了解三民主义学说的提出、中华民国的成立和中国发生的历史性巨变，正确认识辛亥革命在实现中华民族伟大复兴征程上的重要意义。

了解北洋军阀统治的建立与旧民主主义革命的失败，分析辛亥革命失败的原因和教训，深刻认识为什么资产阶级共和国方案在中国行不通。

二、教学重难点

为什么说辛亥革命既成功又失败了？引导学生分析辛亥革命如何以巨大的震撼力和影响力推动了中国社会变革，又为何以失败而告终。

理解三民主义和南京临时政府的局限性，认识资产阶级领导的旧民主主义革命让位于无产阶级领导的新民主主义革命是历史的必然趋势。

三、教学案例

(一)清末"新政""帮助"辛亥革命

1.案例呈现

(1)兴办实业

关于实业,朝廷改变传统观念,认其盛衰与国家之富强有关,迭派大员出国考察,创设商部,以便保护农工商业。日、俄战后,官吏提倡益力,太后改商部为农工商部。部订奖励工商章程,凡经营二千万元以上之实业者,赏以子爵,一千万以上者男爵。地方长官又设劝工陈列所等,其兴办之实业,除外国承办之铁路外,政府大借外债,先后建筑京汉、津浦、正太、道清、汴洛、沪宁、沪杭甬、广九铁路,以本国之力建筑之路,尚有北京至张家口铁路。绅商以为获利甚厚,亦筹款筑路,实则多为空谈,但风气固已改变矣。开矿亦为致富之原,创办最早者,一为漠河金矿,一为开平煤矿,颇赖李鸿章之主持与赞助。至是,绅商视为有利可图,争先开矿,其兴办者,有煤、铁、铜、石油等矿,然因先未调查矿苗,资本短少,经营又不得法,往往失败也。外人经营之矿产,则颇发达。

(资料来源:陈恭禄:《中国近百年史》,商务印书馆2016年版,第158页。)

(2)废除科举

政府于三十一年(1905),创设学部,以国子监并入,其时间多耗于议订章程,学部奏定教育宗旨,曰忠君、曰尊孔、曰尚公、曰尚武、曰尚实,朝廷从之。学部设官专办京师大学堂,改学政为提学使,主持一省学务,高等专门学堂,则归部办理。其困难则主持者未能得人,师资缺乏,未有若何之成绩。学堂设立,士子仍重科举,学生不多,二十九年(1903),张之洞请递减科举,庶使舍学堂外,别无进身之阶,袁世凯且称科举为学堂之敌,主张废止。三十一年(1905),诏停科举,以广学校。其奖学之方法,全以利禄诱致学生,可谓奇矣。政府以师范法政诸学,需材孔亟之故奖励游学。留学日本，乃成风气，在日读书为时甚短，所谓简易速成之流皆是也。然清季学风之丕变，卒赖有此举，盖其时游学者之优秀分子，大都于国学已有根底。归而兴学佐政，又多热心也。

（资料来源：陈恭禄：《中国近百年史》，商务印书馆 2016 年版，第 157～158 页。）

（3）立宪

以上种种，树立立宪之基础，殆不可非，朝廷于宣统三年（1911），颁布官制，裁撤内阁军机等，采用外国内阁制，总理大臣一人，协理大臣二人，下设外务、民政、度支、学务、陆军、海军、司法、农工商、邮传、理藩部，各有大臣一名，废去尚书侍郎之名，并裁撤吏部礼部，组织视前简单，不可谓非进步。所可异者，总理大臣任用奕劻，协理大臣满、汉各一，十部大臣满人占七，汉人三人。革命党人方倡言种族革命，而朝廷重用满人，当国人要求速开国会之际，而亲贵反多居于要津，乃与时论相违。各省谘议局议员推举代表，迭次请愿速开国会，罢免亲贵。咨政院及督抚亦请召集国会，摄政王始许改于 1913 年召集国会，严禁入京请愿，于是大失人心，祸机伏矣。

（资料来源：陈恭禄：《中国近百年史》，商务印书馆 2016 年版，第 161 页。）

清季外交失败，士大夫深受外国思想之影响，渐而改变传统之观念，主张采用西法，立宪运动则其明证。青年有为之士，勇于进取，对于政治希望太大，失望亦其最甚，终乃以为非革命不足以复兴中国，起而组织秘密会社，潜谋起兵，更为扩张势力及活动之计，与旧有之会党连结。其时风气已变，从前视倡言革命为大逆者，亦变而赞助，尤以华侨为甚。华侨住于外国，常受不平等之待遇，亟欲中国富强，予以有效力之保护，故多同情于革命。其在外国得款较易，往往出款赞助党人。党人多为知识界人，秘密会党始乃改变性质。顾其活动之中心，或在外国，或在国内之租界，而在内地者，仍以旧有会党为有势力。新党活动最力者当推同盟会。

（资料来源：陈恭禄：《中国近百年史》，商务印书馆 2016 年版，第 172～173 页。）

（4）新军

武昌旧有日知会，创于教士，内有报章杂志，新兵常来浏览，渐变为革命机关，与同盟会合作。同盟会员于汉口俄租界设立会所，运动新兵，原定于八月十五日（1911 年 10 月 6 日）举兵，乃以领袖未至，延期发难。不意会所制造之炸弹爆发,巡捕捕去二人,武昌机关亦被破获,捕去三十一人,并搜得党员名册,湖广总督瑞澄欲兴大狱,饬按名册逮捕。军人闻而不安,工程营兵倡议发难,十九日(10 月 10 日),午后九时戕杀营官,攻据军械局,自城外攻入武昌。瑞澄惊惧出逃,新军主将张彪亦走,城中无主,新军加入革命军,遂据武昌。

(资料来源:陈恭禄:《中国近百年史》,商务印书馆 2016 年版,第 175 页。)

2.案例指向

本案例指向教材第三章第一节第一目"辛亥革命爆发的历史条件"中"清末'新政'及其破产"。本案例通过分析"新政"不仅没有拯救清政府,而且"帮助"了辛亥革命,有助于学生深入了解辛亥革命的爆发是特定历史条件下的必然结果。

3.案例解析

世事如棋,两次鸦片战争之后的清政府面临的是三千年未有之大变局,甲午战后变局进入危局,八国联军侵华战争之后,危局又进入残局。清政府不可能坐等灭亡,必须尽快选择一条自救之路。朝野上下开展了一场大讨论,实行洋务卓有成效、在政坛拥有极大影响力的晚清名臣张之洞提出,"欲救中国残局,唯有变西法一策"[①]。慈禧太后在逃亡的途中下达变法的谕旨,揭开了清末"新政"的序幕。

慈禧太后想要以"新政"挽救岌岌可危的清王朝统治。然而,以拯救清政府统治危机为目的的清末"新政",却在实施过程中"帮助"辛亥革命的发生。清末"新政"究竟出了什么问题? 我们可以回到历史现场,看看那些为"预备立宪"而欢欣鼓舞的立宪派,为何最终对清政府政治绝望而加入了革命的阵营?

(1)振兴实业——民族资产阶级转向革命

清政府振兴实业,设商部、颁布章程、奖励商人等,使得民族资本主义初步发展,民族资产阶级队伍壮大。民族资产阶级力量增强,而其发展受外国资本主义和本国封建主义的双重束缚,于是开始提出相应的政治诉求。然而,以 1911 年保路运动为例,署理四川总督赵尔丰居然下令军警

①　苑书义等主编:《张之洞全集》第 10 册,河北人民出版社 1998 年版,第 8526 页。

向手无寸铁的请愿群众开枪,制造了震惊全国的"成都血案"。由此刺激保路运动由"文明争路"发展到了武装暴动,成为辛亥革命的导火线。

"新政"振兴实业的措施带来民族资产阶级的不断壮大,其基本政治诉求能不能得到合理满足,清政府能不能很好地驾驭这些新的政治力量,对于"新政"能否成功至关重要。事实却是民族资产阶级利益与专制制度的冲突越来越大,要求政治变革的呼声越来越强,改良之路却走不通,于是民族资产阶级转向革命。民族资产阶级的壮大反而加强了革命的阶级基础。

(2)废科举"帮助"革命

清末"新政"中教育方针的改变是一项重要的内容。复办京师大学堂,奖励留学,甚至予以进士出身。1904 年颁布新的"癸卯学制",含基础教育(初、中、高三等)、职业教育(师范、实业和特别教育)等内容。

新式学堂增多和奖励留学的措施壮大了新式知识分子队伍。他们受新思想影响很深,有着寻求政治变革以救亡图存的共识。哪怕他们首选以改良的方式推进政治变革,但实践过程中改良之路走不通之时,转而支持革命也是常态。以湖北"新政"为例,在张之洞的主持下,湖北"新政"效果最为显著,派出很多留日学生。"留学日本,乃成风气",结果却是留学生成为后来辛亥革命政党同盟会的基石,湖湘派成为同盟会两大派别之一。毛泽东曾言:"辛亥革命乃留学生的发踪指示。"①孙中山自己分析辛亥革命成功的三个原因,其一即留学生的宣传。

1905 年以前,因为"学堂设立,士子仍重科举",要求废八股、减科举、废科举等呼声日渐激烈,张之洞、袁世凯等即是持此种意见者。1905 年正式废科举。

在科举制存废问题上,清政府实则面临两难困局:不废科举,培养不出急需的人才,国家没有出路;科举制强有力地支撑了三纲五常的儒家正统思想,使社会价值高度一体化,为君主专制提供了理论支撑,废除科举,则是一张"亡朝廷"的催命符。

从辛亥革命爆发的历史事实来看,清末"新政"实行新的学制、鼓励留学乃至于废科举等措施,客观上"帮助"了辛亥革命的发生。其一,废科举

---

① 毛泽东:《民众的大联合(三)》,《湘江评论》第四号,1919 年 8 月 4 日。

带来帝制意识形态崩溃,越来越多的民众不再认为君主专制和封建等级制度的存在是天经地义的。这为革命思想的传播提供了更大空间。其二,废科举后,新的受西方思想影响很深的资产阶级、小资产阶级知识分子群体成为革命派的核心力量。

(3)立宪运动失败——立宪派转而支持革命

在清末十年的诸多"新政"中,立宪是核心问题,也是那些曾经对清政府改良寄予希望的立宪派最关心的问题。清政府在这个问题上却是一拖再拖,从1901年到1905年,清末"新政"实质上都仅仅停留在体制内变法的阶段,立宪派关心的立宪问题毫无进展。

时局的变化给清政府带来了更大的压力,1905年日俄战争后,清政府在立宪问题上的态度发生了变化。1904—1905年日俄战争的进程牵动了无数中国人的心,它总是让人不免联想起1894年的甲午战争。二者有那么多的相似之处,战争的结果又一次大大背离了战前多数人的预判,看似更为弱小的日本居然又一次取胜了!中国知识阶层普遍认为,日本的胜利是立宪主义的胜利,俄国的失败是专制主义的失败,于是专制不如立宪的声音在中国国内广为腾布,带给清政府巨大的压力。而面对日俄战争这场"奇怪"的战争,日俄两国在中国土地上争夺中国利益,清政府居然宣布"中立",使得它的威望更为下降。为了挽回民心,在海内外声势浩大的立宪派的压力下,清政府被迫宣布把"新政"推进到立宪的阶段。

"预备立宪"的谕旨一度让支持改良的人们看到了希望。在预备立宪的过程中,聚合生成了一些新的政治力量。典型代表是立宪派和谘议局。立宪派聚合了近代新式商人、实业家、开明士绅,以及由戊戌时以康有为、梁启超为代表的维新派发展而来的保皇派。在新政过程中各省纷纷设立的谘议局,成为地方实力派、立宪派参政的途径。立宪派和谘议局的人在社会上的潜势力非常大。他们首先是改良的拥趸,但如果改良无望,他们也有转向革命的可能。

"预备立宪"的谕旨下达以后,海内外的立宪派欢欣鼓舞,很多地方都在开会庆祝,舞龙舞狮,立宪的呼声也日益高涨。由于朝廷没有定下何时颁布宪法,召开国会,立宪派最初的要求是迅速确定召开国会的年限,争取民权,为此而奋斗的急先锋首推杨度。

杨度认为召开国会是能够实现的,理由有两个:一是"政治革命的对象只有政府,不包括君主在内,阻力在君主方面极小,只要人民势力发展到能够强迫政府,再对君主进行要求不过是走走形式罢了",比用革命推倒君主要易于达到目的。二是召开国会所恃之"武力"主要是社会舆论,但使举国舆论一致,政府势必投降。即使万不得已使用兵力时,由于不废除君主,兵力也是用来警告政府而已,较之革命也省力得多。①

杨度的观点是当时立宪派中具有代表性的观点,立宪派对开国会的可行性达成了共识。但是清政府在宣布"预备立宪"之后两三年间,却迟迟不开国会,立宪派必须得做点什么,来推动速开国会。

"速"这个字隐含了更深的内情:关于召开国会的年限,有说十年的,有说七年的,有说三年的,"速"开国会想要争取的开国会时间是三年之内。"速"开国会,这里面还有立宪派要和日渐发展壮大的革命派竞争实力的考量。在这个问题上,梁启超是一个不能忽视的人物。从戊戌维新到清末立宪运动,梁启超都是一个深度的参与者。他在1907年组织的政闻社,是当时的主要请愿团体之一。政闻社提出,只有宣布并设国会的最近年限,才能消弭祸乱,维系人心,而把开设国会期限设定为七年或者十年,则是"灰爱国者之心,长揭竿者之气"②。迟迟不开国会,会使立宪派等爱国者灰心失望,揭竿而起的革命派也会因此增长。资产阶级改良派和革命派事实上呈现此消彼长的态势,面对民众,他们都在努力求关注。

既然开国会是必要的,也是可行的,为了和革命派竞争,又必须迅速召开国会,于是立宪派发动了四次大的国会请愿运动,想要通过请愿来形成广泛的社会舆论,进而敦促清政府速开国会。而清政府却主演了四拒国会请愿的"连续剧"。

第一次请愿中,立宪派表现出对朝廷的支持和体谅,表示只要朝廷开国会还权于民,民众愿替朝廷还债。如此积极配合的姿态,但结果是被清政府拒绝了。

从第二次到第三次,参与人数越来越多,被拒绝后,民众对朝廷拖延

---

① 侯宜杰:《清末国会请愿风云》,北京师范大学出版社2015年版,第9页。
② 侯宜杰:《清末国会请愿风云》,北京师范大学出版社2015年版,第31页。

立宪的不满也越来越大。1908 年长沙学生徐特立断指血书,为请愿代表送行,怒斥清廷误国。

第四次,不仅仅是拒绝学生请愿,朝廷还悍然动用军队、警察镇压学生请愿活动,制造了流血事件。学者侯宜杰对清末的国会请愿运动进行过系统的研究,他的《清末国会请愿风云》还原了从清政府拒绝国会请愿到立宪派逐渐离弃朝廷的过程:"丧失人心,系从拒绝国会请愿开始。三次请愿被拒,立宪派就愤怒地谴责清政府'直视吾民如蛇蝎如窃贼'! 镇压了第四次请愿,更是'恶感普及于全国',少数激进的立宪派人士开始向革命转化。"[①]

四次国会请愿运动的失败,使得清末"新政"中不断壮大起来的新的政治力量,以立宪派和谘议局为代表,逐渐离弃朝廷。1911 年组成的皇族内阁,则成为清末"新政"破产的标志。大多数的立宪派把"预备立宪"视为一场骗局,最终对清廷政治绝望,加入革命的阵营。

(4)新军成为清朝的掘墓人

"新政"实行新的军制,先后成立各种新式军事学堂,并委派军事留学生。清政府计划在全国编成 36 镇,然而到清朝灭亡时,才编成 26 镇。各地情况不一,北洋新军和湖北新军是编练成效较为显著的两支。

相较于八旗、绿营而言,清末新军是正规的近代新式军队。军官大多是留学生或新式学堂毕业生,士兵也选择年轻识字者。

编练新军的目的是打造有着强大战斗力的清王朝忠诚卫士,拯救统治危机。然而事与愿违,新军的人员构成使得他们认同政治变革。甲午战后,政治变革呈现改良、革命两种几乎同时发生、并行"赛跑"的走向。改良一度拥有更多的拥趸,但改良之路走不通的时候,支持改良的群体也有被革命思想动员的更大可能性。

以湖北新军与武昌起义为例,湖北当地革命团体的革命策略与其他地区有较大的不同,他们以动员新军为主,不轻率发动起义。在他们长期努力、策略得当的动员之下,武昌起义之前,湖北新军 1/3 以上被动员为秘密革命武装。"实际领导武昌起义的革命团体文学社与共进会就着意

---

① 　侯宜杰:《清末国会请愿风云》,北京师范大学出版社 2015 年版,第 397～398 页。

在新军中发展会员。到武昌起义前,这两个团体在新军中的会员就达五千人,占湖北新军总数的1/3以上。"①

最后,武昌起义的枪声在湖北新军的工程第八营内响起,清末"新政"编练新军,旨在编练清王朝的忠诚卫士,却打造出清王朝的掘墓人。

(5)湖北"新政"——张之洞种豆得瓜

对于辛亥革命的发生,有一个疑问:为什么此前同盟会的武装起义一次次失败,而武昌起义却成功了?

湖北"新政"客观上"帮助"了武昌起义的发生。整体来看,清末"新政"虽颇具规模,成效却未彰,张之洞主持的湖北"新政"是难得的亮点。在张之洞的经营下,武汉工业得到较大发展,被视为"东方芝加哥",派出的留学生也比较多,湖北新军相较而言编练也较为得力。然而,湖北"新政"中,张之洞种豆得瓜:武汉发展较好的工业为武昌起义和湖北军政府提供了更好的物质基础;派出的湘籍留日学生成为革命政党同盟会的基石;编练的湖北新军更是成为武昌起义的主力和清王朝的掘墓人。

孙中山曾说:"以南皮(张之洞)造成楚材,颠覆满祚,可谓为不言革命之大革命家。"②张之洞在武昌起义前两年已经去世了,他平生并不支持革命,孙中山为什么这么说呢?也是因为张之洞的湖北"新政"种豆得瓜,"帮助"了武昌起义。

(二)保路风潮

1.案例呈现

(1)筹建川汉铁路

关于爱国主义的宣传,实即反对外来侵略的宣传,贯穿于川汉铁路筹建的全过程甚至于保路风潮的始终。……在《四川留日学生急修四川铁路白话广告》一文中,他们以高昂的爱国主义热忱呼喊:"现在东京留学

---

① 黎仁凯、钟康模:《张之洞与近代中国》,河北大学出版社1999年版,第204页。
② 转引自周积明、张艳国主编:《影响中国文化的100人》,武汉出版社1992年版,第458页。

生,人人都怕法国把四川铁路争夺去,就要灭四川;且四川为中国大关系,四川一灭,各省也就难保了。……看看中国,今天失一城,明天割一省,都是由铁路的权教他夺去,然后灭亡。"全体四川人,"生也要修,死也要修,这个时候不修,想到灭川的时候,要想修也无地方可修了,也无钱来修了"。

（资料来源:鲜于浩:《四川保路运动再研究》,西南交通大学出版社 2021 年版,第 81～82 页。）

(2)保路同志会

保路同志会的空前发展……四川保路同志会的安排,非常细致周到,成效也颇为显著。据戴执礼先生的不完全统计,四川各地成立了保路同志协会或分会的,达 120 余处。……

为加入保路同志会而不顾身家性命,不少人做出了可歌可泣的英雄壮举。……巴州一小学教师,5 天步行 1100 里,专程到成都加入保路同志会。仪陇鲜星一老先生,本已打算终老林泉,当保路事起后,毅然加入同志会并为职员。其妻表示,鲜老先生如有不测,以身殉国,她誓以身殉夫,保路同志会就是她殉身之处。

（资料来源:鲜于浩:《四川保路运动再研究》,西南交通大学出版社 2021 年版,第 159、163 页。）

(3)"文明争路"

仿效四川保路同志会成立就到总督衙门请愿的先例,一些成都民众组织了同样的请愿活动。8 月 26 日,200 多名小学生会聚四川总督衙门,头顶光绪皇帝牌位,跪于堂下,痛哭不止。后派出代表 8 人,呈上事先写好的请总督代奏的要求邮传部"废约保路"的呈文。

四川立宪派人深知,决不能给当局以任何取缔、镇压的口实。他们在保路同志会成立之初,反复强调要"文明争路"。在同志会讲演部拟定的关于讲演及组织协会办法中,为免生意外,会场要设报名处,规定与会者写下姓名、住址。讲演可以语言激烈,但"万不至有暴动"。在致各府厅州县官员的信函中,更是清楚地写明:"特恐借债亡国之说一倡,不无好事之徒,借此煽惑人民,生出意外事端,反碍本会正常进行。"

（资料来源:鲜于浩:《四川保路运动再研究》,西南交通大学出版社 2021 年版,第 167、171 页。）

（4）"成都血案"

保路运动领导人被逮捕的消息传出后，在四川全省引起极大的震惊。……数以万计的成都市民，主要是下层民众，头顶光绪皇帝牌位，一路哭喊，从各个街道奔向总督衙门。手无寸铁的民众在总督衙门内外跪哭，请求释放被逮捕的保路运动领导人。……赵尔丰见市民不放人不离开，下令开枪，当场击毙无辜民众数人。后又以马队冲击群众，军警在各街道又举枪屠杀，再死伤民众多人。当天晚间，成都城外的民众聚集城下，请求释放保路运动领导人，又遭军警枪击。赵尔丰此举，制造了四川保路运动时期震惊中外的"成都血案"。

据不完全统计，此次死难的成都市民，有名有姓的就有26人，均为中枪而死，死难地点在总督衙门内外。

（资料来源：鲜于浩：《四川保路运动再研究》，西南交通大学出版社2021年版，第212～213页。）

（5）保路同志军

"成都血案"发生后，赵尔丰紧闭城门，封锁邮电交通，试图扼杀全川群众的反抗。为把"成都血案"的消息传送出去，同盟会会员龙鸣剑缒城而出，奔赴城南农事试验场，会同同盟会会员朱国琛、曹笃等人，在农场工人的协助下，裁制数百张木片，上书"赵尔丰先捕蒲、罗，后剿四川各地同志，速起自保自救"21字，涂以桐油，制成"水电报"，投入锦江。时值秋天，江水上涨，"水电报"顺流而下，迅速传遍川西南各地。各地保路同志会闻讯，纷纷揭竿而起，四川保路运动由此转入武装起义阶段。

在席卷全川的保路同志军武装斗争中，一个突出的特点就是群众的广泛参与，这是清政府在四川虽有新军一镇，防军四十余营却显得身单力孤、处处被动、不敷使用的重要原因。

在清政府的计划中，滇、黔、湘、粤、陕各省即使如数派兵，也只十三营之数，仅是辅助，助剿主力为鄂兵。而最终湖北新军虽由端方率领成行，却不但未能奏效，反而导致武昌守备空虚，爆发了武昌起义。

（资料来源：鲜于浩：《四川保路运动再研究》，西南交通大学出版社2021年版，第214、220、224页。）

2.案例指向

本案例指向教材第三章第二节第一目"辛亥革命的爆发与清王朝覆灭"中"武昌起义与保路风潮"。本案例有助于学生了解四川保路风潮是辛亥革命的导火线,认识辛亥革命是近代以来中国社会矛盾激化和中国人民顽强斗争的必然结果。

3.案例解析

(1)"铁路救国论"与保路风潮的群众基础

从洋务运动到戊戌维新,再到辛亥革命,近代有识之士在探索国家出路的过程中,越来越重视铁路的作用。鲜于浩在考察四川保路风潮之前,就先回顾了甲午战前的"铁路富国论",甲午战后的"铁路强国论"和八国联军侵华后的"铁路救国论"。[①]

列强掀起瓜分中国的狂潮,其中的重要内容即控制中国的铁路、矿山。针锋相对,救亡图存就该自办铁路、矿山,或者收回已由外人把持的路、矿并且自办。由是,"铁路救国论"就逐渐成为朝野的共识。

四川"新政"中壮大起来的庞大新式知识分子,全方位、灵活多样地向四川各界积极宣传"铁路救国"思想,倡议自办川汉铁路。从朝廷外务部,到锡良等四川地方官,皆基于扩大财政收入和收回主权的考虑,最初也想要自办川汉铁路。

在"失去川汉铁路路权—灭四川—灭中国""死也要修铁路"等鲜明而且急迫的救亡宣传下,在广泛的舆论压力下,川人从新式知识分子、民族资产阶级到底层农民,对修铁路都有了高度共识。

1904年,官办川汉铁路总公司在成都成立(1907年改名为商办川省川汉铁路有限公司)。朝廷早已申明不会拨款,要四川自筹。官办川汉铁路总公司成立后,面临的最大难题就是如何筹集巨款。

梁启超为川汉铁路筹款问题提出了最基本的思路,他写了《为川汉铁路事敬告全蜀父老》一文,指出自办川汉铁路关系全国安危,号召四川各行各业人员踊跃认购川汉铁路股份。"梁启超的这篇文章所提出的基本思路和办法,通过四川留日学生达于四川官方和民众,开辟了川汉铁路征

---

① 鲜于浩:《四川保路运动再研究》,西南交通大学出版社2021年版,第24～32页。

集股款的途径。"①

　　既能倚仗官方势力,又有社会舆论的广泛支持和爱国爱乡民众的积极参与,川汉铁路集股的社会面广,成绩也相当可观。截至 1911 年,实收股金达 1645 万元,为全国各省商办铁路公司之首位,其中"租股"约占 80%,是川汉铁路公司的经济命脉。川汉铁路的股本既然以租股为大宗,征收对象不仅包括四川省的大中小地主,而且及于广大的自耕农和佃农,使全川的多数民众都与这条铁路的成败发生了经济上的利害关系。这就为四川保路斗争准备了群众基础。一旦这条铁路被夺,四川民众群起而攻之势成必然。②

　　(2)为什么以四川为最烈

　　保路风潮兴起与《辛丑条约》签订以后帝国主义和中华民族、封建主义和人民大众这两大基本矛盾的不断加剧有关。尤其是 1911 年 5 月,清政府宣布"铁路干线收归国有",并与四国银行团订立粤汉、川汉铁路借款合同,借"国有"名义把铁路利权出卖给帝国主义,同时借此"劫夺"商贾。此举激起湖北、湖南、广东、四川四省的保路风潮,其中以四川为最烈。

　　为什么只有四川一省能掀起如此规模空前、愈演愈烈的保路风潮?原因在于"铁路救国"的思想得到四川社会的广泛认同,川汉铁路股本来自全川多数民众,保路运动在四川拥有更大的群众基础。"可以肯定的是,在当时的中国,没有哪一个省份像四川这样,为修筑一条铁路而牵动全省上下官民的心。没有哪一个省份像四川这样,为修一条铁路而进行了如此全方位的宣传,而且形式多样,时间也达数年之久……由此,我们也不难理解,清政府涉及湖北、湖南、广东、四川等四个省的'铁道干线收归国有'政策颁布后,为什么只有四川一省一度形成四川地方政府与中央政府之间的对峙状态,为什么只有四川一省能掀起规模空前、愈演愈烈的保路风潮。"③

---

① 鲜于浩:《四川保路运动再研究》,西南交通大学出版社 2021 年版,第 66 页。

② 隗瀛涛:《四川保路运动简论》,《四川文物》1991 年第 4 期。

③ 鲜于浩:《四川保路运动再研究》,西南交通大学出版社 2021 年版,第 88 页。

（3）"文明争路"与武装暴动

四川保路风潮的领导力量是"新政"中聚合生成的立宪派。四川"新政"在兴办新式学堂方面成效较好,出现庞大的新式知识分子群体,为四川保路运动"培养"了更多的立宪派骨干力量。"仅从人数上看,四川新式学堂的在校教员、学生人数在 1910 年就达到 40 余万人。如果再加上已经毕业的学生人数和未在新式学堂任教的留学归国学生人数,则四川省受过新式教育的人数估计在 50 万人以上。这个庞大的新式知识分子群体,不仅为数众多,有专门知识功底,而且社会地位较高,政治参与欲望较强,爱国热情高,分布的地区广。其中的大多数人,在清末四川新政的实施过程中逐渐崭露头角,不少人又在政治、经济、教育、文化等领域成为领军人物或骨干力量,在相当程度上影响了四川的近代化进程。仅就对四川保路风潮和辛亥革命的直接影响而言,他们中的很多人在几年的时间内就成为四川资产阶级革命派和立宪派的骨干力量,其中的佼佼者则成为领导核心。"[1]

立宪派在 1911 年 5 月清政府宣布"铁路干线收归国有"时,最初的应对方案是不断与朝廷相关部门交涉,试图动之以情、晓之以理,恳请朝廷收回成命。6 月 11 日,他们得悉朝廷坚持铁路"国有"政策,且要夺走路款。此后两天,"四国借款合同"的事情也被川人知悉。清政府出卖利权的行径彻底暴露,立宪派才主导于 6 月 17 日成立四川保路同志会。这一天正是川汉铁路公司第七次股东会召开的日子。收路归国有,川人还勉强能接受;收路而归列强所有,川人决不能从。"路亡—川亡—国亡"的发言得到了与会人员的强烈赞同。四川各地很快也纷纷成立保路同志会分会、协会。

保路同志会主张把保路运动限制在"文明争路"的范围之内。"文明争路",不外乎请愿、写文抨击、办报纸、演讲等方式。在保路同志会成立的当天,立宪派就发动了赴四川总督衙门的请愿活动。一路上,不断有人加入请愿队伍。此后大大小小的请愿活动中,川人甚至多次抬出了光绪皇帝的牌位。

---

[1]　鲜于浩:《四川保路运动再研究》,西南交通大学出版社 2021 年版,第 57 页。

在保路同志会的主持之下,四川保路风潮声势益发浩大。保路同志会的宗旨是"破约保路","破约"要求废除"四国借款合同",其爱国救亡的内涵得到川人广泛认可。立宪派这个群体在四川社会有很大的潜势力,他们的宣传动员工作也取得了不错的成效。于是,川人如案例所言,不少人积极加入保路同志会而不顾身家性命。

然而声势如此浩大的保路风潮,却出现了一个巨大的转折。"成都血案"爆发,刺激"文明争路"的保路风潮发展为全川的武装暴动。

本案例详细介绍了"成都血案"。它彻底暴露了清政府的残暴与不可救药,立宪派被迫放弃了"文明争路"的幻想。

(4)辛亥革命的导火线

"成都血案"使得川人忍无可忍,在同盟会会员的参与下,掀起了全川的武装暴动。四川的清军对此无能为力。清政府调集周边各省的军队助剿,以湖北新军为主力。端方带领两队湖北新军离开武汉三镇,导致武昌守备空虚。这在客观上为武昌起义的爆发提供了有利条件。

为什么把保路运动视为辛亥革命的导火线?因为四川保路风潮对革命形势的成熟和武昌起义的最终成功有着不可替代的作用:一是四川保路风潮的持续时间很长,"保路同志军的武装斗争将清朝政府推向了万劫不复的境地"。二是四川保路风潮的群众基础很广,"迫使清政府将其注意力放在四川,而它解决诸多问题的方式方法上所犯的严重错误,不断地暴露了其专制蛮横的面目,从而加速了它的灭亡"。[①] 三是武昌起义前后,同盟会员在全川保路同志军武装暴动中都起了越来越重要的作用,推动了革命形势的发展。

(三)革命先行者孙中山

1.案例呈现

同志们,朋友们:

今天,我们在这里隆重集会,纪念孙中山先生诞辰 150 周年,缅怀他

---

① 鲜于浩:《四川保路运动再研究》,西南交通大学出版社 2021 年版,第 248 页。

为民族独立、社会进步、人民幸福建立的不朽功勋，弘扬他的革命精神和崇高品德，激励海内外中华儿女为实现中华民族伟大复兴而团结奋斗。

孙中山先生是伟大的民族英雄、伟大的爱国主义者、中国民主革命的伟大先驱，一生以革命为己任，立志救国救民，为中华民族作出了彪炳史册的贡献。

时代造就伟大人物，伟大人物又影响时代。150年前，孙中山先生出生之时，中国正遭受帝国主义列强的野蛮侵略和封建专制制度的腐朽统治，战乱频发，民生凋敝，中华民族陷入内忧外患的灾难深渊，中国人民处于水深火热的悲惨境地。在那个风雨如晦的年代，中华民族从未屈服，无数仁人志士前仆后继，探求救国救民的道路，进行可歌可泣的抗争。孙中山先生就是他们中的杰出代表。

青年时代，孙中山先生目睹山河破碎、生灵涂炭，誓言"亟拯斯民于水火，切扶大厦之将倾"，高扬反对封建专制统治的旗帜，毅然投身民主革命事业。他创立兴中会、同盟会，提出民族、民权、民生的三民主义，积极传播革命思想，广泛联合革命力量，连续发动武装起义，为推进民主革命四处奔走、大声疾呼。

1911年，在他领导和影响下，震惊世界的辛亥革命取得成功，推翻了清王朝统治，结束了统治中国几千年的君主专制制度。……

孙中山先生的伟大，不仅在于他领导了辛亥革命，而且在于他为了实现革命理想，与时俱进完善自己的革命理念和斗争方略，毫不妥协同逆时代潮流而动的各种势力进行斗争。他坚决反对军阀分裂割据，坚定维护民主共和制度和国家完整统一。十月革命爆发后，马克思列宁主义传入中国，为孙中山先生认识世界和中国打开了新的视野。中国共产党成立后，孙中山先生同中国共产党人真诚合作，在中国共产党帮助下，把旧三民主义发展为新三民主义，实行联俄、联共、扶助农工三大政策，改组中国国民党，推动北伐战争取得胜利，把反帝反封建的民主革命推向前进。毛泽东同志把三民主义纲领、统一战线政策、艰苦奋斗精神并称为孙中山先生"留给我们的最中心最本质最伟大的遗产"，是"对于中华民族最伟大的贡献"。

孙中山先生为当时中国的积贫积弱痛心疾首，第一个响亮喊出"振兴中华"的口号。他认为,"建设为革命之唯一目的"。他坚信,革命成功以后,经过全民族努力,中国一定能够迎头赶上世界先进国家。他满怀豪情地说:"一旦我们革新中国的伟大目标得以完成,不但在我们的美丽的国家将会出现新纪元的曙光,整个人类也将得以共享更为光明的前景"。

⋯⋯⋯⋯⋯

中国共产党人是孙中山先生革命事业最坚定的支持者、最忠诚的合作者、最忠实的继承者。在他生前,中国共产党人坚定支持孙中山先生的事业。在他身后,中国共产党人忠实继承孙中山先生的遗志,团结带领全国各族人民英勇奋斗、继续前进,付出巨大牺牲,完成了孙中山先生的未竟事业,取得新民主主义革命胜利,建立了人民当家作主的中华人民共和国,实现了民族独立、人民解放。在这个基础上,中国共产党人团结带领中国人民继续奋斗,完成了社会主义革命,确立了社会主义制度。

⋯⋯⋯⋯⋯

——我们要学习孙中山先生热爱祖国、献身祖国的崇高风范。孙中山先生最大的特点是热爱祖国,一生追求实现民族独立和发展振兴的理想,对此矢志不移、无比坚定。孙中山先生说:"做人的最大事情是什么呢? 就是要知道怎么样爱国"。他总是以"爱国若命"、"一息尚存,不忘救国"等鞭策自己。⋯⋯

——我们要学习孙中山先生天下为公、心系民众的博大情怀。孙中山先生有着深厚的为民情怀,一生坚持以"天下为公"为最高思想境界⋯⋯孙中山先生对人民的深厚感情,是他追求真理、矢志革命的力量源泉,是他奋斗不息、永不言弃的深厚基础。

——我们要学习孙中山先生追求真理、与时俱进的优秀品质。⋯⋯他说:"我一生的嗜好,除了革命外,只有好读书,我一天不读书,便不能生活。"他从不停止探索前进的步伐,从不拒绝修正自己的思想和主张。他总是内审中国之情势,外察世界之潮流,兼收众长,益以新创,努力赶上时代潮流。无论是从社会改良主义者转变为坚定的民主革命者,还是把旧三民主义发展成新三民主义,都体现了他敢于突破局限、不断自我革新的可贵精神。⋯⋯

——我们要学习孙中山先生坚韧不拔、百折不挠的奋斗精神。孙中山先生"致力国民革命凡四十年",一生坚持"吾志所向,一往无前,愈挫愈奋,再接再厉",对此矢志不移、无比坚定。孙中山先生说:"以吾人数十年必死之生命,立国家亿万年不死之根基,其价值之重可知。"孙中山先生的革命生涯屡经挫折、备尝艰辛,但为了"造成独立自由之国家,以拥护国家及民众之利益",他从不因失败而灰心,也从不因困难而退缩……

孙中山先生在从事紧张的革命活动的过程中,一直思考着建设中国的问题。1917 年到 1919 年,他写出《建国方略》一书,构想了中国建设的宏伟蓝图,其中提出要修建约 16 万公里的铁路,把中国沿海、内地、边疆连接起来;修建 160 万公里的公路,形成遍布全国的公路网,并进入青藏高原;开凿和整修全国水道和运河,建设三峡大坝,发展内河交通和水利、电力事业;在中国北部、中部、南部沿海各修建一个世界水平的大海港;大力发展农业、制造业、矿业,等等。孙中山先生擘画的这个蓝图,显示了他对中国发展的卓越见解和强烈期盼。当时,有的外国记者认为孙中山先生的这些设想完全是一种空想,是不可能实现的。

的确,在旧中国的政治经济社会条件下,孙中山先生的这些宏大构想是难以实现的。今天,在中国共产党领导下,在全国各族人民顽强奋斗下,孙中山先生当年描绘的这个蓝图早已实现……

(资料来源:习近平:《在纪念孙中山先生诞辰 150 周年大会上的讲话》,人民出版社 2016 年版,第 1～11 页。)

2.案例指向

本案例指向教材第三章第一节第二目"资产阶级革命派的活动"中"孙中山与资产阶级民主革命的开始"。从本案例中可以简要了解孙中山作为伟大的民族英雄、伟大的爱国主义者、中国民主革命的伟大先驱的一生,深入理解辛亥革命是近代以来中国社会矛盾激化和中国人民顽强斗争的必然结果,正确认识和科学评价孙中山和他发动、领导的辛亥革命。

3.案例解析

(1)正确认识和科学评价孙中山

进入近代以后,中华民族遭受世所罕见的深重苦难,为实现中华民族伟大复兴,无数仁人志士进行了可歌可泣的抗争,孙中山是他们中的杰出代表。本案例能够帮助学生了解孙中山的重要实践和思想,进而正确认识和科学评价孙中山。

毛泽东在纪念孙中山 90 周年诞辰时发表讲话,按照民主革命准备时期、辛亥革命时期、第一次国共合作时期三个时期分别概括和评价孙中山在中国民主革命史上的贡献,称其为"伟大的革命先行者"。毛泽东指出:"纪念他在中国民主革命准备时期,以鲜明的中国革命民主派立场,同中国改良派作了尖锐的斗争。他在这一场斗争中是中国革命民主派的旗帜。纪念他在辛亥革命时期,领导人民推翻帝制、建立共和国的丰功伟绩。纪念他在第一次国共合作时期,把旧三民主义发展为新三民主义的丰功伟绩。"①

孙中山的一生,也可按旧民主主义革命时期和新民主主义革命初期来书写。本案例中,习近平约略按这两个时期,结合孙中山所处时代和社会的历史条件,主要以民族独立、社会进步、人民幸福为尺度,高度概括了孙中山彪炳史册的贡献,称孙中山为"伟大的民族英雄、伟大的爱国主义者、中国民主革命的伟大先驱"。

习近平在这篇讲话中是把孙中山的思想和实践放在中国近代革命史上、放在中华民族伟大复兴征程上进行分析和评价的,教材对孙中山的评价也遵循这样的思路:"以孙中山为代表的中国民主革命的先驱者的业绩和不挠不挠的奋斗精神,永远是中国近代革命史上光辉的一页,永远是中华民族伟大复兴征程上一座巍然屹立的里程碑。"②

为了正确认识和科学评价孙中山,教材还着重强调了对其缺点"要从历史条件出发加以说明,使人理解,不可以苛求前人"③。毛泽东很早就强调了这个问题。"像很多站在正面指导时代潮流的伟大历史人物大都有他们的缺点一样,孙先生也有他的缺点方面。这是要从历史条件加以说明,使人理解,不可以苛求于前人的。"④

(2)孙中山的爱国精神

习近平在回顾孙中山的毕生贡献的基础上,总结了孙中山的宝贵精

---

① 毛泽东:《纪念孙中山先生》,《人民日报》1956 年 11 月 12 日。

② 本书编写组:《中国近现代史纲要》,高等教育出版社 2023 年版,第 88~89 页。

③ 本书编写组:《中国近现代史纲要》,高等教育出版社 2023 年版,第 89 页。

④ 《毛泽东文集》第 7 卷,人民出版社 1999 年版,第 157 页。

神,倡导我们要学习孙中山热爱祖国、献身祖国的崇高风范,天下为公、心系民众的博大情怀,追求真理、与时俱进的优秀品质,坚韧不拔、百折不挠的奋斗精神,并指出"孙中山先生最大的特点是热爱祖国"。

"爱国,是孙中山全部事业的出发点和归宿。"[①]面对甲午战后空前严重的民族危机,他成立兴中会,"亟拯斯民于水火,切扶大厦之将倾",率先发出"振兴中华,维持国体"的呐喊。[②]

毛泽东说:"他全心全意地为了改造中国而耗费了毕生的精力,真是鞠躬尽瘁,死而后已。"[③]

孙中山临终留下了三个遗嘱。这三个遗嘱为孙中山尽瘁国事、不治家产、死而后已的一生留下最好的注脚:

国事遗嘱:"余致力国民革命凡四十年,其目的在求中国之自由平等。积四十年之经验,深知欲达到此目的,必须唤起民众,及联合世界上以平等待我之民族,共同奋斗。现在革命尚未成功。凡我同志,务须依照余所著《建国方略》《建国大纲》《三民主义》及《第一次全国代表大会宣言》,继续努力,以求贯彻。最近主张开国民会议及废除不平等条约,尤须于最短期间,促其实现。是所至嘱!"

家事遗嘱:"余因尽瘁国事,不治家产。其所遗之书籍、衣物、住宅等,一切均付吾妻宋庆龄,以为纪念。余之儿女已长成,能自立,望各自爱,以继余志。此嘱。"

《致苏联遗书》全文从略。[④]

(3)孙中山革命事业的继承者

本案例还向学生阐明了一个重要的问题,为什么说"中国共产党人是孙中山先生革命事业最坚定的支持者、最忠诚的合作者、最忠实的继承者"。

其一,在孙中山"生前,中国共产党人坚定支持孙中山先生的事业"。从第一次国共合作的形成和发展可以看到中共对孙中山的坚定支持。中

---

① 尚明轩:《孙中山传》,金城出版社 2023 年版,"代序"第 1 页。
② 《孙中山全集》第 1 卷,中华书局 1981 年版,第 19 页。
③ 毛泽东:《纪念孙中山先生》,《人民日报》1956 年 11 月 12 日。
④ 尚明轩:《孙中山传》,金城出版社 2023 年版,第 597~600 页。

共"同孙中山先生领导的中国国民党携手合作,帮助国民党完成改组,建立最广泛的革命统一战线,掀起轰轰烈烈的大革命,给北洋军阀反动统治以沉重打击"①。

其二,孙中山一生的事业和志向,集中体现在新、旧三民主义之中,他领导和影响的"革命"尚未成功。"中国共产党人忠实继承孙中山先生的遗志,团结带领全国各族人民英勇奋斗、继续前进,付出巨大牺牲,完成了孙中山先生的未竟事业,取得新民主主义革命胜利,建立了人民当家作主的中华人民共和国,实现了民族独立、人民解放。"孙中山先生《建国方略》中的宏伟蓝图,在中国共产党领导下,如今早已实现。

(四)《中华民国临时约法》

1.案例呈现

(1)《临时约法》的产生

《中华民国临时约法》是在《中华民国临时政府组织大纲》的基础上修改而来的。……修改后的法律已不再是单纯的政府组织法,而是完整意义上的国家根本大法,故名字上也不宜再称作政府组织法……

《中华民国临时约法》从起草到出台先后经过了两个阶段。第一个阶段是1912年1月5日至1912年2月27日,各省都督府代表联合会代理参议院提出了法律草案并开始审查。第二个阶段是1912年2月28日至1912年3月8日,由南京参议院继续审议并通过。……

(2)《临时约法》的特点

明确了中华民国的性质是资产阶级民主共和国。《中华民国临时约法》开篇即明确宣告中华民国是人民的国家,主权属于全体国民。这也就是说,中华民国对在中国延续了两千多年的封建专制的彻底否定,是对"朕即国家"和"主权在君"的否定,这在中国历史上具有开天辟地的历史意义。……为保证资产阶级的领导地位,保护私有财产,《中华民国临时约法》第6条还特别规定了保护私有财产和营业自由。……

---

① 习近平:《在纪念辛亥革命110周年大会上的讲话》,人民出版社2021年版,第5页。

确立了人民主权原则，规定了人民的权利义务。《中华民国临时约法》第1条规定，中华民国由中华人民组织之。第2条又接着规定，中华民国之主权，属于国民全体。……为更好地体现和实现人民主权，《中华民国临时约法》在第5条中还明确宣称"中华民国人民一律平等，无种族阶级宗教之区别"，紧接着，又在第6条至第12条，用7个条款规定了人民享有的广泛权利。根据该法的规定："人民之身体，非依法律，不得逮捕、拘禁、审问、处罚。""人民之家宅，非依法律不得侵入或搜索。""人民有保有财产及营业之自由。""人民有言论、著作、刊行及集会、结社之自由。"……所有这些规定，既有原则规定，又有具体权利列举，在立法技术上也是比较先进的，即使在今天，不少地方也值得肯定。……

形成了"三权分立"的国家政权机构体系。《中华民国临时约法》在总纲部分，第4条规定，中华民国以参议院、临时大总统、国务员、法院，行使其统治权。这也就是说，中华民国的国家政权分别掌握在上述机关手里，而不是由某一个机关统一掌握。……从以上这些规定可以看出，《中华民国临时约法》显然是从美国宪法那里学习借鉴了国家政权的三权分立架构。……

设计了别具一格的内阁制政体。《中华民国临时约法》在临时大总统副总统之后，又专门规定了国务员一章。根据规定，中华民国临时政府设国务院，由国务总理和各部总长组成。国务总理及各部总长，均称为国务员。并规定，国务员辅佐临时大总统，负其责任。国务员于临时大总统提出法律案、公布法律及发布命令时，须副署之。国务员及其委员得于参议院出席及发言。根据这些规定，中华民国的行政大权由临时大总统和国务员共同行使……《临时约法》之所以如此，与当时的大背景密切相关。在当时，南北议和的形势渐趋明朗，非袁不能统一局面的声音在国内外都有相当的市场，同盟会中也有不少人持这种观点。为早日结束乱局，达成南北统一，南方革命党人不惜以临时大总统的职位为筹码，让袁世凯下决定迫使清帝退位，赞成民主共和。最后，协议虽然达成了，但是袁世凯的为人却始终不能让革命党人放心。革命党人的这种心态，正如一位议员所说："现在清朝君主专制虽然推翻，但是我们把建设的事业，委托他们官僚，他们能够厉行我们党的主义，替人民谋幸福吗？这种希望，我不免有些怀疑。尤其是就袁世凯的历史来说,戊戌变法,以至于今日,南下作战与进行议和的过程,所有的行动,都是骑着两头马的行动。一旦大权在握,其野心可想而知。本席的意见,原是反对议和,主张革命彻底,只因民军的组织太不健强,同志们的意见又不一致。为保全国家的元气,减少民众的牺牲起见,不能不迁就议和。今天改选总统,把革命大业让渡于一个老奸巨猾的官僚,这是我很心痛的事,也是我很不放心的事。临时约法,这时还在讨论中。我们要防总统的独裁,必须赶紧将约法完成。并且照法国宪法,规定责任内阁制,要他于就职之时,宣誓遵守约法。"就这样,革命党人在达成议和之后,同时也给袁世凯奉送了一部《临时约法》和内阁制政体。

规定了中华民国是一个多民族统一国家。《中华民国临时约法》总纲第 3 条明确宣告,中华民国领土范围为 22 个行省、内外蒙古、西藏、青海。……《临时约法》用列举的方法,向全世界明确宣告,中华民国是一个多民族国家,蒙古族和藏族等少数民族同胞都是中华民族大家庭的成员,内外蒙古、西藏、青海都是中国的神圣领土,了窃帝国土以进行分裂活动,在当时具有很强的现实意义。……

规定了《临时约法》的最高效力和修改程序。……该法第 54 条规定,中华民国之宪法由国会制定。宪法未施行以前,本约法之效力与宪法等同。第 55 条规定,本约法由参议院参议员 2/3 以上,或临时大总统之提议,经参议员 4/5 以上之出席,出席员 3/4 之可决,得增修之。根据这一规定,要想修改约法,必须有全体参议员 4/5 以上出席会议,出席会议议员 3/4 以上同意,方可修改。这一规定为修改法律设置了较高的门槛,其目的就是要保证约法的稳定性,避免约法日后遭到袁世凯的破坏。

(3)《临时约法》的起伏沉浮

《中华民国临时约法》从 1912 年 3 月 11 日公布施行到 1928 年 10 月 3 日国民党中央常务会议颁行《中国国民党训政纲领》,"17 年间,历经风霜,起伏沉浮,仅仅是内阁就更换了 32 届","变更了 47 次"。

综观《临时约法》几经沉浮的历史可以发现,当统治者实力不济时,便宣称恢复法统,以争取合法性,进而争取各方的支持,当实力派上台,自以为能够凭借手中的武力维护局面时,则不把法律放在眼里,而是为所欲为,有恃无恐,甚至公然解散国会,废除法律。

（资料来源:沈桥林:《〈中华民国临时约法〉的新理想与旧思维》,厦门大学出版社2019年版,第38～44、274页。）

2.案例指向

本案例指向教材第三章第二节第二目"中华民国的建立"和第三节"北洋军阀统治与旧民主主义革命的失败"。本案例通过分析《中华民国临时约法》的内容、特点,有助于学生理解辛亥革命带给中国的历史性巨变,通过分析《中华民国临时约法》的起伏沉浮,启发学生思考辛亥革命的失败原因。

3.案例解析

（1）《临时约法》的革命性、民主性

《中华民国临时约法》是由临时政府于1912年3月11日正式颁布的。它规定了正式宪法诞生以前南京临时政府的政体形式:"中华民国之立法权,以参议院行之",参议院由"各地方选派之参议员组织之";"临时大总统代表临时政府,总揽政务,公布法律";"国务员辅佐临时大总统负其责任";"法院依法律审判民事诉讼及刑事诉讼"。[①] 从《临时约法》的内容及其特点来看,它明确了中华民国是资产阶级民主共和国,形成了"三权分立"的国家政权机构体系,设计了别具一格的内阁制政体。

它明确了"主权属于国民全体",从原则规定到具体权利列举,对国民享有的权利作了多方面的规定,合计有七大自由权和六大政治权。《临时约法》的这些内容"在立法技术上也是比较先进的,即使在今天,不少地方也值得肯定"。

它规定了中华民国是一个多民族统一国家。明确中华民国是由22个行省及内外蒙古、西藏、青海等组织而成,既不容帝国主义进行分裂活动,又强化中华民国国民的国土观念和国家认同。

总的来说,《临时约法》是中国历史上第一部具有资产阶级共和国宪法性质的法典。它以国家根本大法的形式,废除了两千多年来的封建君主专制制度,确认了资产阶级共和国的政治制度,有助于传播民主、共和

---

① 尚明轩主编:《孙中山全集》第3卷,人民出版社2015年版,第355～357页。

的理念和推动中国的社会变革,"在那个时期是一个比较好的东西","带有革命性、民主性"①。

(2)《临时约法》的缺陷

孙中山宣誓就任临时大总统的南京临时政府,其实行的是美国式的总统制政体。《临时约法》则将美国式的总统制改为法国式的责任内阁制。有学者早就指出:《临时约法》对于政体的规定有明显的因人立法或因人设制的因素,此举虽出于限制袁世凯的需要,但"中国乃一大国,政体的选择是为国家的基本建设,尤须从有利于长治久安去考虑。国家不是政治家的试验场,政体制度更不容许反反复复如弈棋,这样做国家和人民都将不堪其累。况且限制袁氏专权须以相当的政治军事实力为后盾,若实力不足以震慑政治对手使之有所顾虑,而徒以一纸约法去要求对方遵守,这在政治上不啻是幼稚的想法"。此外,"府院之争"是民初政治史上一种独特政象。"这一政象从民国首届内阁建立起便已出现,直到责任内阁制在中国寿终正寝,其间只要国务总理不甘寂寞,要求履行《临时约法》赋予的职权,也便会以某种形式表现出来。……而这类争执之所以发生,或多或少都与《临时约法》未能划清府院权限有关。"②

(3)《临时约法》能否制约袁世凯专权

南京临时政府于1912年元旦成立,到4月1日孙中山和内阁成员赴参议院举行正式解职典礼,只存在了三个月。孙中山让位给袁世凯,附带以南京为首都、总统在南京就职、遵守《临时约法》这三个条件,力图以此制约袁世凯。袁世凯不想离开其北京老巢,指使部下"兵变",西方列强也调兵进京配合。革命派被迫妥协,前两个条件无效。革命派寄希望于以《临时约法》来制约袁世凯。

总统在法国式的责任内阁制下受到的限制远大于美国式的总统制,袁世凯强力篡权的过程中,逐步把内阁制改回了总统制。先是指使亲信收买刺客暗杀了主张责任内阁制的国民党领袖之一的宋教仁。镇压"二次革命"后,袁世凯把持了中央政权,使责任内阁迅速名存实亡。在选举

---

① 《毛泽东文集》第6卷,人民出版社1999年版,第325~326页。

② 杨天宏:《论〈临时约法〉对民国政体的设计规划》,《近代史研究》1998年第1期。

正式总统的那天,他收买了"公民团"数千人,团团包围了议院,不把袁世凯选上不罢休,直到第三次袁世凯得票才达到法定人数当选。之后,袁世凯又下令解散国民党,撤销国民党的国会议员资格,使国会因不足法定人数陷于瘫痪。

此后,袁世凯另外组织政治会议,用以代替国会,又向政治会议提出《约法增修咨询案》,称《临时约法》是政治动荡、民生困苦的罪魁祸首,要求修改约法。随后出台一个约法会议,炮制出《中华民国约法》,总统权力无上扩大,"国会权力则被削弱了不少。更有甚者,该法将国会的名义都取消了,取而代之的是立法院和参政院。而且,立法院的立法权还要受制于总统",参政院"甚至可以说是总统的一个附庸"。"参政院成立后的第一项立法活动,就是建议袁世凯咨文约法会议,修改《大总统选举法》。修改后的大总统选举法于 1914 年 12 月 28 日通过,次日由袁世凯公布施行。新修正的大总统选举法将总统任期由 5 年改成了 10 年,而且可以连选连任,而且,大总统的继任人由现任大总统推荐。这种修改不仅让总统变成了终身制,而且让总统变得可以世袭。可见,此时的法律和参政院都成了袁世凯的御用工具。"[①]

取代《临时约法》的《中华民国约法》,加上《修正大总统选举法》,让袁世凯集政治、军事、财政大权于一身。然而他还不满足,走向复辟帝制之绝路。

孙中山的让位是辛亥革命失败的起点。资产阶级革命派交出政权后,企图依靠一纸约法来约束袁世凯,实现资产阶级议会政治,使中国走上民主的轨道,不过是一种天真的幻想。

四、延伸阅读

1.陈恭禄:《中国近百年史》,商务印书馆 2016 年版。

2.鲜于浩:《四川保路运动再研究》,西南交通大学出版社 2021 年版。

---

①　沈桥林:《〈中华民国临时约法〉的新理想与旧思维》,厦门大学出版社 2019 年版,第 280 页。

3.习近平:《在纪念孙中山先生诞辰 150 周年大会上的讲话》,人民出版社 2016 年版。

4.沈桥林:《〈中华民国临时约法〉的新理想与旧思维》,厦门大学出版社 2019 年版。

五、拓展研学

1.走访身边的"辛亥革命历史"。选取学生感兴趣的发生在身边的历史,推荐学生参观厦门华侨博物院、厦门大学校史馆,考察陈嘉庚参加同盟会、孙中山与厦门籍华侨、辛亥革命在厦门等史事。

2.选取立宪派的四次国会请愿运动、张之洞"种豆得瓜"等典型案例故事,录制微课。

3.开展实践研学和现场教学活动。利用寒暑假组织学生赴武汉、广州等地调研辛亥革命历史遗迹,撰写调研报告。

第四章　中国共产党成立和中国革命新局面

一、教学主要目标

1915 年兴起的新文化运动,在中国社会掀起一股思想解放的潮流。1917 年俄国十月革命取得胜利,促进了马克思主义在中国的传播,给苦苦探寻救亡图存出路的中国人民指明了前进方向。在中国人民和中华民族的伟大觉醒中,在马克思列宁主义同中国工人运动的紧密结合中,中国共产党应运而生。本章主要教学目标包括:

了解新文化运动的兴起及五四运动以前新文化运动的局限性,了解俄国十月革命对中国先进分子的影响,认识五四运动在中国近现代史上的划时代意义,深刻认识中国先进分子选择马克思主义的历史必然性,进一步增强接受马克思主义指导的自觉性。

了解中国共产党成立的社会条件和历史过程,深刻理解中国共产党的产生是近代中国社会发展和革命发展的客观要求,懂得中国共产党是马克思主义与中国工人运动相结合的产物;理解中国共产党的成立是中华民族发展史上开天辟地的大事变,深刻领会中国共产党成立的伟大意义。

了解中国共产党成立后推动中国革命出现的新局面,认识第一次国共合作的建立和国民革命的发展过程与经验教训,深刻认识马克思主义中国化的重要性与必要性。

二、教学重难点

历史和人民为什么和怎样选择马克思主义。深刻认识中国先进分子选择马克思主义的历史必然性,不仅是本章教学的一个重点和难点,也是学生学习本课程需要深刻领会的四个"选择"之一。

中国共产党成立的时代背景、特点与历史意义。引导学生正确认识中国共产党成立的必然性及其对中国革命、中华民族发展的深远影响。

国民革命的兴起与失败的大致历史过程与经验教训。

三、教学案例

(一)新文化运动的精神领袖——陈独秀

1.案例呈现

陈独秀氏为提倡近代思想最力之人,实学界重镇。……我们对于陈君,认他为思想界的明星。

(资料来源:泽东:《陈独秀之被捕及营救》,《湘江评论》1919 年 7 月 14 日第 2—3 版。)

《新青年》是有名的新文化运动的杂志,由陈独秀主编。我在师范学校上学的时候,就开始读这个杂志了。我当时非常佩服胡适和陈独秀的文章,有一段时期他们代替了梁启超和康有为,成为我的楷模。……

1920 年我第二次前往上海。在那里我再次见到了陈独秀。我第一次同他见面是在北京。当时我在国立北京大学,他对我的影响也许比其他任何人的影响都大。……

我在李大钊手下担任国立北京大学图书馆助理员的时候,曾经迅速地朝着马克思主义的方向发展。我在这方面发生兴趣,陈独秀也有帮助。

我第二次到上海去的时候,曾经和陈独秀讨论我读过的马克思主义书籍。在我一生中可能是关键性的这个时期,陈独秀表明自己信仰的那些话给我留下了深刻的印象。

（资料来源:《毛泽东自述》,人民出版社 1996 年版,第 37、43、46 页。）

关于陈独秀这个人,我们今天可以讲一讲,他是有过功劳的。他是五四运动时期的总司令,整个运动实际上是他领导的,他与周围的一群人,如李大钊同志等,是起了大作用的。我们那个时候学习作白话文,听他说什么文章要加标点符号,这是一大发明,又听他说世界上有马克思主义。我们是他们那一代人的学生。五四运动替中国共产党准备了干部。那个时候有《新青年》杂志,是陈独秀主编的。被这个杂志和五四运动警醒起来的人,后头有一部分进了共产党。这些人受陈独秀和他周围一群人的影响很大,可以说是由他们集合起来,这才成立了党。我说陈独秀在某几点上,好像俄国的普列汉诺夫,做了启蒙运动的工作,创造了党……他创造了党,有功劳。……关于陈独秀,将来修党史的时候,还是要讲到他。

（资料来源:《毛泽东文集》第 3 卷,人民出版社 1996 年版,第 294 页。）

2.案例指向

本案例指向教材第四章第一节第一目"新文化运动与思想解放的潮流"的内容。主要是透过毛泽东对陈独秀的相关论述,分析新文化运动兴起的历史背景,帮助学生理解:陈独秀何以成为新文化运动的精神领袖? 新文化运动对当时的青年有什么影响? 如何评价新文化运动的历史意义?

3.案例解析

陈独秀(1879—1942),字仲甫,安徽怀宁人。1901—1915 年,先后五次东渡日本求学或避难,接受资产阶级民主主义思想。1905 年在芜湖组织安徽第一个具有军事色彩的革命组织岳王会,在学堂和新军中开展革命活动。他虽然没有加入孙中山领导的同盟会,但他是辛亥革命的积极参加者。1911 年辛亥革命后,陈独秀任安徽都督府秘书长,并参加 1913年反对袁世凯的"二次革命"。"二次革命"失败后,陈独秀被北洋政府通缉,一度思想悲观。当时袁世凯对内实行专制统治,撕毁《临时约法》,炮制了《中华民国约法》,用总统制代替内阁制,还公然进行帝制复辟活动;

对外投靠帝国主义,竟然基本接受日本提出的严重损害中国权益的"二十一条";在文化思想方面,尊孔复古,命令全国恢复祀孔、祭孔典礼,中小学恢复尊孔读经。人们对共和政体、对中国的前途悲观失望,思想界也处于消沉彷徨之中。

陈独秀认为,以往少数先觉者的救国斗争之所以成效甚少,是因为广大国民对之"若观对岸之火,熟视而无所容心"①。因此,"欲图根本之救亡,所需乎国民性质行为之改善"②,也就是必须改造国民性,进行思想文化启蒙。陈独秀指出:"我们中国多数国民口里虽然是不反对共和,脑子里实在装满了帝制时代的旧思想。""这腐旧思想布满国中,所以我们要诚心巩固共和国体,非将这班反对共和的伦理文学等旧思想,完全洗刷得干干净净不可。否则不但共和政治不能进行,就是这块共和招牌,也是挂不住的。"③因此,必须从思想文化上冲击封建思想和封建意识。用胡适的话说:"在袁世凯要实现帝制时,陈先生知道政治革命失败是因为没有文化思想这些革命,他就参加伦理革命、宗教革命、道德的革命。"④这是当时志士仁人的共识。

陈独秀最先吹响思想启蒙的号角,1915 年 9 月在上海创办《青年杂志》(翌年改名为《新青年》),新文化运动由此发端。1917 年 1 月,北京大学校长蔡元培聘请陈独秀为文科学长。《新青年》编辑部随之移至北京,由一人主编改为同人刊物,并成立编委会。编委们聚会的地点常常是箭杆胡同 9 号陈独秀的寓所,这里成了新文化运动的指挥部。北京大学也成为当时中国思想界最活跃的阵地。

初期新文化运动的基本内容:提倡民主和科学,反对专制和迷信盲从;提倡个性解放,反对封建礼教;提倡新文学,反对旧文学。《新青年》提出的两大基本口号,一曰民主,二曰科学,即德先生(Democracy)和赛先生(Science)。陈独秀指出:"要拥护那德先生,便不得不反对孔教、礼法、

---

① 陈独秀:《一九一六年》,《青年杂志》1916 年第 1 卷第 5 册。
② 陈独秀:《我之爱国主义》,《新青年》1916 年第 2 卷第 2 号。
③ 陈独秀:《旧思想与国体问题》,《新青年》1917 年第 3 卷第 3 号。
④ 胡适:《陈独秀与文学革命》,王树棣等编:《陈独秀评论选编》下册,河南人民出版社1982 年版,第 292 页。

贞节、旧伦理、旧政治；要拥护那赛先生，便不得不反对旧艺术、旧宗教；要拥护德先生又要拥护赛先生，便不得不反对国粹和旧文学。""我们现在认定只有这两位先生，可以救治中国政治上、道德上、学术上、思想上一切的黑暗。"①在陈独秀看来，民主既是指资产阶级民主主义的制度，也是指资产阶级民主主义的思想。科学"有广狭二义：狭义的是指自然科学而言，广义的是指社会科学而言"②，强调要用自然科学一样的科学精神和科学方法来研究社会。陈独秀由此成为新文化运动的精神领袖和进步思想界的代表人物，被青年毛泽东称誉为"思想界的明星"。毛泽东说过：中国"科学思想不发达"，"名为共和，实则专制"，"不晓得民主究竟是甚么的结果"，陈独秀"平日所标揭的，就是这两样"。③

以《新青年》出版为标志兴起的新文化运动，形成一场前所未有的思想启蒙运动和空前深刻的思想解放运动，有力打击和动摇了长期以来封建思想的统治地位，唤醒了一代青年。深受《新青年》影响的青年人，有不少后来成为中国革命事业的中坚骨干。毛泽东在 1936 年同斯诺的谈话中指出，1917 年他发起成立的新民学会，以及湖北的"互助社"、北平的"辅社"、天津的"觉悟社"等进步团体，"或多或少是在《新青年》影响之下建立的"④。毛泽东在湖南师范学校上学的时候开始读《新青年》，"非常佩服胡适和陈独秀的文章"，把他们当作自己的"楷模"，陈独秀对他的影响"也许比其他任何人的影响都大"。

新文化运动在社会上掀起的思想解放潮流，冲决了禁锢人们思想的闸门，为适合中国社会需要的新思潮特别是马克思主义在中国的传播，创造了有利条件。1919—1920 年，陈独秀完成由激进民主主义者向马克思主义者的转变以后，也开始积极宣传马克思主义，在《新青年》等杂志上发表了十余篇宣传马克思主义的文章，重点介绍了唯物史观、剩余价值学说、阶级斗争学说和无产阶级专政学说等马克思主义的基本原理……更为可贵的是，他不仅自己著文宣传，还组织翻译马克思主义的基本著作，

① 陈独秀：《本志罪案之答辩书》，《新青年》1919 年第 6 卷第 1 号。
② 陈独秀：《新文化运动是什么？》，《新青年》1920 年第 7 卷第 5 号。
③ 泽东：《陈独秀之被捕及营救》，《湘江评论》1919 年 7 月 14 日第 2—3 版。
④ 《毛泽东自述》，人民出版社 1996 年版，第 36～37 页。

例如他到上海后,就委托陈望道翻译《共产党宣言》、恽代英翻译《阶级争斗》、李季翻译《社会主义史》、李汉俊翻译《马克思资本论入门》等书,并于1920年先后出版,寄送全国各地,对推动马克思主义的学习和宣传起了重要的作用。① 毛泽东在1936年同斯诺谈话时曾说,他就是读了中译本的《共产党宣言》《阶级争斗》《社会主义史》等书以后,才成为一个马克思主义者的。这"三本书特别深刻地铭记在我的心中,使我树立起对马克思主义的信仰"②。而毛泽东1920年在上海和陈独秀讨论这些书籍时,"陈独秀表明自己信仰的那些话"给正处于人生"关键性"时期的毛泽东"留下了深刻的印象"。由此可见陈独秀对毛泽东信仰马克思主义的影响。

(二)"播火者"李大钊

1.案例呈现

李大钊同志是中国共产主义运动的先驱,伟大的马克思主义者,杰出的无产阶级革命家,中国共产党的主要创始人之一。

李大钊同志1889年10月出生于河北省乐亭县。那时,中国正处在帝国主义列强加紧侵略和封建统治愈益腐朽而造成的深重灾难之中,国家和民族濒于危亡的边缘。进入二十世纪,辛亥革命爆发、新文化运动涌起,特别是五四运动的发生,使中国社会出现了曙光初现的变化。李大钊同志是在这样的历史背景下走上探索救国救民道路的。1913年,他东渡日本,就读于东京早稻田大学,开始接触社会主义思想和马克思主义学说。1916年回国后,他积极投身新文化运动,宣传民主、科学精神,抨击旧礼教、旧道德,向封建顽固势力展开猛烈斗争。他和他的战友们改造旧中国的决心和激情,有力激发了当时中国青年的蓬勃朝气和进取精神。

1917年俄国十月革命胜利后,李大钊同志备受鼓舞,连续发表《法俄革命之比较观》《庶民的胜利》《布尔什维主义的胜利》《新纪元》等文章和

---

① 郭德宏:《毛泽东为什么说陈独秀是五四运动的"总司令"——从关于纪念五四运动雕塑的争论说起》,《武汉理工大学学报(社会科学版)》2008年第5期。

② 《毛泽东自述》,人民出版社1996年版,第45页。

演讲,热情讴歌十月革命。他以敏锐的眼光,深刻认识到这场革命将对二十世纪世界历史进程产生划时代的影响,也从中看到了中华民族争取独立和中国人民求得解放的希望。在宣传十月革命的过程中,他自己的觉悟得到迅速提高,从一个爱国的民主主义者转变为一个马克思主义者,并且成为我国最早的马克思主义传播者。1919 年,伟大的五四运动爆发,这是中国近代历史上第一次彻底地不妥协地反帝反封建的爱国运动。李大钊同志热情投入并参与领导了五四运动。在这场运动中和运动之后,他更加致力于马克思主义的宣传,做了大量工作。他在《新青年》发表的《我的马克思主义观》,系统介绍马克思主义理论,在当时的思想界产生了重要影响。

五四运动和马克思主义在中国的传播,为中国共产党的成立做了思想上和组织上的准备。1920 年 3 月,李大钊同志在北京大学发起组织马克思学说研究会。同年秋,他又领导建立了北京的共产党早期组织和北京社会主义青年团,并积极推动建立全国范围的共产党组织。1921 年,中国共产党宣告成立,这是中国近现代史上开天辟地的大事件,中国革命的面貌从此焕然一新。李大钊同志对中国共产党的创建作出了至关重要的贡献。

(资料来源:习近平:《在纪念李大钊同志诞辰 120 周年座谈会上的讲话》,《人民日报》2009 年 10 月 29 日第 2 版。)

2.案例指向

本案例指向教材第四章第一节第二目"十月革命与马克思主义在中国的初步传播"的内容。围绕习近平同志在纪念李大钊同志 120 周年诞辰座谈会上的讲话,分析李大钊率先接受马克思主义的原因及其传播马克思主义的历史功绩,引导学生认识俄国十月革命怎样推动中国先进分子从资产阶级民主主义转向社会主义。

3.案例解析

1917 年俄国爆发十月革命,第一次把社会主义从理论变成现实,给正在苦闷中摸索的中国先进分子展示了一条新的出路,有力地推动了中国的先进分子从资产阶级民主主义转向社会主义。

首先,十月革命发生在国情与中国相同(封建压迫严重)或近似(经济文化落后)的俄国,因而对中国先进分子具有特殊吸引力。中国先进分子从中得到一个重要启示:经济文化落后的中国也可以用社会主义思想指引自己走向解放之路。

其次,十月革命诞生的社会主义俄国号召反对帝国主义,并以新的平等的态度对待中国,有力地推动了社会主义思想在中国的传播。1919年7月苏维埃俄国发表第一次对华宣言,宣布把沙皇政府从中国掠夺的一切交还给中国人民。这种对华友好态度同帝国主义国家在巴黎和会上的强盗行径形成鲜明对比,推动中国的先进分子把自己的目光从西方转向东方,从向西方学习,转向"走俄国人的路"。

最后,辛亥革命之所以失败,一个重要原因就是没有广泛发动和组织群众。十月革命胜利给中国人提供依靠工人、农民和士兵群众赢得革命胜利的范例,使人们改变过去轻视普通民众的观念。

于是,在十月革命后的中国思想界,产生了一批赞成俄国十月社会主义革命、具有初步共产主义思想的知识分子。李大钊是在中国大地上举起马克思主义旗帜的第一人。他正是在热情讴歌、研究十月革命的过程中,通过对各种学说、各种救国方案的反复比较和思考,终于选择了马克思主义道路。

李大钊(1889—1927),原字寿昌,后改守常,河北乐亭人。他1907年考入北洋法政学堂(1909年改称"北洋法政专门学校"),被推举为"北洋法政学会"编辑部长,创办了《言治》杂志,1913年毕业。同年冬天李大钊东渡日本,考入东京早稻田大学政治经济学本科,开始接触到社会主义思想和马克思主义学说。1916年5月回国后,他积极参加新文化运动,热情宣传民主与科学。不过,他在宣传西方资产阶级民主主义时,已开始对它有所怀疑和保留,他在1916年即指出:"代议政治虽今犹在试验之中,其良其否,难以确知,其存其易,亦未可测。"[①]1914—1918年的第一次世界大战,进一步暴露了资本主义制度固有的不可克服的矛盾,促使李大钊反思西方文明。"此次战争,使欧洲文明之权威大生疑念,欧人自己亦对

---

① 《李大钊全集》第1卷,人民出版社2013年版,第281页。

其文明之真价不得不加以反省。"①对西方资产阶级民主主义的怀疑,推动李大钊去探索挽救民族危亡的新的途径,为他后来接受马克思主义提供了适宜的土壤。

俄国十月社会主义革命胜利后,李大钊敏锐意识到十月革命对中国革命的借鉴意义。李大钊指出:近百年来饱受帝国主义欺凌的中国人民,"忽然听到十月革命喊出的'颠覆世界的资本主义'、'颠覆世界的帝国主义'的呼声,这种声音在我们的耳鼓里,格外沉痛,格外严重,格外有意义"②。他热情关注和研究十月革命及其遵循的主义,自 1918 年 7 月到 1919 年 1 月连续发表《法俄革命之比较观》《庶民的胜利》《Bolshevism 的胜利》《新纪元》等文章,并且在这个过程中开始转向和接受马克思主义。在《法俄革命之比较观》中,李大钊论述了 1917 年俄国十月革命与 1789 年法国资产阶级革命的本质区别,指出:"俄罗斯之革命是二十世纪初期之革命,是立于社会主义上之革命"③,同法国大革命预示着世界进入资产阶级革命时代一样,俄国十月革命预示着社会主义革命时代的到来,是"世界的新文明之曙光"④。他满怀信心地预言:"试看将来的环球,必是赤旗的世界!"⑤为纪念马克思诞辰 101 周年(1919 年 5 月 5 日),李大钊写了《我的马克思主义观》一文,对马克思的唯物史观、剩余价值学说和阶级斗争理论作了比较系统的介绍,明确地把马克思主义称为"世界改造原动的学说"⑥。有学者把《我的马克思主义观》称为"中国马克思主义的宣言书"⑦。由于《我的马克思主义观》的发表,李大钊被誉为"在中国传播马克思主义的先驱",是"中国第一个将马克思主义的圣火'盗'到我国的'普罗米修斯'"⑧,也标志着李大钊完成了由革命民主主义者向马克思主

---

① 《李大钊全集》第 2 卷,人民出版社 2013 年版,第 316 页。
② 《李大钊全集》第 4 卷,人民出版社 2013 年版,第 124 页。
③ 《李大钊全集》第 2 卷,人民出版社 2013 年版,第 330 页。
④ 《李大钊全集》第 2 卷,人民出版社 2013 年版,第 332 页。
⑤ 《李大钊全集》第 2 卷,人民出版社 2013 年版,第 367 页。
⑥ 《李大钊全集》第 3 卷,人民出版社 2013 年版,第 2 页。
⑦ 刘晶芳:《五四运动与马克思主义在中国的传播》,《史学集刊》2009 年第 2 期。
⑧ 田子渝等:《马克思主义在中国初期传播史(1918—1922)》,学习出版社 2012 年版,第 35～36 页。

义者的转变。

五四运动后,李大钊更加致力于马克思主义的宣传。他将其轮值主编的《新青年》第 6 卷第 5 号编成"马克思主义研究专号",集中登载了一系列介绍和讨论马克思学说的文章,并协助北京《晨报》副刊在 1919 年 5 月 5 日至 11 月 11 日开辟"马克思研究专栏",为马克思主义在中国的传播启蒙发挥了重要的推动作用。据统计,从 1918 年 7 月到 1921 年中共一大召开前,李大钊先后发表介绍和研究马克思主义的论文 181 篇,成为在神州大地举起马克思主义大旗、系统传播马克思主义理论、点亮马克思主义真理火种的第一人。① 正是在以李大钊为代表的一大批先进分子的艰辛努力下,马克思主义在中国得到广泛传播,一大批先进青年开始接受马克思主义。毛泽东后来回忆道:"我在李大钊手下担任国立北京大学图书馆助理员的时候,曾经迅速地朝着马克思主义的方向发展。"②

在研究、传播马克思主义的过程中,李大钊还积极投入与各种非马克思主义思想流派的斗争中。在五四运动前后,人们对社会主义还只是一种朦胧的向往。当时,无政府主义、工团主义、基尔特(行会)社会主义、社会民主主义以及新村主义、泛劳动主义等,各种社会主义流派的观点在报刊上纷然杂陈。自 1919 年起,李大钊先后与改良主义、基尔特社会主义、无政府主义等思潮展开论战。针对胡适提出的"多研究些问题,少谈些'主义'"的主张,李大钊在 1919 年 8 月发表《再论问题与主义》一文,明确指出,中国的社会问题"必须有一个根本解决,才有把一个一个的具体问题都解决了的希望"③。在社会主义论战中,他根据苏俄社会主义建设的初步经验指出:"用资本主义发展实业,还不如用社会主义为宜。"④通过论战,李大钊等人坚定捍卫了马克思主义理论,帮助一批倾向社会主义的进步分子划清了社会主义同资本主义界限,科学社会主义同资产阶级、小资产阶级社会主义流派的界限,推动他们走上了马克思主义的道路,使马

---

① 李燕:《先觉者的精神——李大钊成为中国最早马克思主义者的根源探析》,《北京党史》2023 年第 5 期。
② 《毛泽东自述》,人民出版社 1996 年版,第 46 页。
③ 《李大钊全集》第 3 卷,人民出版社 2013 年版,第 55 页。
④ 《李大钊全集》第 3 卷,人民出版社 2013 年版,第 353 页。

克思主义的影响和阵地得以空前扩大。

(三)五四运动中的国民党

1.案例呈现

五四运动是与国民党无关系的,此时国民党只知养兵护法,令人失望了,进步党亦令人失望了,所以民主主义和实验主义亦令人失望了,结果都找不着出路了。

五四运动的产生是无政党的指导,国民党站在以外不闻不问……北京、上海学生虽然派代表见过国民党,而孙中山竟以无力为由拒绝参加。于是他们又找孙洪伊①(即小孙,此时他们退出进步党而加入国民党),结果这个革命的高潮竟脱离了过去指导过革命的政党,这是何等的有意义啊!这个趋势很可以证明国民党又不能领导革命了,客观的革命势力发展已超过他的主观力量了,并超过其注意力了。中山此时注意的仅为护法,是使革命运动愈走愈狭隘,而只注意军事及广东了,对宣传组织民众往往是不注意的。一个革命的政党在革命的高潮中完全不能领导,可见他快要死亡了,故此次运动中的一般新领袖对于国民党均不满意,而有利于新的政党的产生,中国革命需要组织各派力量以反对帝国主义而引导革命的党了。

(资料来源:蔡和森:《改造中国与世界》,北京联合出版公司 2021 年版,第 135、143～144 页。)

五四运动是广泛的统一战线,内部有左翼、右翼和中间势力。……在五四运动里面,起领导作用的是一些进步的知识分子。大学教授虽然不上街,但是他们在其中奔走呼号,做了许多事情。陈独秀是五四运动的总司令。……国民党没有在五四运动中起领导作用,它是站在旁边的。

(资料来源:《毛泽东文集》第 2 卷,人民出版社 1993 年版,第 403 页。)

五四运动与中国国民党几乎可说是了无关系……我们是中国国民党

---

① 孙洪伊(1872—1936),1917 年 9 月担任孙中山领导的中华民国军政府内政总长,11 月被孙中山任命为驻沪全权代表,直至 1923 年。参见葛培林:《孙洪伊与孙中山》,《文史精华》1999 年第 2 期。

党员,我们很惭愧:那时的中国国民党,竟没有能够领导这个伟大的五四运动……当时的革命民众,没有一个健全的组织,来做革命运动的中心;换一句话说,便是没有一个组织健全的党,来领导这个革命运动……这本来是当时的国民党的责任,可惜当时的国民党员,不能深入群众,宣传组织群众,来做这次群众运动的领导者。

(资料来源:中国国民党上海特别市党务指导委员会宣传部编印:《五四纪念册》,1928年版,第9~10页。)

2.案例指向

本案例指向教材第四章第一节第三目"五四运动:新民主主义革命的开端"的内容。通过五四运动的亲历者蔡和森、毛泽东及国民党人的相关论述,引导学生分析国民党在五四运动中的地位及影响。国民党在五四运动中没有承担起领导的责任,再次证明资产阶级政党不能领导中国革命取得胜利。通过此案例的分析,使学生深刻认识到中国共产党确是"应运而生"。

3.案例解析

1919年的五四运动,是中国近代史上第一次由学生、工人和其他群众掀起的反对帝国主义、反对军阀卖国的全国规模的革命斗争。这场群众运动遍及20多个省区、100多个城市。由于各界群众的联合行动,这场运动获得了胜利。北洋政府不得不释放被捕学生,罢免亲日派官僚曹汝霖、章宗祥、陆宗舆,在巴黎的中国政府代表没有出席巴黎和约签字仪式,"外争主权、内除国贼"的直接斗争目标得以实现。

在这场彻底的反帝反封建的伟大革命运动中,国民党作为曾经指导过革命的政党,本应承担起领导的责任。尽管袁世凯1913年11月下令解散国民党,原国民党成员有一部分后来加入中华革命党,不过,1916年6月袁世凯死后,孙中山有意重组国民党,只因政局变动,改组延期。这一时期,时而用国民党或中国国民党名义,时而用中华革命党名义,1919年10月正式改组为中国国民党。[①]

———————————

① 参见茅家琦等:《百年沧桑——中国国民党史》上册,鹭江出版社2005年版,第245~246页。

从前述国、共两党的材料来看,当时的国民党员,"不能深入群众,宣传组织群众,来做这次群众运动的领导者"。继辛亥革命失败后,五四运动又一次证明,资产阶级政党不能领导中国革命取得胜利。因此,中国革命要胜利,中国社会要有光明的前途,就不能再依靠资产阶级及其政党的领导,而必须依靠新的革命阶级及其政党的领导。中国工人阶级的政党——中国共产党,正是适应中国革命的这种要求而成立的。

在五四运动中,涌现出一批为追求民族独立和国家富强而积极探求救国救民真理的新的先进分子。陈独秀、李大钊等在报刊上发表文章,同许多社团组织和进步青年密切联系,积极指导和推动运动的发展,成为这一运动的著名领袖人物。以陈独秀、李大钊为代表的一批具有初步共产主义思想的知识分子,很快成为中国共产党组织的发起人。在五四运动中,中国工人阶级发挥着主力军的作用,开始作为一支独立的政治力量登上历史舞台,这使中国先进分子认识到工人阶级的历史作用和强大力量。那些接触了社会主义思潮、初步掌握了马克思主义的知识分子开始到工人群众中去开展宣传工作和组织工作,促进了马克思主义同中国工人运动的结合。[①] 这样,五四运动为中国共产党的成立做了思想上和干部上的准备,为新的革命力量、革命斗争登上历史舞台创造了条件。因此,五四运动成为中国新民主主义革命的开端。

(四)"其作始也简,其将毕也必巨"——中国共产党的成立

1.案例呈现

一九二一年,我们党开第一次代表大会。……会是在七月间开的,我们现在定七月一日为党的周年纪念日。本来是在上海开的,因为巡捕房要捉人,跑到浙江嘉兴南湖,是在船上开的。……当时对马克思主义有多少,世界上的事如何办,也还不甚了了。所谓代表,哪有同志们现在这样高明,懂得这样,懂得那样。什么经济、文化、党务、整风等等,一样也不晓

[①] 参见中共中央党史研究室:《中国共产党历史》第1卷(1921—1949)上册,中共党史出版社2011年版,第42～43页。

得。当时我就是这样,其他人也差不多。……我们中国《庄子》上有句话说:"其作始也简,其将毕也必巨。"现在我们还没有"毕",已经很大。《联共党史》开卷第一页第一行说,苏联共产党是由马克思主义的小组发展成为领导苏维埃联邦的党。我们也是由小组到建立党,经过根据地发展到全国,现在还是在根据地,还没有到全国。我们开始的时候,也是很小的小组。……但是这以后二十四年就不得了,翻天覆地!……这二十四年我们就是这样走的:七年是从建党到北伐战争,十年国内战争,八年抗日战争。我们党尝尽了艰难困苦,轰轰烈烈,英勇奋斗。从古以来,中国没有一个集团,像共产党一样,不惜牺牲一切,牺牲多少人,干这样的大事。

(资料来源:《毛泽东文集》第 3 卷,人民出版社 1996 年版,第 291~292 页。)

我经常和一些同志讲:"其作始也简,其将毕也必巨",这是古书《庄子》上讲的。"作始"就是开头的时候,"简"就是很少,是简略的,"将毕"就是快结束的时候,"巨"就是巨大、伟大。这可以用来说明是有生命力的东西,有生命力的国家,有生命力的人民群众,有生命力的政党。

(资料来源:《毛泽东文集》第 8 卷,人民出版社 1996 年版,第 405 页。)

"其作始也简,其将毕也必巨。"96 年来,我们党团结带领人民取得了举世瞩目的伟大成就,这值得我们骄傲和自豪。同时,事业发展永无止境,共产党人的初心永远不能改变。唯有不忘初心,方可告慰历史、告慰先辈,方可赢得民心、赢得时代,方可善作善成、一往无前。

(资料来源:习近平:《铭记党的奋斗历程时刻不忘初心 担当党的崇高使命矢志永远奋斗》,《人民日报》2017 年 11 月 1 日第 1 版。)

2.案例指向

本案例指向教材第四章第二节第三目"中国共产党第一次全国代表大会的召开与中国共产党的成立"的内容,通过分析毛泽东、习近平对"其作始也简,其将毕也必巨"这一典故的引用,帮助学生理解中国共产党成立的历史特点和伟大意义。

3.案例解析

"其作始也简,其将毕也必巨"见于《庄子·内篇·人间世》第二节,原文为:"仲尼曰:……且以巧斗力者,始乎阳,常卒乎阴,泰至则多奇巧;以礼饮酒者,始乎治,常卒乎乱,泰至则多奇乐。凡事亦然:始乎谅,常卒乎郢;其作始也简,其将毕也必巨。"讲的是楚王派叶公子高出使北方强国齐国,叶公子高感到责任非常重大,临行前便向孔子求教。孔子教导叶公子高,消除了他出使前的忧惧心理。"其作始也简,其将毕也必巨"现在引申为具有远大前程的事业,在初创之时都微不足道,等到将要完成的时候就一定发展得非常巨大。

"其作始也简,其将毕也必巨",这句富有哲理的话正是中国共产党的真实写照。中国共产党成立时,只有50多名党员,在社会上并没有引起多大注意。党史大家胡乔木曾说:"一大开过了,似乎什么也没有发生,连报纸上也没有一点报道。但是中国的伟大事变在实质上却开始了。"今天,中国共产党发展成为拥有9000多万名党员的世界上最大的马克思主义执政党,从嘉兴南湖驶出的一艘小小红船已成为领航中国行稳致远的巍巍巨轮。我们既要了解中国共产党"作始也简"的历史特点,也要理解中国共产党"将毕也巨"的伟大意义。

(1)中国共产党成立的历史特点

中国共产党的成立大会,是在反动统治的白色恐怖下秘密举行的。尽管会议选址煞费苦心,在上海法租界望志路106号(今兴业路76号)李汉俊之兄李书城的住宅召开,会议途中还是遭到法租界密探和巡捕的干扰,不得不将会址临时迁到嘉兴南湖的一艘船上。中共一大召开之艰难,中共一大代表所承受的风险可见一斑。

中国共产党成立时,党员数量少,总共只有50多名,在中国政治舞台上还只是一个很小的政党,在社会上并没有引起多大注意,正所谓"其作始也简"。但它一开始就是一个以马克思列宁主义理论为基础的新型的工人阶级革命政党。一方面,它成立于俄国十月革命取得胜利,第二国际社会民主主义、修正主义破产之后,它所接受的是具有完整的科学世界观和社会革命论的马克思主义。另一方面,它是在半殖民地半封建中国的工人运动基础上产生的,中国工人深受帝国主义、本国资产阶级和封建势力的三重压迫,具有坚强的革命性。这两个特点意味着中国共产党的思想基础、阶级基础是好的,对于党的发展将发挥长远的积极的作用。

(2)中国共产党成立的历史意义

中国共产党成立后,"其将毕也必巨"不仅体现在党员人数的发展壮大,更体现在其对中华民族发展具有伟大而深远的意义。

中国革命有了新的领导核心。近代以来,中国人民的反帝反封建斗争之所以屡遭挫折和失败,最重要的原因就是没有一个先进的坚强的政党作为革命的领导核心。中国共产党的诞生,从根本上改变了这种局面,中国革命从此有了坚强的领导核心,中国人民有了强大的凝聚力,中国命运有了光明的发展前景。

中国革命有了新的指导思想和革命纲领。中国共产党以马克思列宁主义为指导,从中国实际出发,制定了领导中国革命的纲领。中共一大通过的《中国共产党第一个纲领》提出:革命军队必须与无产阶级一起推翻资本家阶级的政权,必须支援工人阶级,直到社会的阶级区分消除为止;承认无产阶级专政,直到阶级斗争结束,即直到消灭社会的阶级区分;消灭资本家私有制,没收机器、土地、厂房和半成品等生产资料,归社会公有。[1] 1922 年 7 月,中共二大第一次提出反帝反封建的民主革命纲领:消除内乱,打倒军阀,建设国内和平;推翻国际帝国主义的压迫,达到中华民族完全独立;统一中国为真正民主共和国。[2] 这就为中国革命指明了方向。

中国革命有了新的前途,即通过革命实现民族独立、人民解放。《中国共产党第一个纲领》第一条指出:"本党定名为'中国共产党'。"中共二大提出党的最高纲领:"中国共产党是中国无产阶级政党。他的目的是要组织无产阶级,用阶级斗争的手段,建立劳农专政的政治,铲除私有财产制度,渐次达到一个共产主义的社会。"[3]说明中国共产党一经成立,就把实现共产主义作为党的最高理想和最终目标,义无反顾肩负起实现中华民族伟大复兴的历史使命。中国人民由此踏上了争取民族独立、人民解放的光明道路,开启了实现国家富强、人民幸福的历史征程。

形成了伟大建党精神,其内涵为坚持真理、坚守理想,践行初心、担当使命,不怕牺牲、英勇斗争,对党忠诚、不负人民。建党精神是中国共产党

---

① 《中共中央文件选集》第 1 册,中共中央党校出版社 1989 年版,第 3 页。
② 《建党以来重要文献选编(1921—1949)》第 1 册,中央文献出版社 2011 年版,第 133 页。
③ 《建党以来重要文献选编(1921—1949)》第 1 册,中央文献出版社 2011 年版,第 133 页。

的精神之源。正是对伟大建党精神的坚守与践行、光大与发扬,构建起中国共产党人的精神谱系,激励中国共产党和中国人民创造了人间奇迹。中国共产党也由"简"到"巨",发展成为拥有 9000 多万名党员的世界上最大的马克思主义执政党。

总之,中国共产党的成立,深刻改变了近代以后中华民族发展的方向和进程,深刻改变了中国人民与中华民族的前途和命运,深刻改变了世界发展的趋势和格局。

(五)林祥谦与京汉铁路工人大罢工

1.案例呈现

林祥谦,1892 年 10 月出生在福建省闽侯县一个农民家庭。1906 年,他进入马尾造船厂当学徒,1912 年通过技工考试,进入京汉铁路江岸机车车辆厂当钳工。1921 年 12 月,林祥谦参加了中国劳动组合书记部武汉分部会议,并作为发起人之一筹备组织了京汉铁路江岸工人俱乐部。1922 年夏,林祥谦光荣加入中国共产党,不久当选为京汉铁路江岸分工会委员长。1923 年 2 月 1 日,京汉铁路总工会在郑州召开成立大会,会议遭到北洋军阀吴佩孚的破坏和镇压。为抗议军阀的残暴行径,总工会决定于 2 月 4 日举行京汉铁路总罢工,林祥谦被指定为江岸地区罢工总负责人。2 月 7 日,林祥谦带领工人同前来镇压的反动军队进行了殊死搏斗,终因寡不敌众,被敌人逮捕,捆绑在江岸车站站台的电线杆上。面对敌人要求复工的威逼,林祥谦坚贞不屈,壮烈牺牲,献出了年仅 31 岁的宝贵生命。……

林祥谦参与的京汉铁路大罢工,成为党领导的第一次工人运动高潮的顶点。1923 年 2 月 4 日,随着第一声汽笛的拉响,京汉铁路全线客、货、军车一律停驶,震撼中外的京汉铁路工人大罢工开始了。作为江岸地区罢工总负责人,林祥谦带领工人组成宣传队,贴标语、发传单,揭露敌人罪行;成立调查队,了解掌握敌人动态;扩大工人纠察队,赶制铁棍、木棒,准备自卫。2 月 7 日中午,当意识到残酷的斗争即将到来时,林祥谦冒着生命危险把分工会的图章藏入自家炭火盆,完成了他牺牲前的最后使命。

虽然在反动军阀和帝国主义势力的残酷镇压下,这次罢工以失败告终,但它有力地彰显了中国工人阶级的力量,进一步唤醒了中国人民反帝反封建军阀的决心,并扩大了党在全国人民中的影响力。

当刽子手一刀刀砍向全身被缚的林祥谦时,已成血人的他斩钉截铁地说:"我头可断,血可流,工不可复!"

林祥谦是中国共产党成立后,有据可查壮烈牺牲的第一位共产党员,也是中国工人阶级的杰出代表、工人运动先驱。他不畏强暴、不怕牺牲、勇敢坚定、宁死不屈的精神以及全心全意为工人群众求解放的崇高品质,为我们树立了光辉典范。

(资料来源:刘颖:《林祥谦:中国工人运动的先驱》,《党建》2020 年第 7 期。)

2.案例指向

本案例指向教材第四章第三节第一目"民主革命纲领的制定和工农运动的发动"的内容。通过讲述林祥谦与京汉铁路工人大罢工的故事,学生了解:中国共产党一经成立,中国就掀起了第一个工人运动高潮;罢工的失败,使中国共产党认识到建立联合战线的重要性。

3.案例解析

中共一大制定了《中国共产党第一个纲领》,并通过了《中国共产党第一个决议》,明确规定中国共产党成立后的中心工作是领导、组织和推进工人运动,基本任务是"成立产业工会",强调"党应在工会里灌输阶级斗争的精神"[①]。这一决议成为中国领导工人运动的根本指导方针。1921年 8 月 11 日,中国共产党成立还不到一个月,就在中国产业的中心——上海成立中国劳动组合书记部,作为中国共产党指导全国工人运动的公开机构,后相继在北京、长沙、武汉、广州、济南等地设立分部机构。此后,在中国共产党领导下,各地工人组建工会、发动斗争的活动蓬勃开展,从1922 年 1 月到 1923 年 2 月,中国掀起了第一个工人运动的高潮。在这13 个月的时间里,全国发生了包括香港海员大罢工、安源路矿工人罢工、开滦五矿工人罢工等在内的大小罢工 100 多次,参加罢工的工人人数达30 万人以上,其中京汉铁路工人大罢工是这次工人运动高潮的顶点。

---

① 《中共中央文件选集》第 1 册,中共中央党校出版社 1989 年版,第 6 页。

京汉铁路北起长辛店南至汉口,纵贯北京、河北、河南、湖北三省一市,是连接华北和华中的交通命脉,有着重要的经济、政治和军事意义。在劳动组合书记部的领导下,京汉铁路沿线16个车站相继成立了工会组织(当时称俱乐部)。为了统一全路工会组织,以适应斗争的需要,京汉铁路总工会筹备会决定于1923年2月1日在郑州召开京汉铁路总工会成立大会。京汉铁路的运营收入是军阀吴佩孚军饷的主要来源之一,当工人运动日益高涨、不利于他的统治之时,他下令禁止在郑州召开京汉铁路总工会成立大会。2月1日,成立大会遭到大批军警的破坏和干扰,京汉铁路总工会决定自2月4日起举行全路总同盟大罢工,并决定将总工会临时总办公处迁到汉口江岸。2月4日上午9时起,江岸、郑州、长辛店先后罢工,不到3个小时,客、货、军车一律停驶,长1200余公里的京汉铁路全线瘫痪。

京汉铁路工人大罢工的爆发,引起外国列强的恐慌。他们直接出面进行干涉和破坏,要求北洋军阀政府尽快用武力镇压。吴佩孚在帝国主义的支持下,调集2万多军警在京汉铁路沿线对罢工工人实行大规模的镇压,制造了震惊中外的二七惨案。7日夜,汉口降大雪,反动军警把江岸分会委员长、共产党员林祥谦绑在江岸车站站台的电线杆上,让他下令复工,遭到断然拒绝。林祥谦先后被砍七刀,壮烈牺牲,时年31岁。在武昌,京汉铁路总工会与湖北省工团联合会法律顾问、共产党员施洋不幸被捕,2月15日凌晨被秘密杀害。据统计,在这次京汉铁路总同盟大罢工斗争中,被杀害的有52人,受伤的300余人,遭监禁的40多人,被开除的1000余人。①

京汉铁路工人大罢工是中国共产党领导的第一次工人运动高潮的顶点。它进一步显示了中国工人阶级的力量,扩大了党在全国人民中的影响。罢工虽然失败了,但是工人的生命和鲜血进一步唤醒了中国人民,使他们更加清楚地认识到帝国主义和封建军阀是中国人民的敌人,必须与

---

① 武汉铁路分局工会供稿:《京汉铁路大罢工和武汉二七纪念馆简介》,《中国工运》1999年第2期。一说二七惨案所造成的遇难人数应是100余人,受伤300余人,被捕300多人,失业流亡4000多人,参见刘莉:《京汉铁路工人大罢工的社会后果》,《沈阳大学学报(社会科学版)》2016年第5期。不过该文未注明数据来源。

之斗争到底,才能获得真正的自由和解放。

这次罢工的失败,主要是由于敌强我弱,力量过于悬殊。中国共产党及时总结经验教训,认识到:"教训就是孤军奋斗。"[1]要推翻帝国主义和封建军阀在中国的统治,仅仅依靠工人阶级的力量是不够的,党应该采取积极的步骤去联合孙中山领导的国民党,建立工人阶级和民主力量的联合战线。

(六)国共两党在这里第一次握手[2]——黄埔军校

1.案例呈现

黄埔军校是1924年中国国民党实行改组之后,以国民党的名义创办的陆军军官学校(后改组为军事政治学校)。……当时,中国国民党以实现孙中山的三民主义为宗旨,要求掌握军队,创建"党军",要借助军队的力量去完成党的使命。从历史发展的轨迹看,黄埔军校的创办和国民革命军的建立,对中国国民党、中国革命和中国近现代历史的发展,产生了深刻的影响。黄埔军校的历史地位、作用,当然是以往那些军事学堂不可比拟的。

由于特殊的历史条件,中国共产党与黄埔军校也有密切的关系。这种关系主要体现在:从军校筹备和创办之日起,就有许多共产党员在黄埔军校工作和学习;黄埔前六期的各期,均建立了共产党的组织。其缘由主要是国民党在改组之初,实行三大政策,在创办军校时不仅接受了来自苏联的经济、物资的援助,聘请苏联顾问、教官到黄埔工作,而且在任用干部、招考学生方面,也向中共打开了大门;而当时的国共合作采取了"党内合作"的形式,中共党员兼具国民党员的身份,也为他们进入黄埔军校工作和学习,提供了有利的条件。为是之故,中共在初创时虽然在指导思想上并不强调军事,但由于上述情况,却使许多中共党员有机会通过各种途

---

[1] 中央档案馆编:《中共党史报告选编》,中共中央党校出版社1982年版,第49页。

[2] 案例名称参见贲士廷、曾拥军:《在这里,国共两党第一次握手》,《解放军报》2011年5月25日第2版。

径,陆续进入黄埔军校,成为黄埔的教官或学生。周恩来说:1926 年 3 月中山舰事件时,黄埔军校有 500 多名中共党员。军校教育长方鼎英说:1927 年 4 月广州"清党"时,黄埔军校有 400 多人被捕。这两个数字虽然不应简单相加(因有交叉之处,而方所说的被捕 400 多人中,有的人也不是共产党员),但联系当时的其他情况来分析、概算,可以大致估算出在黄埔前六期工作、学习过的中共党员,约有 800 人。当时中国共产党成立不久,全党人数不多,在短短的两三年内,有数百名来自全国各地的中共党员集中于黄埔一校,这当然不是偶然现象。在黄埔建校、建军的过程中,在校内外各项重要事务、各次革命活动中,共产党人的作用、影响绝非微不足道的。共产党人与黄埔军校有客观的历史联系。不论对中共党史来说,还是对黄埔校史来说,这一点都是不可抹杀和不应忽略的。

(资料来源:曾庆榴:《共产党人与黄埔军校》,广州出版社 2004 年版,"缘起"第 3～4 页。)

2.案例指向

本案例指向教材第四章第三节第二目"国共合作和大革命的进行"的内容。通过讲述中国共产党和黄埔军校的密切关系,学生了解国共两党第一次合作的形成及破裂的情形。

3.案例解析

黄埔军校是一所国共合作的学校,它见证了国共两党第一次合作的形成及破裂的过程。

中共一大通过的《中国共产党第一个决议》中明确指出:"对现有其他政党,应采取独立的攻击的政策……不同其他党派建立任何关系。"[1]很显然,成立之初的中国共产党决定独立开展革命斗争,不与其他政党,包括国民党,进行合作。不过,在共产国际的影响下,中国共产党人的思想发生重大转变。1922 年 6 月 15 日发布的《中国共产党对于时局的主张》,表达了愿意与"国民党等革命的民主派"合作的愿望[2]。7 月 16—23日召开的中共二大通过了《关于"民主的联合战线"的议决案》,确立了同

---

[1]　《中共中央文件选集》第 1 册,中共中央党校出版社 1989 年版,第 8 页。

[2]　《中共中央文件选集》第 1 册,中共中央党校出版社 1989 年版,第 45 页。

国民党等革命党派建立民主联合战线的主张。二大后不久,共产国际代表马林向中共传达了共产国际关于国共合作的建议,认为根据孙中山的态度和中国共产党的状况,中国共产党与中国国民党实行党内合作是必要的。8月28日,中共中央在杭州召开特别会议,经过激烈争论,决定尊重共产国际指示,采取"党内合作"方式同国民党合作。1923年6月12—20日在广州召开中共三大,通过了《关于国民运动及国民党问题的议决案》,正式确定共产党党员加入国民党,采取党内合作的方式同国民党建立联合战线。

1923年1月26日,孙中山同苏联代表越飞发表《孙文越飞联合宣言》,正式确立联俄政策。10月,孙中山聘请鲍罗廷为政治顾问。在共产国际和中国共产党的建议和帮助下,在鲍罗廷的具体指导下,孙中山积极推进国民党的改组工作。1924年1月20—30日,中国国民党第一次全国代表大会在广州举行。大会审议通过的《中国国民党第一次全国代表大会宣言》,对三民主义作出新的解释,即"新三民主义"。新三民主义的政纲同中国共产党的民主革命纲领在基本原则方面是一致的,因而成为国共合作的共同纲领。国民党一大的召开,标志着国共合作正式形成。1月24日,国民党一大正式议决创办"陆军军官学校"。1月28日,孙中山亲自勘定距广州约20公里的黄埔岛为军校校址。5月,学生陆续进校,开始训练和上课。6月16日举行第一期的开学典礼。

黄埔军校开办后,中国共产党积极选派党团员和进步青年入校学习和工作,第一期学生中,共产党员和青年团员约占1/10。周恩来、包惠僧、熊雄先后担任过军校政治部主任,张申府、鲁易任过政治部副主任,萧楚女、聂荣臻、恽代英等先后在政治部任职。该校从1924年5月到1927年4月,先后招生6期,在该校工作、学习过的中共党员约有800人。1927年4月12日,蒋介石在上海发动反共政变。三天后,李济深主持的广东国民党当局,秉承蒋介石的意旨,在广州实行"清党",黄埔军校的共产党组织、共产党员受到沉重打击,一部分师生党员成功转移,熊雄、萧楚女等近400人被捕,其中有一部分被杀害。7月15日,时任武汉国民政府主席的汪精卫在武汉召开"分共"会议,并在其辖区内对共产党员和革命群众实行搜捕和屠杀。国共合作全面破裂,国共合作的黄埔军校的历史也随之终结。

第一次国共合作时期的黄埔军校是国共两党共同培育军政干部的摇篮，为中国共产党领导的人民军队奠定了一定的基础。毛泽东1938年在扩大的六届六中全会上指出，共产党人"从一九二四年参加黄埔军事学校开始……懂得军事的重要了"①。在黄埔军校前6期工作和学习的共产党员，不仅是大革命时期叶挺独立团和各地工农武装的骨干和种子，而且是后来南昌起义、秋收起义、广州起义及各地武装起义的骨干和种子。在土地革命时期，军校师生出身的任团长以上的红军将校至少有103人。②1956年我国实行军衔制时，黄埔军校出身的高级将领有：十大元帅中的林彪、陈毅、聂荣臻、徐向前、叶剑英5人，十位大将中的罗瑞卿、许光达、陈赓3人，在57名上将中有8人，还有9名中将③、12名少将④。此外，还有周恩来、李富春、陶铸、程子华、雷经天等十几名黄埔军校出身的高级将领，在新中国成立前后转往中央机关和各省市地方政府从事党政领导工作，而未被授予相应的军衔。由此可见，黄埔军校前6期师生出身的解放军高级将领，在人民军队的创建、发展和壮大过程中，起着中坚的重要作用。

四、延伸阅读

1.陈独秀：《敬告青年》，《青年杂志》1915年第1卷第1号。

2.李大钊：《我的马克思主义观》，《新青年》1919年第6卷第5号、第6号。

3.《中国共产党第一个纲领》，《中共中央文件选集》第1册，中共中央党校出版社1989年版。

4.《中国共产党第二次全国代表大会宣言》，《建党以来重要文献选编

① 《毛泽东选集》第2卷，人民出版社1991年版，第547页。

② 周兴樑：《黄埔军校与国共两党军队的建设》，《历史教学》2004年第6期。

③ 周兴樑：《黄埔军校与国共两党军队的建设》，《历史教学》2004年第6期。

④ 金英豪：《解放军将帅中黄埔校友》，《党史纵横》1991年第1期。

(1921—1949)》第1册,中央文献出版社2011年版。

5.孙中山:《中国国民党第一次全国代表大会宣言》,《孙中山全集》第9卷,中华书局2011年版。

6.习近平:《在庆祝中国共产党成立100周年大会上的讲话》,《人民日报》2021年7月2日第2版。

五、拓展研学

1.为配合案例讲述,组织学生提前阅读相关文献和观看纪录片《风雨独秀——陈独秀》等相关影像资料,增强学生对这段历史的学习兴趣。

2.结合实践教学,让学生组成实践小组,拍摄《"播火者"李大钊》和关于五四运动的情景剧或微视频,让学生在情景演绎中增进对这段历史的认识。也可以建议学生以"中国共产党和黄埔军校"作为实践的选题,进行深入研究,撰写研究报告,增进学生对第一次国共合作的了解。

3.结合学生的寒暑假社会实践活动,组织学生参观福州的林祥谦烈士陵园、武汉的二七纪念馆和二七烈士纪念碑、郑州的二七纪念堂和二七纪念塔等,撰写调研报告,加深学生对这段历史的了解,同时也培养学生分析问题和解决问题的能力。

第五章　中国革命的新道路

一、教学主要目标

系统了解中国共产党独立自主开辟农村包围城市、武装夺取政权道路的时代背景和历史必然性，了解以毛泽东同志为主要代表的中国共产党人结合中国国情，探索中国革命发展规律的艰辛历程，深刻领会"道路自信"的历史内涵。

认真理解在毛泽东思想初步形成和发展的阶段，以毛泽东同志为主要代表的中国共产党人对马克思列宁主义国家学说的继承与发展，通过对中华苏维埃共和国历史的简单介绍，以及对《中华苏维埃共和国宪法大纲》的案例分析，深刻领会"制度自信"的历史内涵。

深入体会中国共产党和毛泽东的建军思想，通过对古田会议内容的讲解，深刻体会党的二十大报告关于如期实现建军一百年奋斗目标的历史内涵。

二、教学重难点

破除历史虚无主义，揭露南京国民政府时期半殖民地半封建社会性质的实质。

毛泽东等中国共产党人开辟的农村包围城市、武装夺取政权道路是一条中国革命的新道路。

土地革命时期是毛泽东思想初步形成的关键阶段。

三、教学案例

（一）"九月来信"与古田会议

1.案例呈现

湖南第二次暴动必须以农民为中心，全党动员到农民中去，鼓动农民自动起来作夺取土地的争斗以实现土地革命。……湖南秋收暴动是发展并实现土地革命，是无产阶级拉拢全体农民，作全体农民的利益。……农民已是一个惟一主要的力量。暴动的胜利和失败是看无产阶级的党——共产党对于农民力量的估量及其争取农民程度的高低而决定。相信并估量农民力量在暴动中是个主要的力量，其余军事不过是一个暴动的发动人要力。

（资料来源：井冈山革命根据地党史资料征集编研协作小组、井冈山革命博物馆：《井冈山革命根据地》，中共党史资料出版社1987年版，第37～40页。）

在适宜的环境中（即是非在敌人严重的包围时候）可能的条件下（依照敌人的军力配置和我们武装群众的作战能力与乡土关系）分编我们的武装力量散入各乡村去。……这些分编的部队必须互有联络互相策应，且须尽可能地散在农民中间发动农民的日常斗争走入广大的土地革命。

（资料来源：江西省档案馆：《井冈山革命根据地史料选编》，江西人民出版社1986年版，第105页。）

先有农村红军，后有城市政权，这是中国革命的特征，这是中国经济基础的产物。如有人怀疑红军的存在，他就是不懂得中国革命的实际。……红军尤要加紧帮助发动群众斗争以取得广大群众拥护。……目前红军的基本任务主要的有以下几项：一，发动群众斗争，实行土地革命，建立苏维埃政权；二，实行游击战争，武装农民，并扩大本身组织；三，扩大游击区域及政治影响于全国。……应该细心去了解群众日常生活的需要，从群众日常生活斗争引导到政治斗争以至武装斗争。这种斗争才是群众本身所需要的,才不是单纯军事力量的发动……应帮助群众去建立并扶助其工作之发展,从一切斗争中帮助群众建立自己政权的基础。

（资料来源:《周恩来选集》上卷,人民出版社 1980 年版,第 32～36 页。）

红军决不是单纯地打仗的,它除了打仗消灭敌人军事力量之外,还要负担宣传群众、组织群众、武装群众、帮助群众建立革命政权以至于建立共产党的组织等项重大的任务。

（资料来源:《毛泽东选集》第 1 卷,人民出版社 1991 年版,第 86 页。）

他们似乎认为在距离革命高潮尚远的时期做这种建立政权的艰苦工作为徒劳,而希望用比较轻便的流动游击方式去扩大政治影响,等到全国各地争取群众的工作做好了,或做到某个地步了,然后再来一个全国武装起义,那时把红军的力量加上去,就成为全国范围的大革命。他们这种全国范围的、包括一切地方的、先争取群众后建立政权的理论,是于中国革命的实情不适合的。

（资料来源:《毛泽东选集》第 1 卷,人民出版社 1991 年版,第 97～98 页。）

2.案例指向

本案例指向教材第五章第一节第三目"农村包围城市、武装夺取政权道路的开辟"的内容。通过分析从中央二月来信到九月来信对农村工作意义的理解,帮助学生理解古田会议精神中关于人民军队历史使命的科学论断。

3.案例解析

土地革命初期中国共产党人对革命新道路的探索,不仅围绕着究竟是以城市工作还是农村工作为第一步的争论,而且涉及关于革命动力问题的争论。按照共产国际及其影响下的中共中央的设想,土地革命的动力来自普遍的群众暴动,之后在群众暴动基础上才能建立起苏维埃政府和工农红军。但是,井冈山斗争的实践证明,如果没有正规军事力量的推动,群众暴动很难成功,也很难建立苏维埃政权并领导土地革命。这一争论最后通过中央九月来信和古田会议得以解决。

与毛泽东的革命实践和理论探索同时,以湖南省委为代表的一部分共产党人针对土地革命的动力问题,形成了所谓"群众路线",即以群众为暴动和苏维埃政权的主力,以正规军队为助力的土地革命路线。他们认为毛泽东执行的是一条所谓"军事路线",即以正规军队为主力,由军队帮助建立党组织和苏维埃政权,不经过大规模的群众动员,由军队派任地方党组织和地方政权负责人。其实,"群众路线"和"军事路线"都是土地革命早期中国共产党人对革命道路问题的可贵探索,彼此虽然有意见分歧,但是都为马克思主义中国化的毛泽东思想的初步形成作出了贡献。

"群众路线"与"军事路线"之间的分歧,最早发端于湖南省委根据党中央"八七会议"精神布置秋收暴动的省委会议上。省委成员毛泽东和易礼容认为要发动暴动,单纯依靠农民的力量是不够的,还必须有正规军事力量的帮助。彭公达则认为只有农民才是唯一可以依靠的力量。

秋收起义后,毛泽东领导的起义部队开赴井冈山创建农村根据地。湖南省委始终希望毛泽东部队下山为湖南全省暴动发挥"助力"作用,并一再强调群众的广泛发动在暴动和武装割据方面的意义。湖南省委强调"群众路线"本无原则问题,遗憾的是他们站在地方利益的立场上来处理与井冈山根据地和红四军的关系。湖南省委一方面出于对群众暴动形成全省革命高潮局面的渴望,另一方面出于自身地方利益,始终对秋收起义后湘赣边界武装割据的实践表示怀疑。湖南省委负责人之一杜修经在巡视井冈山根据地后,通过肯定"群众路线"以贬低"军事路线",片面夸大在湘南起义时组织起来的由宜章农民组成的二十九团的政治素质,刻意贬低由南昌起义部队演化而来的二十八团的贡献,同时又怀着狭隘地方主义的立场,指责井冈山地方武装三十二团为土匪与流氓无产阶级,完全无视毛泽东对袁、王武装的教育与改造,以及该部在湘赣边界斗争中的功绩。湖南省委的群众路线已不是一种革命动力方式的选择,而是具有鲜明的地方利益考量。

1929年初红四军撤出井冈山根据地转战赣南后,湖南省委派任湘赣边特委书记的杨开明在其向中央的综合报告中全面总结了湘赣边界斗争的经验。他从湖南省委一贯坚持的"群众路线"出发,批评经过"军事路线"实现的湘赣边界割据由于没有经过群众暴动的动员,不可能取得土地革命的胜利。杨开明代表湖南省委向中央做的这份综合报告,有意回避湖南省委执行当时中央"左"倾盲动主义政策和以自身地方利益为考量标准对湘赣边界斗争的消极影响,特别是导致八月失败的严重挫折的客观事实。在突出边界斗争因敌人经济封锁造成的客观经济困难的同时,借毛泽东在永新的模范试点因时间限制和遭受八月失败摧残而未能见效的事实,诟病所谓"军事路线"在群众工作上的原则错误。而红四军游击赣南和井冈山根据地失守更给湖南省委鼓吹其"群众路线"以口实。

被湖南省委指责为"军事路线"的毛泽东和朱德在井冈山斗争中的革命实践,强调红军在根据地建设中的主导作用。与"群众路线"寄希望于群众的普遍发动,并建立工农武装,在暴动胜利的基础上组织苏维埃政府和实现土地革命,从而达到革命高潮的土地革命实践模式不同,毛泽东通过阐述在中国建立小块红色割据区域政权的意义,间接否定了湖南省委通过贯彻"群众路线"实施以长沙为中心的暴动,进而实现所谓湘东、湘南割据的构想。既然在中国并没有形成此种经过大规模群众暴动实现革命高潮的可能,那通过"军事路线"即红军的带动实现小块红色区域的工农武装割据,再经过这些小块区域的波浪式发展的量变积累,最后达到革命高潮直到革命胜利的方式,即农村包围城市的道路便顺理成章。

为此,毛泽东首先说明,在帝国主义间接统治下的半殖民地的中国,白色政权之间的军阀割据和混战促成工农武装割据与之共生。如果毛泽东的上述推断成立,那"群众路线"便不可能充分贯彻,因为"群众路线"得以实现的群众在党的领导下得到普遍发动并在此基础上通过暴动建立苏维埃政权的局面,由于没有足够时间使群众暴动组织起来的工农武装充分实现军事化,必然会被已经拥有强大军事力量的帝国主义和封建军阀迅速镇压。八七会议鼓动的秋收暴动在湘赣边界和鄂南的失败可以说明这一点。相反,"军事路线"能够得到贯彻,是因为这一路线以军事力量为推动力,在白色区域的割据与混战中间求得小块红色区域的武装割据,并能够通过作为主要推动力的正规军事力量,一方面通过对割据区域周边白色政权的打击维护红色区域的安全,另一方面也只有这种革命的正规军事力量才能够有效保护群众对苏维埃政权的参与和对土地革命的投入。总之,只有正规军事力量的红军才能够巩固群众暴动的既得成果。井冈山革命根据地的开辟是这一方式最好的证明。

在土地革命时期,持"群众路线"观点的湖南省委和持"军事路线"观点的毛泽东,都作为革命者为中国革命道路的探索做出了应有的贡献。

其实两条路线只是方式和途径上的差异，并无革命原则的根本分歧。"群众路线"仍然要求正规军队做群众暴动的助力，"军事路线"也重视分兵游击对群众的广泛发动。

在党和红军的关系和职责分工问题上，毛泽东与红四军内持单纯军事观点的"少数同志"之间产生了意见分歧。毛泽东批评这些同志是偏于军事观点，而不是站在政治观点即群众观点上，他认为这种单纯军事观点的具体表现是在游击工作中发展单纯的军事影响而不去发展政治影响。这说明一方面毛泽东吸收了"群众路线"通过群众的广泛动员扩大革命群众基础的合理因素，另一方面又通过强调党对红军的绝对领导以及克服红军的单纯军事职能并强化其政治及群众工作职能，从而进一步使"军事路线"与"群众路线"结合起来。

这一时期的中共中央由于在八七会议后急于追求农民暴动的高潮局面，在鼓励各地党组织积极通过武装起义建立苏维埃政权的总精神指引下，客观上支持了湖南省委的"群众路线"，同时对毛泽东主持的红四军前委的"军事路线"颇多指责。在朱德和毛泽东井冈山会师成立红四军后不久，中央即批评红四军前委没有尽力发动广大的工农群众，土地没有没收没有分配，苏维埃的政权也没有经过下层群众的选举，总之红四军没有彻底地执行土地革命的任务。因此，中央要求彻底地没收地主阶级的土地由乡苏维埃重新分配，苏维埃必须经过群众或群众代表的选举，禁止党部或军队委派苏维埃。

由于在上海处于地下工作状态的中共中央与被各路军阀围困的红四军之间缺乏畅通的信息渠道和互动途径，加之中央主观上也持"群众路线"观点，中央的意见明显受到湖南省委意见的影响甚至左右。1929年的中央二月来信把红军的作用贬低至极致。中央甚至建议红四军实施分编，采用分兵游击的战术，分编武装力量散入各乡村，尽可能地散布在农民中间发动农民的日常斗争，最后走入广大的土地革命。这种分散的游击方式表面上适应了与群众斗争相结合的"群众路线"的贯彻，其实这种违背军事常识的做法只能削弱革命武装的实力，无助于红军对群众工作的投入和对苏维埃政权的支持。

直到1929年的中央九月来信才最终原则上肯定了毛泽东对中国革

命道路的探索。1929 年 9 月，由周恩来主持的党中央给红四军总前委的信即中央九月来信，为土地革命早期的这一路线之争作出结论。中央首先初步认可了毛泽东以农村包围城市为特征的中国革命新道路的探索，在对红四军在粤湘赣闽四省边界游击的策略表示肯定后，中央进而规定红军的基本任务主要有以下几项：一是发动群众斗争实行土地革命，建立苏维埃政权；二是实行游击战争武装农民，并扩大本身组织；三是扩大游击区域及政治影响于全国。最后中央希望红四军应该细心去了解群众日常生活的需要，从群众日常生活斗争引导到政治斗争以至武装斗争。这种斗争才是群众本身所需要的，才不是单纯军事力量的发动。

中央九月来信支持了毛泽东批判单纯军事观点的立场，为土地革命早期"群众路线"和"军事路线"之间的路线争论作出总结。根据中央九月来信精神，在红四军第九次党代会上，毛泽东指出红军决不是单纯打仗的，它除了打仗消灭敌人军事力量之外，还要负担宣传群众组织群众武装群众、帮助建立革命政权以至于建立共产党的组织等项重大的任务。在1930 年 1 月发表的党内通讯《星星之火，可以燎原》中，毛泽东对单纯军事观点忽视农村根据地建设的错误做了进一步批判："朱德毛泽东式、方志敏式之有根据地的，有计划地建设政权的，深入土地革命的，扩大人民武装的路线"，才是符合中国半殖民地半封建社会国情的革命道路。通过批判单纯军事观点，"群众路线"和"军事路线"在毛泽东的工农武装割据理论中实现了统一。

(二)寻乌调查与中央苏区土地革命

1.案例呈现

大体说来，土地的百分之六十以上在地主手里，百分之四十以下在农民手里。江西方面，遂川的土地最集中，约百分之八十是地主的。永新次之，约百分之七十是地主的。万安、宁冈、莲花自耕农较多，但地主的土地仍占比较的多数，约百分之六十，农民占百分之四十。湖南方面，茶陵、酃县两县约有百分之七十的土地在地主手中。……没收一切土地重新分配，是能得到大多数人拥护的。但农村中略分为三种阶级，即大、中地主阶级，小地主、富农的中间阶级，中农、贫农阶级。富农往往与小地主利害联在一起。……当革命初期，中间阶级表面上投降贫农阶级，实际则利用他们从前的社会地位及家族主义，恐吓贫农，延宕分田的时间。

（资料来源：《毛泽东选集》第1卷，人民出版社1991年版，第68～69页。）

他们（大地主和中地主）对于生产的态度是完全坐视不理。他们既不亲自劳动，又不组织生产，完全以收租坐视为目的。……中地主是全县权力的中心……小地主包含两个部分。一个部分是从所谓老税户传下来的，这一部分的来源多半是由大中地主的家产分拆，所谓"大份分小份"，即由大中地主分成许多小地主。这部分的人数在整个地主阶级中占百分之三十二。依他们的经济地位又有三种分别：一是年有多余的，人数占地主阶级总数百分之零点九六，他们在斗争中是反革命的。……二是一年差过一年，须陆续变卖田地才能维持生活，时常显示着悲惨的前途的。这一部分人数很多，占地主阶级全数百分之二十二点四。他们很有革命的热情，寻乌平民合作社派人物的大部分都是属于这个阶层。……三是破产更后穷靠借债维持生活的。这一部分占地主皇部百分之八点八四，他们也是革命的，有很多人参加现在寻乌的实际斗争。以上说所谓老税户破落下来的小地主，它的第二、第三部分一般说都是参加革命的。……普通所讲小地主，除上述老税户部分外，另有一个占地主全数百分之四十八的不小的阶层，那就是所谓"新发户子"。这一个阶层的来历，与从老税户破落下来的阶层恰好相反，是由农民力作致富升上来的，或由小商业致富来的。这个阶层是在一种"方新之气"的活动中。他们的经济情形是一面自己耕种（雇长工帮助的很少，雇零工帮助的很多），一面又把那笃远的瘦瘠的土地租与别人种而自己收取租谷。……他们又放很恶的高利贷，很多是"加五"（即百分之五十）的利息。……新发户子的小地主，在有些人的说法却不叫小地主，而叫它作富农，即所谓"半地主性的富农"。这种半地主性的富农，是农村中最恶劣的敌人阶级，在贫农眼中是没有什么理由不把它打倒的。……另有一种比较富裕的农民，在普通说法叫他们作自耕农或中农的，实际仍是一种富农。……他们除不租田给人耕种外，一样是高利盘剥者，因为他们有钱余剩，他们有多余的土地。他们在自己农产物上面加工，如使谷子变成米子，自己挑了出卖。他们还做些小的囤买囤卖生意。他们供着猪子、猪条子或大肉猪。……因此可知，不但打倒半地主性的富农是没有疑义的，而且平富裕自耕农的田，废富裕自耕农的债，分富裕自耕农的谷，也是没有疑义的。必须这样才能争取广大的贫农群众。这是农村斗争的重要策略之一。

（资料来源：《毛泽东文集》第1卷，人民出版社1993年版，第192～199页。）

以村为单位分田……容易被地主富农以姓氏主义蒙蔽群众，不去彻底平田，彻底打土豪。……凡孤、寡、老、幼、小脚妇女及一切不能耕田的人，均不够食。贫农劳力多的也抵不住富农，因为贫农不及富农的牛力、农具、资本，并且富农可以租耕孤、寡、老、幼、小脚妇女等人的田。……以乡为单位，按全乡人口总数，除全乡人口原来所耕田地的总数……抽多补少，抽肥补瘦，移得田动的移田……移田不动的移民（隔远了，无法移田，只好移民）。……无劳力的占人口全数百分之七十五，即四个人中只有一个壮丁有充分力量耕田，这是中国的大问题。不过，这所谓无劳力，是指不能正式耕田，他们中间的半数有部分的劳力，如做看牛、砍柴、煮饭、洗衣服、作菜等事。……贫农、雇农及失业者分了田，缺乏牛力、农具、本钱的，由政府没收富农地主的多余牛力、农具等项，分给雇农、贫农、失业人等私人使用。同时，奖励集体使用这些工具，把没收富农地主的东西交些给合作社。再有一种办法，就是私人向富农临时借用牛力、农具，以资补助。

（资料来源：《毛泽东文集》第1卷，人民出版社1993年版，第248～252页。）

你们一点什么都不懂，根本脱离农民群众，硬把所谓"地主不分田、富农分坏田"的错误路线强迫推行于苏区，自封为"明确的阶级路线"，而把南方如像江西等地的农民群众所赞成所拥护的"抽多补少、抽肥补瘦"的土地分配法，名之曰"富农路线"，"十足机会主义"，强迫取消，是何道理呢？……这是毁灭无产阶级领导作用的办法，这是毁灭革命的办法啊！

（资料来源：《毛泽东文集》第2卷，人民出版社1993年版，第342页。）

2.案例指向

本案例指向教材第五章第一节第三目"农村包围城市、武装夺取政权道路的开辟"的内容。通过学习寻乌调查对中国农村社会阶级关系的分析，帮助学生理解以毛泽东同志为主要代表的中国共产党人土地革命政策的革命性和阶级性的有机统一。

3.案例解析

1930年4—5月,毛泽东在江西省寻乌县做了40多天的社会调查。寻乌调查是中国共产党人践行群众路线的典范,在充分掌握赣南社会阶级状况的基础上,为中央苏区土地革命政策的制定提供了第一手资料。寻乌调查后,中央苏区土地革命政策,在1930年2月陂头会议提出"抽多补少"的基础上,于同年6月南阳会议上进一步提出"抽肥补瘦",从而实现了平等与效率的有机统一。

毛泽东的土地制度变革思想,植根于他对农村社会深入的调查研究,特别是精辟的阶级分析之中。早在《中国社会各阶级的分析》中,他就系统分析了中国农村社会的阶级关系。他把农村中的自耕农划分在小资产阶级范围内,认为自耕农和城市手工业主有三个不同的部分。第一部分是有余钱剩米的,因为经济上有上升为中产阶级的可能,所以对于革命取怀疑的态度,属于小资产阶级的右翼;第二部分在经济上大体上可以自给,属于中派;第三部分是生活下降的数量不小的群众,是小资产阶级的左翼。毛泽东把农村中的半自耕农和贫农归入半无产阶级中,革命性最强。毛泽东还把农村中的长工、月工、零工等雇农归入农村无产阶级一类。他还注意到游民无产者问题,指出这些失去土地的农民和失去工作机会的手工业工人,虽然很能勇敢奋斗,但是又具有破坏性。毛泽东这时关于农村社会的阶级分析,其半自耕农和贫农概念大体对应于土地革命以后的贫农、雇农,而自耕农的上、中、下层大体又可对应于小地主、富农和中农。在《湖南农民运动考察报告》中,毛泽东对农村各社会阶层在革命中的作用的认识进一步加深。

土地革命初期,毛泽东在创建井冈山革命根据地的过程中,继续深化大革命时期对农村社会阶级问题的认识。他在分析湘赣边界土地占有状况的基础上,指出农村各阶级对土地革命的态度区别十分明显。农村中略分为三种阶级,即大、中地主阶级,小地主、富农的中间阶级,中农、贫农阶级。富农往往与小地主利害联在一起,因此,作为中间阶级的小地主、富农成为土地革命的主要阻碍。

在领导红四军开辟中央革命根据地的过程中,毛泽东同志为深入了解中国农村富农经济的特点以及农村商品经济的现状,于 1930 年 5 月到江西省寻乌县做社会调查,形成《寻乌调查》。在科学的阶级分析的基础上,毛泽东同志探索科学的土地分配办法,使土地革命沿着科学理性的方向发展。

首先,寻乌调查使毛泽东更加深刻体会到平分土地的现实意义。在 1930 年 11 月召开的江西省行动委员会扩大会议上,毛泽东重点批判了两种错误的土地分配方法。他指出:以村为单位的分配方法容易被地主富农以宗族关系蒙蔽群众,而以劳动力为单位的分配方法,弊病在于同样有利于富农,因为贫农在牛力、农具、资本方面不及富农有优势。因此,他提出以乡为单位,按人口平分土地,在此基础上,抽多补少,抽肥补瘦。

其次,寻乌调查对中国富农问题的科学分析,对中央苏区土地革命中的土地分配方法提供了有力的政策依据。

在 1930 年 2 月 7 日召开的红四军总前委陂头联席会议上,确定了土地革命平分土地政策的总方针,即"抽多补少"原则,即"二七土地法"。毛泽东试图调和土地革命中平等与效率之间的尖锐矛盾,一方面肯定平分土地在摧毁封建剥削经济基础方面的革命意义,另一方面又尽可能试图减轻对农村社会秩序特别是生产秩序的冲击。但是作为一场颠覆封建地主阶级在农村统治基础的民主革命,对平等原则的追求势必绝对是最神圣的诉求。

而 1930 年 6 月南阳会议关于富农问题的决议案,一方面坚持了毛泽东坚决主张贯彻的平分土地原则,另一方面通过了仅仅修正"抽多补少"的"抽肥补瘦"政策,仍然维持富农土地的原耕状况,试图通过降低富农的实际生产能力,以补匀贫雇农与富农之间在生产力方面的实际差距。决议案实际上在理论上认可了富农经济的合理存在价值,因为南阳会议并不认为平分土地可以消灭富农经济,而是把富农经济的解决推给了民主革命胜利后的社会主义革命,从而流露出在政治上排斥富农,又在经济上暂时容忍富农的二元化政治路线,以解决平等与效率之间的尖锐矛盾。这样既在政治上贯彻了阶级路线以追求平等,又在经济上减轻了社会剧烈动荡带来的社会经济效率的损失。

在 1930 年 11 月召开的江西省行动委员会扩大会议上,为解决无劳动力人口分配土地后的具体生产问题,毛泽东建议:一方面动员政府和社会的力量解决农民生产工具紧缺问题,由政府没收富农地主的多余牛力、农具等项,分给雇农贫农失业人等私人使用。同时奖励集体使用这些工具,把没收富农地主的东西交些给合作社,以及直接由私人向富农临时借用牛力、农具。另一方面改良租佃方式,在准许完全不能耕田的人把田租给富农、中农耕种的原则下,废除分谷制,规定固定租额,凶荒无减。规定最低租额(50%),使富农对贫农、雇农的实际剥削不得过多。不准富农借口只耕己田,不耕人田。如富农不愿租田时,乡政府应将本乡必须出租的田,分配租与本乡富农、中农,强制他们耕种。

总之,在土地革命战争时期,毛泽东始终把他对农村社会的调查研究作为制定党的土地政策的基础,注重对农村社会进行科学的阶级分析,追求土地政策实践中阶级性和科学性的有机统一。

(三)中央苏区合作社经济解决"剪刀差"问题

1.案例呈现

近来赤色区域中,尤其是龙岩社会,发生了很严重的经济问题。一方面农产品飞快的降低……另一方面城市工业品反而涨价……工人工资更一般的提高……这样农产品与工业品的价格相差太远,恰如剪刀口一样,越张越开,这便是所谓剪刀现象。……暴动过后的乡村,债券焚烧,商利债务不还,有些农村更取消一切债务,而多数拥有货财的地主土豪又杀的杀、跑的跑,资本藏匿不出,因此,乡村中一般的停止借贷,金融流通完全停滞,农民在此收获时节,无钱发给工资,结果只有贱卖粮食以资救济……抗租斗争胜利,农民不必交纳地租,人人粮食有余,为要购买日用生活品,便大家将米出粜……农民骇于"会剿"声势,大家怕谷子被敌人抢去,所以贱卖米粮,求得现利。因此米的市场上便形成供过于求。

(资料来源:江西省档案馆、中共江西省委党校党史教研室:《中央革命根据地史料选编》(下),江西人民出版社1981年版,第539~542页。)

凡属农村暴动胜利,建立了政权的地方,谷价、油价,以及一切农产物,都大大减价,商业品,则渐次提高起来,甚至与以前涨了一倍,农产品则低了一倍。……富农中小商人操纵经营与金融……手工业工人涨工资太多……外来货物太昂贵,农产物太低。……经济组织不统一,甲地与乙地的经济与价格,不能持平。

（资料来源:江西省档案馆、中共江西省委党校党史教研室:《中央革命根据地史料选编》(下),江西人民出版社1981年版,第558、560页。）

　　一方面外来工业品,如布匹,洋油洋火,食盐等减少收入,价格日见高贵;另一方面,内地农产品,如纸,木,豆,烟叶,夏布,粮食等销不出去,价格大跌特跌。因此农民只靠耕田为生,很难找到别种副业收入,所以收获时需要各种用钱,而又借不到,只有便宜出粜米谷,因而酿成到处惊人的跌价……到了青黄不接之秋,因为农民食米多数卖空,要向市场粜米,却又促成米价之高涨。

（资料来源:《中华苏维埃共和国人民委员会训令第七号发展粮食合作社运动问题》,《红色中华》1932年8月21日第6版。）

　　本社社员以工农劳动群众为限,富农、资本家、商人及其它剥削者不得加入。……以家为单位,其一家愿入数股者听便。凡交足股金之社员,均有选举权、被选举权、表决权,但每一社员(代表一家)不论入股多少,均以一权为限。凡交足股金之社员,由本社发给股票及购买证。……只限该社员一家使用,不得借给非社员,并不得持证代非社员向本社购物。……本社商品应以极低廉的价格售给社员……必需品缺乏时,社员有优先购买之权。

（资料来源:王金山主编:《中华苏维埃共和国消费合作社史料选编》,2001年,第38～39页。）

　　粮食调剂局系调剂苏区粮食,保证红军及政府给养,并帮助改善工农生活的国家机关,而粮食合作社则是广大工农群众抵制奸商、富农剥削,改善自己生活的群众经济组织。……在新谷上市时,要使谷价不致跌得过低,在青黄不接的时期要使谷价不致涨得太高。……在粮食合作社非常急迫地需要现款时,调剂局可设法帮助借款;反之,在调剂局急需时,亦可向粮食合作社暂时借用,迅速归还。……只有在粮食合作社普遍发展,粮食调剂局与粮食合作社发生密切关系的条件之下,调剂局才能很好地起到调剂政府、红军及群众粮食的作用,同时也只有在调剂局的领导与帮助之下,粮食合作社才能得到很好的发展与巩固。

(资料来源:《粮食调剂局与粮食合作社的关系》,《红色中华》1933 年 7 月 14 日第
5 版。)

2.案例指向

本案例指向教材第五章第二节第一目"土地革命战争的发展及其挫
折"的内容。通过分析中央苏区党和政府解决具有时代与地方特色的经
济问题的过程,帮助学生理解中国共产党人实事求是、具体问题具体分析
的马克思主义实践观。

3.案例解析

工农业产品"剪刀差"问题是中央苏区经济生活中的最重要经济难
题,一直困扰中央苏区领导层和工农群众。除了国民党当局的经济封锁
与军事"围剿"这一客观因素外,土地革命本身造成的经济萧条这一客观
事实也是无法回避的。中央苏区领导人依靠并领导广大贫雇农和中农群
众,通过合作社经济这一社会主义性质的集体经济形式,展开对商人和富
农的经济斗争,为打破经济封锁和繁荣苏区经济作出了贡献。

中央苏区的两个主要组成部分闽西和赣西南苏区在 1929—1930 年
均出现了剪刀差问题。除了国民党当局的经济封锁与军事"围剿"造成的
社会恐慌和城乡物资交流受阻这一客观因素外,土地革命本身造成的经
济萧条这一客观事实也无法回避。新成立的苏维埃政府和党组织由于经
验欠缺,没有能够担负起管理和调节经济的重任。土地革命初期对城市
和商业的盲动政策以及管理不善,不仅充分暴露并助长了农民固有的仇
视城市和商人的农民意识,而且实际上加剧了城乡之间的经济壁垒。因
此,合作社经济这一社会主义性质的集体经济形式,便成为中央苏区领导
人依靠和领导广大贫雇农和中农群众,在生产、消费和信贷各环节展开对
商人和富农的经济斗争的重要方式。

中央苏区党和政府首先强调在合作社经济中必须坚决贯彻革命的阶
级路线,规定合作社由工农劳动群众集资组织,富农资本家及剥削者无权
组织和参加。其中消费合作社旨在便利工农群众贱价购买日常所用之必
需品,以抵制投机商人之操纵;生产合作社旨在制造各种工业日用品,以
抵制资本家之怠工;信用合作社旨在便利工农群众经济周转和借贷,以抵

制私人高利剥削。为防止少数商人富农凭借其丰厚资本操纵合作社经营，中央苏区党和政府规定每个社员入股数目不能超过十股，每股余额不能超过五元，从而充分保障广大贫雇农和中农利益。

中央苏区有关合作社的立法之所以要贯彻阶级的群众路线，维护广大工农群众在合作社中的合法股权，是因为只有广泛吸纳工农群众参加合作社，才能够依靠集体的力量集中起用于购买的商业资本，在国家政权的支持下，以规模经营的优势与商人富农的私人资本竞争，降低商品成本，平抑物价，打击商人富农长期以来对市场的垄断，使工农业产品价格回归正常市场价格机制的轨道，从而有效消除剪刀差现象，为中央苏区经济建设构建相对良好的贸易环境。

其次，鉴于粮食问题是导致剪刀差问题的农产品价格低落的表现之一，中央苏区党和政府在积极扶持粮食合作社的同时，还专门成立政府职能部门国民经济部粮食调剂局，通过向富农筹款借款，在新米登场后高价向农民收买干谷，在谷仓储藏3～6个月后再照原价九折粜给农民，剩余米谷还可运到米贵地方出售，从而调剂米价，使之不致过分低落，从而达到救济贫农的目的，最终实现中央苏区政府对合作社经济的扶持作用。

1933年4月，随着临时中央政府国民经济部成立，原财政部粮食调剂局划归国民经济部。作为国家行政职能部门的粮食调剂局是1930年在闽西苏区成立的。由于苏区一些地方群众已经组织起粮食合作社，政府和红军所需粮食便由粮食调剂局通过合作社购买，价格的高低调节正可体现国家机关调节谷价的功能，在新谷上市时要使谷价不致跌得过低，在青黄不接的时期要使谷价不致涨得太高，这样才可防止奸商富农垄断中间流通环节。为提高粮食合作社控制粮食市场的能力，在粮食合作社非常急迫地需要现款时，调剂局可设法帮助借款；反之在调剂局急需时亦可向粮食合作社暂时借用，迅速归还。因此，在国民经济部的统一协调下，调剂局和合作社紧密合作，从而实现只有在粮食合作社普遍发展，粮食调剂局与粮食合作社发生密切关系的条件之下，调剂局才能很好地起到调剂政府、红军及群众粮食的作用，同时也只有在调剂局的领导与帮助之下，粮食合作社才能得到很好的发展与巩固的双赢效果。粮食调剂局的这一调节功能也集中体现了中央苏区政府对合作社经济的扶持作用。

临时中央政府除了鼓励群众兴办粮食合作社外,为了更好地完成调剂任务,处理好粮食储藏问题,以待时机出粜谷米,还以国民经济部的名义号召各地建造谷仓。

在临时中央政府的政策扶持下,中央苏区的消费合作社经济取得了很大的成绩。根据毛泽东在赣西南和闽西的农村调查,兴国长冈乡消费合作社经历过村乡社和区社两个阶段。村社乡社时社员及红属买货,每1000文减50文,即5%;区社半年利润600余元,以50%为公积金,10%为营业者及管理委员审查委员奖励金,10%为文化教育费,30%为分红。上杭才溪乡加入消费合作社的人家,上才溪60%,下才溪90%;货缺时红属先买,社员后买,非社员再后买;货价,红属照市价减5%,社员不减。

同时,中央苏区粮食调剂工作也取得了巨大的成绩。中央粮食调剂局1933年4—8月的5个月中,有27万元的商品周转,盈余7000余元。1933年新谷上市后的粮食价格有了相当的提高,粮食市场的剪刀现象被有效平抑。

尽管中央苏区的合作社运动还不是社会主义的经济,只是农民及小生产者的小商品经济的集体化的形式,但是它具有抵制农村资本主义生产关系的经济杠杆作用,不仅为中央苏区的国民经济建设作出重要贡献,而且为中国共产党在后来抗日根据地和解放区的经济建设,以及社会主义革命与建设时期的农业合作化运动提供了宝贵的历史经验。

(四)遵义会议与中共中央长征途中战略落脚点的选择

1.案例呈现

政治局认为新的根据地区应该是川黔边区地区,在最初应以遵义为中心之地区,在不利的条件下应该转移至遵义西北地区,但政治局认为深入黔西、黔西南及云南地区对我们是不利的。

（资料来源:中央档案馆:《中共中央文件选集》第10册,中共中央党校出版社1991年版,第442页。）

立刻准备在川黔边广大地区内转入反攻。主要的是和蒋介石主力部队作战,首先消灭他的一部,来彻底粉碎五次"围剿",建立川黔边新苏区根据地。首先以遵义为中心的黔北地区,然后向川南发展,是目前最中心的任务。

（资料来源:中央档案馆:《中共中央文件选集》第 10 册,中共中央党校出版社 1991 年版,第 445 页。）

我野战军目前基本方针,由黔北地域经过川南渡江后转入新的地域,协同四方面军,由四川西北方面实行总的反攻。而以二、六军团在川、黔、湘、鄂之交活动,来钳制四川东南"会剿"之敌,配合此反攻,以粉碎敌人新的围攻,并争取四川赤化。

（资料来源:中央档案馆:《中共中央文件选集》第 10 册,中共中央党校出版社 1991 年版,第 477 页。）

我们现在是在云贵川三省的广大地区中,我们就要在这里创造新的苏区根据地。过去党中央与中革军委为了要赤化全四川,同四方面军取得更密切的联系与配合,曾经决定中央红军渡过长江向川北发展,所以当时决计放弃以遵义为中心的川黔边地区,向长江边继续前进。然而这一决定由于川滇军阀集中全力利用长江天险在长江布防,拦阻我们,更由于党与中革军委不愿因为地区问题牺牲我们红军的有生力量,所以决计停止向川北发展,而最后决定在云贵川三省地区中创立根据地。

（资料来源:中央档案馆:《中共中央文件选集》第 10 册,中共中央党校出版社 1991 年版,第 490 页。）

我们有着优良的群众条件,我们有着党的正确的领导,我们有着物质上地形上比较良好的地区,我们有着全国广大群众的拥护与红四方面军和二、六军团的胜利的配合,再加上正确的作战指挥。……我们活动的地区远远的离开了南京政府反革命的根据地,蒋介石几年经营的堡垒地带的依靠是没有了……这些都是我们粉碎敌人新的围攻创造新的苏区根据地发扬全国苏维埃运动的有利条件。……新的革命战争的胜利,将使我们中央红军在云贵川三省广大的地区创造出新的苏区根据地。

（资料来源:中央档案馆:《中共中央文件选集》第 10 册,中共中央党校出版社 1991 年版,第 471～473 页。）

由于两个月来的机动,我野战军已取得西向的有利条件,一般追敌已在我侧后,但敌已集中七十团以上兵力向我追击,在现在地区我已不便进行较大的作战机动,另方面金沙江两岸空虚,中央过去决定野战军转入川西,创立苏维埃根据地的根本方针,现在已有实现的可能了。……争取迅速渡过金沙江,转入川西消灭敌人,建立起苏区根据地。

（资料来源：中央档案馆：《中共中央文件选集》第 10 册,中共中央党校出版社 1991 年版,第 499 页。）

为着把苏维埃运动之发展放在更巩固更有力的基础之上,今后我一、四两方面军总的方针应是占领川、陕、甘三省,建立三省苏维埃政权,并于适当时期以一部组织远征军占领新疆。……以懋功为中心之地区,纵横千余里,均深山穷谷,人口稀少,给养困难。大渡河两岸,直至峨眉山附近,情形略同,至于西康,情形更差。

（资料来源：中央档案馆：《红军长征档案史料选编》,学习出版社 1996 年版,第 230 页。）

在一、四方面军会合后,我们的战略方针是集中主力向北进攻,在运动中大量消灭敌人,首先取得甘肃南部,以创造川陕甘苏区根据地。

（资料来源：中央档案馆：《中共中央文件选集》第 10 册,中共中央党校出版社 1991 年版,第 516 页。）

迅速占取以岷川为中心之洮河流域地区,并依据这小地区,同东进攻,以便取得陕甘之广大地区。……在政治上,我们能够同廿五、廿六军及通南巴游击区取得配合,协同动作及汇合。……联系存在于陕甘边之苏区与游击区域,成为一片的苏区……形成在中国西北部以及全中国的革命运动的领导中心。……在目前将我们的主力西渡黄河,深入青宁新僻地,是不适当的,是极不利的。……非汉族的民族(回、蒙、番各民族)的民族解放斗争,(虽然)是酝酿与发展着,但是汉族红军之全部的与长期的深入这个地区,必然地会引起这些民族之误解、嫌隙甚至敌视的态度。……这个行动,客观上正适合敌人的要求,敌人正以全力压迫我们向着不利地区,而他可以沿着黄河构筑重叠的封锁线与堡垒,阻止我们以后向中国本部之发展,切断我们与其他苏区与红军及全国革命运动之联系。

（资料来源：中央档案馆：《中共中央文件选集》第 10 册,中共中央党校出版社 1991 年版,第 543～546 页。）

2.案例指向

本案例指向教材第五章第二节第二目"遵义会议实现伟大历史转折"的内容。通过分析中共中央和中央红军长征过程中战略落脚点选择的曲折反复,加深对遵义会议这一划时代历史事件的背景了解,帮助学生理解道路自信、理论自信。

3.案例解析

中共中央随中央红军撤离中央苏区时,仍以保卫中央苏区作为战略任务。一方面,1934 年 12 月 18 日召开的中央政治局黎平会议,中央已经基本放弃了通过外线作战"反攻"回中央苏区的努力;另一方面,中央大体确定了以遵义为中心的川黔边区的大致范围。很快,1935 年 1 月 1 日的政治局猴场会议上,中央明确了首先以遵义为中心的黔北地区,然后向川南发展,是目前最中心的战略任务。说明此时中央已经明确创建川黔边新苏区的任务,尽管表面上还未彻底放弃从中央苏区撤退时固有的反"围剿"思路。总政治部随后关于地方工作的指示,也充分说明中央对创建川黔边苏区根据地具有长远经营的计划。

1935 年 1 月 15—17 日,在遵义召开政治局扩大会议。遵义会议后,从 1 月 20 日北渡赤水河进攻川西北,到 2 月 7 日的南下云南镇雄,说明遵义会议曾制订过北上川西计划,但是由于敌情严峻而被迫再次转为在川滇黔三省寻找战略落脚点。在 2 月 8 日扎西会议上形成的遵义会议决议上,这一点得到了确认。决议重申对创建根据地的信心,乐观地估计:新的革命战争的胜利,将使中央红军在云贵川三省广大地区创造出新的苏区根据地。1935 年 3 月 8 日,党中央自信地宣布,最近在遵义附近歼敌十一个团的伟大胜利,使得红军在贵州首先是在黔北站稳脚跟,进而赤化全贵州成为可能。

虽然经过四渡赤水运动战的胜利,红军成功摆脱了国民党反动军队的围追堵截,但是,在川滇黔三省建立根据地的局面始终没有促成。中央注意到,金沙江两岸空虚,中央过去决定野战军转入川西,创立苏维埃根据地的根本方针,现在已有实现的可能,因此中央革命军事委员会于 1935 年 4 月 29 日决定:争取迅速渡过金沙江转入川西消灭敌人,建立起苏区根据地。5 月初,红军主力渡过金沙江。

渡江后,1935 年 5 月 12 日,在会理县铁厂举行的政治局扩大会议上,中央决定继续北上。6 月 12 日,红一、四方面军的先头部队在四川达维镇会师。6 月 16 日,鉴于以懋功为中心之地区,纵横千余里,均深山穷谷,人口稀少,给养困难,不适合建立苏区根据地,中央和中革军委致电建议红四方面军领导人:今后一、四方面军总的方针应是占领川陕甘三省,建立三省苏维埃政权,并于适当时期以一部组织远征军占领新疆。1935年6月18日,红军一、四方面军主力在四川懋功地区胜利会师。

1935年6月28日,中央政治局两河口会议决定:在一、四方面军会合后,集中主力向北进攻,在运动中大量消灭敌人,首先取得甘肃南部,以创造川陕甘苏区根据地。8月5日召开的沙窝政治局会议,进一步明确创造川陕甘苏区根据地的任务。8月20日召开的毛儿盖政治局会议,初次明确形成在中国西北部创建全中国革命运动领导中心的方向。中共中央把革命中心转移到中国西北部的思路逐渐明晰起来。毛儿盖会议同时劝阻张国焘率领的左路军,不要深入到青宁地区。9月9日,中央再次指示张国焘及左路军,应迅速北上。

在张国焘一意孤行坚持南下错误的严峻形势下,为坚决贯彻北上陕甘的既定方针,同时批判张国焘的错误,1935年9月12日,中共中央在甘肃省迭部县俄界召开政治局会议,号召全党特别是红四方面军与张国焘的错误做坚决斗争,不仅重申了在西北创建新苏区的目标,而且对新苏区赋予了全新的历史使命,即迎接全国抗日救亡运动的新高潮,承担领导全民族抗战的历史重任。

俄界会议后,中共中央率红一方面军主力突破腊子口,翻越岷山,在甘肃南部哈达铺整编为陕甘支队,于9月26日进抵甘肃省通渭县榜罗镇,并于次日召开中央政治局常委会会议,作出了把革命大本营放在陕北的重要决策。

1935年10月19日,中共中央和中央红军到达陕北吴起镇,胜利完成了这次历史性的战略转移。10月22日,政治局在吴起镇召开会议,宣告长征结束,并确定今后的战略任务是保卫和扩大西北的根据地,领导全国革命斗争,并以陕西、甘肃、山西三省为发展的主要区域。

总之,中共中央随红一方面军长征期间,在战略落脚点即苏区根据地的选择上经历了两次转变。1934年12月黎平会议后,开始逐渐改变从中央苏区撤离时既定的到湘西开辟新根据地并恢复中央苏区的计划,寻求在川滇黔地区寻找落脚点;1935年5月,红军渡过金沙江寻求开辟川西根据地标志着新的战略选择的开始。在与红四方面军会师后,中共中央逐渐形成了在川陕甘地区创建新根据地的设想,并在与张国焘南下路线的斗争中赋予新根据地领导民族抗战的历史使命。

在党的二十大提出中国式现代化道路的今天,如何弘扬长征精神成为党史文化传承的重要课题。中国式现代化道路来源于中国共产党人对革命新道路的艰苦探索。在遵义会议上中国共产党人第一次独立自主地通过民主程序解决了自身的路线问题和组织问题,而长征途中在多次战略落脚点的选择过程中,最终实现了革命重心由阶级革命到民族革命的战略转折,这都体现了中国共产党人对探索符合中国实际的革命新道路的道路自信和理论自信。

(五)《中华苏维埃共和国宪法大纲》

1.案例呈现

中华苏维埃共和国的根本法(宪法)底任务,在于保证苏维埃区域工农民主专政的政权达到他在全中国的胜利。这个专政的目的,是在消灭一切封建残余,赶走帝国主义列强在华的势力,统一中国,有系统的限制资本主义的发展。……苏维埃全部政权是属于工人农民红军兵士及一切劳苦民众的。……军阀、官僚、地主、豪绅、资本家、富农、僧侣及一切剥削人的人和反革命分子,是没有选派代表参加政权和政治上自由的权利的。……中国苏维埃政权在选举时给予无产阶级以特别的权利。增多无产阶级代表的比例名额。

中国苏维埃政权以彻底改善工人阶级的生活状况为目的,制定劳动法,宣布八小时工作制,规定最低限度的工资标准,创立社会保险制度与国家的失业津贴,并宣布工人有监督生产之权。……中国苏维埃政权以消灭封建制度及彻底的改善农民生活为目的,颁布土地法,主张没收一切地主阶级的土地,分配给贫农中农,并以实现土地国有为目的。

(资料来源:厦门大学法律系、福建省档案馆:《中华苏维埃共和国法律文件选编》,江西人民出版社1984年版,第6~7页。)

国民政府本革命之三民主义,五权宪法,以建设中华民国。既由军政时期入于训政时期,允宜公布约法,共同遵守,以期促成宪政,授政于民选之政府。兹谨遵创立中华民国之中国国民党总理遗嘱,召集国民会议于首都,由国民会议制定中华民国训政时期约法。

（资料来源:中华民国法学会主纂:《袖珍六法新编》,上海昌明书屋 1946 年版,第 18 页。）

2.案例指向

本案例指向教材第五章第二节第一目"土地革命战争的发展及其挫折"的内容。通过分析中央苏区党和政府尝试创建人民政权的过程,帮助学生深刻理解中国共产党人在中国宪政史上的开拓性贡献。

3.案例解析

1931 年 11 月 7 日,随着中华苏维埃共和国的成立,《中华苏维埃共和国宪法大纲》(以下简称"《宪法大纲》")同时颁布。

《宪法大纲》首先摈弃了形而上学的"国民主权"观念,遵循马克思主义国家学说,庄严宣告苏维埃国家的历史使命,毫不讳言自身的政治立场和阶级倾向。为了强调苏维埃政权的无产阶级专政宗旨,《宪法大纲》特别明确在选举时给予无产阶级以特别的权利,增加无产阶级代表的比例名额。中国共产党领导的新民主主义土地革命,既然以反帝反封建作为历史任务,则必然将这一政治要求体现在无产阶级专政国家的宪法之中。无产阶级专政既然是工人阶级等大多数无产阶级对少数地主资产阶级的专政,那么在宪法中张扬自己统治阶级的权利便顺理成章。

相反,代表大地主大资产阶级和官僚资产阶级新贵利益的南京国民政府,在其 1932 年 6 月颁布的《训政约法》中,竭力掩盖其国家政权的独裁专制性质。国民党当局借"训政"之名,以国民党一党意志凌驾于人民意志之上,不仅逆宪政发展潮流,而且迎合欧洲大陆意大利法西斯以党权代宪政的反动逆流,为国民党的军事独裁统治张目。《训政约法》首先以"训政"作为制宪的法理根据。《训政约法》明白表示其起草是遵照创立民国的国民党前总理孙中山的遗嘱才召集国民会议制宪的。由此可见,该党的领袖意志,即假借此名义的国民党当局的意志,在制宪阶段即已凌驾于全体国民意志之上。其次,所谓由军政时期进入训政时期,在国民政府训政下过渡到宪政阶段的宪政程序,不仅缺乏法理根据,而且明显贬低国民参政能力,忽视广大民众的参政要求,以一党之私欲作为剥夺国民参政之借口,不仅违背了共和主义提倡议会民主和人民权利的要求,而且强词夺理地宣称自身有训导民众的天然权力,充分暴露其以一党专政的独裁政治本色。

其次,《宪法大纲》符合西方公法理论关于公务和公务员制度的理论。《宪法大纲》规定选举人以生产单位和生活区为选举单位的原则,可保证被选举出的苏维埃代表既有广泛的群众基础,又能最大可能地体现无产阶级领导权原则。另一方面,选举人与苏维埃代表的区别,则体现了统治者与公务员的社会分工关系。苏维埃代表定期向选举人做报告,以及选举人可撤换苏维埃代表等规定,都说明最高权力掌握在劳动人民手中,而被选出的苏维埃代表则在苏维埃法律的范围内代表人民行使管理国家的责任,其本身的政治权力的来源仍然取决于统治者即人民的意志。同时,《宪法大纲》有关苏维埃选民以产业工人的工厂和手工业工人农民城市贫民所居住的区域为选举单位选举苏维埃代表的设计,符合西方公法理论"职业代表制"的观点,本身也是顺应世界宪政发展潮流的表现。

反之,由于南京当局的大地主大资产阶级本性和反共反人民立场,加之《训政约法》已确定了由国民党负责训政督导人民向宪政过渡的基本原则,国民党当局不可能将自己的统治者地位让给人民,并由人民依法限制其行政权力的行使。换言之,国民党当局绝不甘心仅仅做在法律权限内依法行事的公务员,而接受人民监督。

最后,《宪法大纲》顺应共和主义宪政发展潮流,充分保障人民各项民主权利,预示了未来中国宪政的发展前景。《宪法大纲》对人民利益的维护主要体现在劳工政策和土地政策两方面。由于苏维埃政权和主持立宪的中国共产党对工人阶级领导权的刻意维护,《宪法大纲》规定中国苏维埃政权以彻底改善中国工人阶级的生活状况为目的,制定劳动法,宣布八小时工作制,规定最低限度的工资标准,创立社会保险制度与国家的失业津贴,并宣布工人有监督生产之权。为巩固工农联盟,消灭封建主义的根基封建地主土地所有制,《宪法大纲》规定中国苏维埃政权以消灭封建制度及彻底的改善农民生活为目的,颁布土地法,主张没收一切地主阶级的土地,分配给贫农中农,并以实现土地国有为目的。

相反,《训政约法》根本未吸收西方宪政发展和政治民主化进程中人权保障方面的积极成果,反而假借所谓训政和反共名义,剥夺工农群众在国民革命时期获得的民主权利。与中国共产党立法者顺应民主宪政发展潮流的《宪法大纲》相比,国民党当局主持的《训政约法》彻底沦为军事独裁统治的法律工具,其命运也必然与德意日法西斯一起走向灭亡。

虽然国民党当局在抗日战争后迫于各民主党派和广大人民要求宪政的压力,于 1947 年颁布了新的《中华民国宪法》,但是由于该宪法仍然蹈袭《训政约法》以国民党意志代行宪政的覆辙,很快就在人民的唾弃中、在人民解放战争的隆隆炮声中破产。而中国共产党人在新民主主义革命胜利的前夕,积极着手新政权的立宪工作,于 1949 年 6 月召开政治协商会议,广泛听取各阶层民众的意见,终于在新中国成立前夕制定成宪法性质的《中国人民政治协商会议共同纲领》。《中国人民政治协商会议共同纲领》不仅继承了《宪法大纲》维护工人阶级领导权和全体劳动人民政治权利的宗旨,而且由于统一战线的扩大而具有了更广泛的民意基础和新民主主义社会的时代特征。在公务管理方面,《共同纲领》也继承了《宪法大纲》中苏维埃代表权力源于人民意志的法理,提出"政治协商,民主监督"原则,为进一步推进稳定而制度化的公务员制度建设奠定了基础。

四、延伸阅读

1.《湖南政治任务与工作方针决议案》(1928 年 2 月 21 日),井冈山革命根据地党史资料征集编研协作小组、井冈山革命博物馆:《井冈山革命根据地》,中共党史资料出版社 1987 年版。

2.《中共中央给红军第四军前委的指示信》(1929 年 9 月 28 日,即中央"九月来信"),《周恩来选集》上卷,人民出版社 1980 年版。

3.毛泽东:《寻乌调查》(1930 年 5 月),《毛泽东文集》第 1 卷,人民出版社 1993 年版。

4.《中华苏维埃共和国临时中央政府消费合作社章程》(1933 年 9 月 10 日),王金山主编:《中华苏维埃共和国消费合作社史料选编》,2001 年。

5.《中华苏维埃共和国宪法大纲》，厦门大学法律系、福建省档案馆：《中华苏维埃共和国法律文件选编》，江西人民出版社 1984 年版。

五、拓展研学

1.为配合案例讲述，组织学生在课堂上观看纪录片《百年中国》《百炼成钢》等与土地革命战争时期相关的音像资料，提高学生对课程的学习兴趣。

2.组织实践教学，引导学生参观井冈山革命旧址、瑞金革命旧址、闽西革命旧址、遵义会议纪念馆、古田会议旧址、寻乌调查等与土地革命有关的知名爱国主义教育基地，有意识启发家乡在革命老区的学生，调动他们寻访各自家乡革命旧址的积极性。

3.组织学生排演革命情景剧，如《遵义会议》《毛泽东寻乌调查》等。在学生表演过程中，可以适时调动学生观众兴趣，展开穿越式访谈，通过当代大学生和历史人物时空对话的方式，帮助学生更好地思考中国共产党红色革命精神如何在新时代发扬光大的现实问题。

第六章　中华民族的抗日战争

一、教学主要目标

本章教学主要围绕抗日战争中两条基本线索组织教学：一是日本发动企图灭亡中国的侵略战争，给中华民族带来深重灾难；二是国共合作建立全国抗日民族统一战线，英勇抗战。主要教学目标如下：

了解日本发动企图灭亡中国的侵略战争，以及给中华民族带来的深重灾难，引导学生认清日本帝国主义侵略战争的本质，及其歪曲历史、否认和美化侵略战争的荒谬言论。

了解抗日民族统一建立和巩固的艰难历程，明确全民族抗战是中国人民抗日战争胜利的重要法宝；了解国共两党在抗日战争中的不同表现，明确中国共产党在中国人民抗日战争中的中流砥柱作用；认识抗日战争胜利在中华民族伟大复兴中的意义，准确把握中国人民抗日战争在世界反法西斯战争中的地位和作用。

培育学生树立正确的二战史观，结合中华民族抗日战争的历史进程、主流和本质，提高辨识和抵制历史虚无主义思潮的能力，并继承伟大抗战精神，从历史中汲取前行的力量，积极参与中华民族复兴大业。

二、教学重难点

正确认识与评价日本侵华战争。通过揭露日本发动企图灭亡中国的侵略战争，以及给中华民族带来的深重灾难，引导学生认清日本帝国主义侵略战争的本质,及其歪曲历史、否认和美化侵略战争的谬论。

正确认识和评价国共两党在抗日战争中的地位与作用。通过阐释中华民族抗日战争的历史进程,以及国共两党在抗日战争中的各自表现,针对诸如共产党"游而不击"等历史虚无主义观点,展开有理有据的批驳,引导学生正确认识中国共产党是中国人民抗日战争中的中流砥柱。

正确认识和评价中国人民抗日战争在世界反法西斯战争中的地位。通过讲述中国人民抗日战争为世界反法西斯战争作出的重大贡献,引导学生认识中国人民抗日战争在世界反法西斯战争中的地位和作用,增强民族自信心和自豪感。

三、教学案例

(一)"东方会议"与《田中奏折》

1.案例呈现

20 世纪 20 年代末,世界和远东形势发生了巨大变化。美国打着"门户开放"的旗号,反对日本独占中国,主张在华"机会均等",伙同西方列强与日本展开了对华利益的激烈争夺。在中国,共产主义运动蓬勃兴起,国共合作领导的北伐战争对列强尤其是对日本在华侵略利益是一个极大的威胁。在日本,1927 年受到了空前金融危机的冲击,政局动荡不安,矛盾日益激化。政友会猛烈抨击币原对华政策是"软弱外交",迫使若槻内阁下台,以"强硬外交"自诩的长州阀首、政友会总裁、陆军大将田中义一上台组阁。田中于 1927 年 4 月 20 日上台,22 日便发表施政方针,主张对内加强恐怖统治,对外扩张,推行对华"积极政策"。他说"现在直接对日本及远东为重大问题者,即中国事件",声称"关于中国共产党之活动……在日本对之未便全然漠不关心",发出了干涉中国内政、扩大对华侵略的战争叫嚣。5 月,田中内阁决定出兵山东,阻止国民革命军北伐。

6 月 27 日—7 月 7 日,为了统一议定新的侵华方针政策,田中在东京亲自主持召开了有文武百官参加的东方会议。会议结束后，田中义一将会议讨论议定的方针政策拟制了一份题为《帝国对满蒙之积极根本政策》的秘密文件，于7月25日请宫内大臣一木喜德代呈天皇，这就是臭名昭著的《田中奏折》。

《田中奏折》主要有以下几个方面内容：

第一，提出了以满蒙为扩张基地的"新大陆政策"的战略总纲和实施这一纲领的具体步骤："惟欲征服中国，必先征服满蒙；如欲征服世界，必先征服中国。""如欲造成昭和新政，必须以积极的对满蒙强取权利为主义，以权利而培养贸易，此不但可制中国工业之发达，亦可避欧势东渐之危险。""以满蒙为根据，以贸易之假面具而风靡中国四百余州；再以满蒙之权利为司令塔，而攫取全中国之利源。以中国之富源而作征服印度及南洋各岛以及中、小亚细亚及欧罗巴之用。我大和民族之欲步武亚细亚大陆者，握执满蒙利权，乃其第一大关键也。"第一期征服中国台湾，第二期灭亡朝鲜，"现皆实现"。"尚未完成"的是分割满蒙，进而灭亡中国，征服世界。

第二，为实施"满蒙积极政策"歪曲历史，捏造"满蒙非中国领土"论。田中认为：捏造历史为扩张之必需，然亦非易事。因为"不幸者，日俄战争之时，我国宣战布告明认满蒙为中国领土。又华盛顿会议时，《九国公约》亦认满蒙为中国领土，因之外交上不得不认为中国主权。因此二种之失算，致祸我帝国对满蒙之权益"，所以"我国此后有机会时"，必须向世界阐明"满蒙者，依历史非中国之领土"，实施"满蒙积极政策"须"以二十一条为基础，勇往迈进"，全面攫取一切特权，并"保持我永久实享之"，"待有机会时，以得寸进尺方法而进入内外蒙古，以成新大陆"。

第三，估计了实施"满蒙积极政策"的障碍。"最可恐怕者，则中国人民日就觉醒"以及"将来中国统一"，还有美苏干涉。日本"欲以铁血主义而保东三省，则第三国之亚美利加，必受中国以夷制夷煽动而制我。斯时也，我之对美角逐，势不容辞"，"将来欲制中国，必以打倒美国势力为先决问题"。又，"最近将来在北满地方必与赤俄冲突"。为此，日本以美、苏为假想敌国，要加强对满蒙的掠夺，加速"以军事为目的"的战略准备。

（资料来源：柳建辉、孙新编著《正视抗日战争——关于抗日战争若干重大历史问题的思辨》,青岛出版社 2015 年版,第 48～54 页。)

2.案例指向

本案例指向教材第六章第一节第一目"日本灭亡中国的计划及其实施"。通过分析日本发动对外侵略战争前召开的"东方会议"及此次会议形成的《田中奏折》,引导学生深刻认识日本发动侵华并进一步征服世界的帝国主义侵略本质,从而认清战后日本歪曲历史、否认和美化侵略战争的目的,并对日本右翼势力的本质和反对日本军国主义复活的意义有深层次的认知。

3.案例解析

当前世界反法西斯战争和中国人民抗日战争胜利已将近 80 年,而二战以来确立的国际关系格局也随之发生了结构性的深刻变动,日本国内蛰伏已久的军国主义又有所抬头。前事不忘,后事之师。通过本案例,重温 20 世纪 20 年代日本政府制定对外侵略战争总纲领《田中奏折》这段历史是非常必要的。通过对本案例的分析,可以看出:

(1)东方会议是日本对华政策的转折点

20 世纪 20 年代中期,日本"币原外交"对华政策的特点是适应华盛顿会议体制,打着"尊重门户开放""尊重保全中国之主权及领土"的旗号,以经济侵略为主、高压手段为辅,逐渐蚕食中国,在保持和发展日本权益的前提下,承认"满洲"是中国的一部分。1927 年 3 月日本国内爆发了严重的金融危机,4 月田中义一上台组阁,为了把金融危机时期日本国内民众的不满情绪引向国外和维护日本在"满蒙"的利益,田中内阁加快了对"满蒙"的侵略步伐。1927 年 6 月 27 日至 7 月 7 日,田中义一在东京主持召开了"东方会议",旨在把"满、蒙"从"中国本土"分离出去,进而征服全世界。所以东方会议可以说是战前日本外交上的一个转折点。

(2)如何看待《田中奏折》真伪之争

《田中奏折》是 20 世纪 20 年代日本官方制定的系统、周密并付诸实施的对外侵略扩张总纲领。此后,日本推行的对外侵略战争正是按照《田中奏折》规划的方向、步骤、进程一步步展开的,历史事实与《田中奏折》的总纲领节节合拍,可以视为《田中奏折》存在的直接证据。曾为日本外相的重光葵所著《昭和的动乱》一书也承认:东亚方面所发生的事态,以及日本对此等事件采取的行动,恰似以《田中觉书》作为教科书那样进行的,因此想消除外国对这一文书存在的疑惑是颇为困难的。[1] 重光葵所述,从侧面证实了《田中奏折》的真实性。

长期以来,否认《田中奏折》存在的逆流,涉及日本对战争的认知、反省,对中国人民及亚洲国家的感情伤害。为维护第二次世界大战胜利成果和国际公平与正义,防止日本军国主义复活,不使战争悲剧重演,中国人民以及世界各国人民应以史为鉴。通过《田中奏折》认清日本对外侵略扩张狂妄野心的思想意识、政策主张的根源,高度警惕日本军国主义沉渣泛起、死灰复燃,再次危害东亚及世界和平与安全。

自20世纪70年代中日邦交正常化以来,两国关系总体不断发展,各领域友好交流和务实合作日益深化,日本历届政府大体奉行对华友好的方针政策。但在政治安全领域仍然存在着一些难以化解的结构性矛盾,加以对历史认知的差异等,都是制约中日关系进一步发展的重要因素。20世纪90年代后期,随着日本经济的衰退,以及政治越来越右倾化,日本右翼政客在国内蓄意营造反华情绪,利用日本社会对于经济的不满情绪,肆意渲染"中国威胁论"。中国自改革开放之后,崛起的势头迅猛,2010年经济规模超过日本,成为仅次于美国的世界第二大经济体,东亚地区地缘政治格局发生巨大而深刻变化,中日关系趋于紧张。"前事不忘,后事之师",本案例的警示意义在于中日两国关系十分脆弱时,中国人民和中国政府要牢记历史教训,见微知著,着眼长远大局,建设性地处理好中日矛盾分歧。

(二)厦门沦陷

1.案例呈现

1938年5月10日凌晨,日本海军陆战队志贺、山冈、鬼冢、福岛等部在飞机与舰炮的掩护下在厦门东北隅的五通附近强行登陆。我守军陆军第七十五师所部顽强抗击,终以不敌,步步后撤。11日下午,日军进占市

---

[1] 重光葵:《昭和的动乱》,第15页,转引自沈予:《日本东方会议和田中义一内阁对华政策》,《近代史研究》1981年第1期。

区,至 13 日,厦门全岛沦陷。

在 10—13 日的几天中,日军于所到之处肆行烧杀,五通首受其害:10 日,日军一进村,就开始杀人。一个名叫孙盛的跛脚老人挂着拐杖正想走避,被一个日兵赶上用刺刀捅进腹部而死。村民陈秀治被日兵开枪打伤,躺倒在地。她的丈夫和儿媳们从里屋冲出来要救地,日兵强令他们跪在屋前,逐一开枪射杀,一家 8 口人同时遇害,连陈的年迈的婆婆也不得幸免。这个只有 70 多人口的村庄,就有 24 人惨死于日军的刀枪之下。同日中午,日军进犯莲坂村,配合作战的日机在低空盘旋,轰炸扫射,炸毁民房、祠堂等 8 座建筑。村民叶祥嫂的房屋被炸毁,她和邻居粪扫嫂一起被炸死。叶泡仔、叶狮仔、叶皮仔三兄弟为躲避日机扫射,往海边旷地跑去,未及跑到即中弹身亡。叶德夫妇及子水标一家 3 人和同村的叶瑞来一起欲逃往附近的山下躲避,被日机发现,4 人同时被机枪子弹击中而死。日兵进村后,到处纵火焚屋,滥杀村民。缅甸归侨叶君添新建的一座四房"两伸脚"的大厝被付之一炬,叶也被日兵枪杀于户外。叶清福的房屋起火燃烧时,他正卧病在床,无力逃出,被活活烧死。叶文龙在家门口遇上日兵,被日兵用刺刀捅入腹部,当日死亡。……据统计,日军攻陷厦门的头几天,仅禾山一带各乡村,被日军以各种手段残杀的村民,就多达 500 余人。

11 日下午日军进入市区后,分成小队,乘三轮摩托车,以轻机枪沿路扫射逃难的居民:在街头巷口站岗放哨的日兵一见中国人,就开枪射击,街面上血流成河。蓼花溪尾附近的居民逃到寿山岩的万寿庙中躲避,日军追至,把藏在庙中的 30 余人全部杀死。蓼花溪尾居民林东土的妻子逃到中山路,被日兵撞见,一刀刺死。为逃避日军的残杀,大批市民涌到中山路、大中路,升平路至镇邦路、海后路一带,待船渡海逃到"公共租界"鼓浪屿,被日机发现,许多人尚未上船就被日机以机枪射杀,上了船的人在渡海途中遭日机轰炸、扫射,或船翻人亡,或中弹而死,鲜血染红了厦鼓海峡。……滨海的帆礁、灰窑角和沙坡尾一带的民房,全被日兵放火烧光。渔民住的铁板屋被全部拆毁,来不及逃走的渔民,不是被烧死,就是被枪杀。

(资料来源:中国人民政治协商会议福建省委员会文史资料委员会编:《福建文史资

料》第 34 辑,1995 年,第 154～155 页。)

昨天(5 月 10 日)早上,还不到 4:00,全厦门的居民就被激烈的炮声惊醒了。日本的战舰,共有 12 艘,顺着潮水向岸边开来……天将黎明,就有无数小船……在战舰的炮火掩护下,向岸边直驶。……据说日军又 500 人被掩护登岸。第一次登岸的部队,在一度激战之后,即行溃退,而被击毙在 100 人以上。据说,还有 15 人被俘获。因此,日机便好像凶鸟般飞来袭击各道战壕,飞得很低,然后扔下炸弹把他们毁坏。中国的军队乃向后撤退,而日军便昂昂然登陆了。……日本战舰乘潮进的时候,群集治峰,向厦门市推进。……差(不多有)5000 的军队(登陆)。

第二天,早上 3:00,在鼓浪屿已经可以听见机关枪声和尖锐的野炮声。从漳州开来的援军,昨天一早就已经开到。……一开到就马上作战。飞机仍然在我们头上翱翔,算算约有 14 架。断断续续的爆炸声,这是飞机投下来的炸弹,鼓浪屿已经变成了一切人们的避难所。

5 月 12 日。在自来水厂对面的埠头,挤满了难民。他们在设法渡过海,在埠头……一切的街道都荒凉到看不到一个人,也没有一家商店开门,只有几个乞丐无聊地游荡,许多中国军队从海鸥路奔跑到港口去。……我在中山路也碰到一队走向堤边去的华军。这些军队恰遇着日军迎面开来,而被日军杀死了不少。

(资料来源:李向群主编:《见证:1938 厦门——日寇入侵厦门前后报刊史料汇编》,厦门大学出版社 2015 年版,第 85～87 页。)

2.案例指向

本案例指向第六章第一节第二目“日本帝国主义的残暴统治”的内容。通过对本案例的辨析以及宏大叙事和历史细节有机结合的教学方式,学生深入了解日本帝国主义给中国带来的深重民族灾难,从而增强振兴中华的历史责任感和使命感。明确无论是挑起这场战争的加害国还是遭受侵略的被害国,惟有正视史实,以史为鉴,才能更好地面向未来,防止悲剧再度发生。

3.案例解析

厦门是台湾海峡西岸的重要城市,日本侵略军占据厦门,既可以封锁台湾海峡,又可以将厦门作为进犯中国内地、进一步侵占南洋群岛的基地。1938 年 5 月 10 日凌晨，日军从厦门岛东北五通一带登陆，在飞机、军舰、大炮掩护下悍然发动侵占厦门战役。厦门军民浴血抗战历时 4 天，至 5 月 13 日傍晚，厦门沦陷。在短短 4 天中，日军于所到之处抢掠烧杀，犯下一桩桩惨绝人寰的暴行。日本侵华战争所犯下的罪行，给中华民族造成了极为深重的灾难。

第一，日本帝国主义在中国犯下滔天罪行，铁证如山，不容抵赖。日本侵略者攻占厦门时，那一个个鲜活的、手无寸铁的平民百姓被血腥屠戮，桩桩血案，累累暴行，以无可辩驳的史实再次提醒人们，日本右翼政客是无法否认他们发动战争的侵略性质，歪曲甚至美化侵略战争都无济于事。厦门血案、南京大屠杀还有诸如重庆大轰炸、731 细菌部队恶行等，不仅真实地反映了中国人民在侵略者铁蹄践踏下所遭受的屈辱与苦难，而且揭露了日本军国主义思想毒害下日军的野蛮兽性。

20 世纪 90 年代随着日本经济的衰退以及政治越来越右倾化，日本政坛出现了企图淡化、掩饰以至抹杀日本侵略罪恶历史的危险苗头，日本文部省将日本中学教科书中原来一直清楚表述为"侵略中国"的文字改为"进入中国"，"南京大屠杀"变成了所谓的"南京事件"等。对此，习近平总书记严正指出："历史不会因时代变迁而改变，事实也不会因巧舌抵赖而消失。南京大屠杀惨案铁证如山、不容篡改。任何人要否认南京大屠杀惨案这一事实，历史不会答应，30 万无辜死难者的亡灵不会答应，13 亿中国人民不会答应，世界上一切爱好和平与正义的人民都不会答应。"[①]

第二，军国主义分子不但给中国人民带来灾难，也使日本人民蒙受痛苦，军国主义分子应该是人类的共同敌人，日本当局应用正确的历史观教育其后代，铭记历史，走和平发展之路。

日本军国主义思想意识及其支配下的武士道精神，根深蒂固，源远流长，对内成为毒化和控制日本国民思想的工具，对外则妄图疯狂扩张，踏上侵略亚洲各国的道路，同时也将日本民族引向灾难，成为侵略战争的罪恶之源。我们珍惜和平，更不能忘记日本侵华战争的深刻教训。正如习

---

① 习近平：《在南京大屠杀死难者国家公祭仪式上的讲话》，《人民日报》2014 年 12 月 14日第 2 版。

近平总书记所指出:"自古以来,和平就是人类最持久的夙愿。和平像阳光一样温暖、像雨露一样滋润。有了阳光雨露,万物才能茁壮成长。有了和平稳定,人类才能更好实现自己的梦想。历史告诉我们,和平是需要争取的,和平是需要维护的。只有人人都珍爱和平、维护和平,只有人人都记取战争的惨痛教训,和平才是有希望的。"[①]当前,战争并没有随着人类发展而消失,我们仍要牢记历史,清醒认识日本侵略者发动战争的帝国主义本质。每一位中国人有责任有义务,严肃批判日本国内为侵略战争开脱罪责、为军国主义扬幡招魂的逆流,并强烈要求日本政府彻底肃清军国主义、武士道精神之类的流毒。我们谴责日军残暴屠杀中国无辜百姓的罪行,不是延续仇恨,而是要唤起人们对和平的向往和坚守,坚定实现中华民族伟大复兴,维护世界和平的决心。

第三,中国人更应勿忘国耻,牢记历史,深刻铭记落后就要挨打的历史教训,发奋图强,壮我中华。在中日关系趋于紧张的新的地缘政治格局下,如何不忘历史教训,警惕日本军国主义死灰复燃;如何确保中日两国不会陷入军事对抗的历史覆辙,坚持改革开放,增强国家综合实力,实现中华民族伟大复兴,将是未来一段历史时期摆在我们面前必须严肃对待的重大课题。

(三)淞沪会战

1.案例呈现

淞沪会战是中国全面抗战开始后的第一个大战役,以 1937 年 8 月 13 日上海闸北中日双方军队的首次交战揭开序幕,至同年 12 月 2 日江苏江阴要塞陷落而最后落下帷幕。这场会战的主要战场是在淞沪地区……淞沪是指上海市区和吴淞以及两地之间的一片平原水网地带,八一三淞沪会战却遍及更为广大的地域。……

不仅国民党中央军的主力倾注全力投入了淞沪战场,而且,各派地方

[①] 习近平:《在南京大屠杀死难者国家公祭仪式上的讲话》,《人民日报》2014 年 12 月 14 日第 2 版。

军事力量,包括湘系、桂系、粤系、鄂系、川系、皖系、黔系,以及东北军、西北军等等各派武装力量,无不以高昂的战斗姿态纷纷奔赴淞沪前线。……

从八一三在闸北揭开战幕,到后期在沪西苏州河南岸的战斗,中国军队的作战是十分英勇的,即使在全线大撤退中,仍然有些部队进行了勇敢的战斗。在100多天的会战中,出现了不少威武雄壮、可歌可泣,在当时就为国人广泛传颂的出色战斗,如八十八师进攻日海军陆战队司令部之战,三十六师进攻汇山码头之战、九十八师保卫宝山和狮子林之战,十一师、十四师、六十七师罗店争夺战,十一师东林寺战斗,十八师等部大场保卫战,以及空军的八一四空战,海军的江阴战斗和袭击日海军旗舰"出云"号战斗,等等,都是足以载入史册的。

淞沪抗战的规模比七七抗战远远为大,动员更为广泛巨大,作战时间持续更长,作战程度更高。淞沪抗战更为全面、更为充分地体现了以国共合作为基础的抗日民族统一战线的强大威力,它在国内外产生的影响也更为广泛和深远。

淞沪抗战在国际上产生了积极的影响。中国军民在这场震惊世界的战役中表现出来的伟大民族精神和强大的战斗力,使世界各国刮目相看,增进了人们对中国的认识,也获得了更多的人对中国的同情和支持。英国的国际评论家尤脱莱说:"在1937年夏,国外一般的见解都认为中国决不能抵抗日本的武力,抗战简直是发疯,战争一定很快就结束而日本获得全胜。上海的英勇抵抗证明了这一次日本并不能轻易获胜,中国已经兴起了一种精神使它的士兵以必死的英勇与占有无上优势的敌人奋战。"

然而,从战略和战役的层面而言,中国军队几乎在所有重大作战行动中都未取得过一次带有整体性的胜利,也从未进行过一次战役上外线的速决的进攻的歼灭战。……中国在这场会战中究竟败在哪里呢?……在淞沪会战接近尾声的时候,毛泽东就针对正面战场的军事状况,提出"实行全盘改革"……毛泽东是这样说的:"军事上说来,亦须实行全盘的改革,主要地是战略战术上单纯防御的方针,改变为积极攻击敌人的方针;旧制度的军队,改变为新制度的军队;强迫动员的方法,改变为鼓动人民上前线的方法;不统一的指挥,改变为统一的指挥;脱离人民的无纪律状态,改变为建设在自觉原则上的秋毫无犯的纪律;单单正规军作战的局面,改变为发展广泛的人民游击战争配合正规军作战的局面。"①

(资料来源:余子道、张云:《八一三淞沪抗战》,上海人民出版社 2000 年版,序言第 2~4 页,第 404~405、410~414 页。)

2.案例指向

本案例指向第六章第三节"抗日战争的正面战场"。通过对本案例的分析,学生全面了解抗日战争中国民党正面战场发挥的重要作用,以及国民党官兵奋勇抗敌的爱国精神。

3.案例解析

当时,上海是中国经济中心和重要工业基地,距离首都南京仅 300 公里,是国民政府的心腹要地。日本发动对外侵略战争总纲领是"欲征服世界,必先征服中国"。北进,则必先侵占东三省、内外蒙古,牵制苏联;南进,则必先侵占上海,打开南向进军通路。1932 年 1 月 28 日,日军就曾向上海发动过第一次淞沪战争。1937 年 8 月 13 日,第二次淞沪战争爆发。从 1937 年 8 月 13 日到 12 月 2 日,国民党爱国官兵不畏强敌,以血肉之躯死守上海,给了日军沉重打击,粉碎了日军扬言"三个月灭亡中国"的狂妄计划,是中国国民党、国民政府主导的抗战正面战场首次大规模会战。

第一,淞沪会战向世界昭示了中国人民奋起抗战的英雄气概和中华民族坚忍不拔的爱国精神,这是一笔弥足珍贵的精神财富。

卢沟桥事变之后,北平、天津一个月内相继沦陷。对于是否抗日,国民政府蒋介石仍然在犹豫,直到日军企图攻占上海,南京危在旦夕,蒋介石、国民党才决心开始抗日。淞沪会战爆发后,面对日寇大规模入侵,压抑已久的中国人民、中国军队奋起反抗,蒋介石几乎将精锐部队全部投入战场,不同派系地方军事力量从全国各地赶赴上海,中华民族用血肉之躯在上海筑起一座誓死报国的钢铁长城。淞沪会战迫使日军将兵力集中在上海战场三个月之久,粉碎了日军"三个月灭亡中国"的狂妄企图。淞沪抗战在国际上也产生了积极的影响,中国军民在这场震惊世界的战役中表现出来的强悍的民族精神和坚韧的战斗意志,提高了中华民族在各国

---

① 《毛泽东选集》第 2 卷,人民出版社 1991 年版,第 376~377 页。

人民心目中的地位，为挽救民族危亡而牺牲的国民党将士们将永远受到中国人民的怀念和敬仰。

第二，淞沪会战是抗战正面战场首次牺牲最大、战斗最惨烈的战役，全国军民热情之高涨，中国军人战斗意志之坚强，作战之英勇悲壮，在中国近代史上留下了浓墨重彩的一笔，但以失败告终，其间历史教训十分深刻。

总结淞沪会战失败的主要原因：一是武器装备落后，军队的武器质量差、数量少，缺少火炮和坦克，日军封锁海岸线后无法向海外购入飞机，国防工事简陋粗糙；二是中国政府和军队对战争准备不足，军官和士兵缺乏现代战争知识与经验，1936 年国民政府才开始实施征兵法，推行义务兵役制度，一年后全面抗战爆发，战场上兵员缺乏，只能紧急向全国征集老兵；三是中国军队各军兵种不能协同作战，上层指挥机构叠床架屋，军队派系之间矛盾重重；四是以蒋介石为首的国民政府统帅部在组织和指挥淞沪会战中存有严重失误，造成了本来可以避免的惨重损失。淞沪会战从开始到结束，蒋介石曾经三次叫停进攻，原因是他缺乏信心和决心，一直寄希望于外交解决和国际调停，对西方国家制裁日本始终抱有幻想。在整个会战的指挥中，蒋介石没有听取张治中提出的提前进攻、夺取上海的意见，也没有听取李宗仁的意见及时撤退，更没有按照原定计划打长期消耗战。总之，国民党正面战场首战的淞沪会战的惨烈失败，与中国共产党领袖毛泽东关于"持久战"的战略思想及其"慎于初战""不打无准备的仗"的战役指导方针形成强烈对照。在淞沪会战接近尾声的时候，毛泽东就针对正面战场的军事状况，提出"实行全盘改革"的主张，唯有如此，才能避免淞沪会战失败这类悲剧的重演。

第三，今天我们应该放开眼界，胸怀整个国家、整个民族的宏大格局书写全民抗战历史。一方面，对正面战场发挥的积极作用予以肯定。如淞沪会战尽管以失败告终，但不能因此忽视与抹杀国民党正面战场的作用，应将以蒋介石为代表的国民党与叛国投敌的汪精卫集团在本质上进行区分；另一方面，对正面战场后期国民党的消极作战、作壁上观的行为应予以揭露和批判。

(四)洛川会议

1.案例呈现

1937 年 7 月 7 日,抗日战争全面爆发。7 月 8 日,消息传到延安。中共中央意识到,卢沟桥事变是日军大举进攻中国的开始,指出只有全民族团结抗战,才是中国生存和发展的唯一出路,从而紧紧抓住了中国抗战政治领导的旗帜。23 日,毛泽东发表了《反对日本进攻的方针、办法和前途》一文,旗帜鲜明地提出对付日本进攻存在着两种不同的方针、两套不同的办法和两个不同的前途,强调只有实行动员全国人民、全国军队、改革政府机构、争取广泛外援等八项办法,才能取得抗日战争的胜利,并向全国提出了党的全面抗战路线。中共中央在推动国民党进行全国性抗战的同时,也加紧进行红军参战的实际准备工作。为了讨论全面抗战爆发后的形势和党的任务,制定党领导抗战的方针政策,8 月 8 日,毛泽东同张闻天致电彭德怀、任弼时:"建红军开动时开一次政治局会议,同时讨论作战问题,地点在洛川。"

8 月 22—25 日,中共中央在洛川县冯家村召开政治局扩大会议(即洛川会议)。会议由张闻天主持,毛泽东在会上作军事问题和国共两党关系问题的报告,并作结论。

会上,毛泽东在军事问题和国共两党关系问题的报告中,分析了抗日战争的形势、任务及国共两党的关系。他指出抗日战争的持久性,提出红军的基本任务和战略方针,强调共产党在统一战线中的独立自主原则。对日本帝国主义,我们不能低估它,看轻它。同日本侵略军作战,不能局限于过去同国民党军队作战的那一套老办法,硬打硬拼是不行的。我们的子弹和武器供应都很困难,打了这一仗,打不了下一仗。因此,红军的基本任务:创造根据地;钳制和相机消灭敌人;配合友军作战(战略支援任务);保存与扩大红军;争取民族革命战争的领导权。红军的战略方针是独立自主的山地游击战,包括在有利条件下集中兵力消灭敌人的兵团和在平原发展游击战争。独立自主是在统一战线下的相对独立自主的指挥;游击战争的作战原则是分散以发动群众,集中以消灭敌人,打得赢就打，打不赢就走；山地战要达到建立根据地的目的，发展游击战争，小游击队可到平原发展。

会议通过了《中央关于目前形势与党的任务的决定》《中国共产党抗日救国十大纲领》《为动员一切力量争取抗战胜利而斗争》，指出七月七日卢沟桥抗战，已经成了中国全国性抗战的起点。中国政治形势从此开始了一个新阶段，这就是实行抗战的阶段。今天，争取抗战胜利的关键，在于使已经发动的抗战发展成为全面的全民族的抗战。而国民党实行片面的抗战路线，包含着极大的危险性，存在着严重失败的可能。因此，共产党及其领导的民众和武装力量，应该站在斗争的最前线，使自己成为全国抗战的核心。《中国共产党抗日救国十大纲领》阐明了党在抗日战争时期的基本政治主张，体现了党的全面抗战路线，指明了坚持长期抗战、争取最后胜利的具体道路。

朱德在会议上也就军事问题作了多次发言，主张早上前线，谨慎用兵，广泛开展游击战争。经过讨论，大家对毛泽东提出的坚持共产党对红军的领导、坚持独立自主的指挥原则、开展山地游击战和红军担负的任务等问题，都表示赞同，形成了一致意见。但由于出兵时间紧迫，对游击战与运动战的主次关系问题未充分展开讨论。

会议决定将中共中央军事委员会成员增加为十一人，毛泽东为书记（实际称主席），朱德、周恩来为副书记（实际称副主席）。洛川会议上解决了毛泽东在军事指挥上的领导权问题。

毛泽东经过考虑，决定取道山西开赴抗日前线。作出这样的选择，原因在于：第一，山西是八路军开赴前线最便捷的地方，山西地形险峻复杂，不利于日军机械化部队的展开，而有利于我军开展山地游击战，可以有力牵制华北日军南下。第二，山西是地方实力派阎锡山的地盘。日军的大举进攻威胁到他的统治地位，而他自己的力量又不足以抵抗日军的进攻。在这种情况下，如果允许国民党中央军进入山西抵抗日军，他担心"请神容易送神难"，选择并同意八路军进入山西则不会有威胁，还可把八路军作为暂时的同盟者。

洛川会议是在全国抗战刚刚爆发的历史转折关头召开的重要会议。会议制定的党的全面抗战路线和抗日救国十大纲领，对夺取中国抗战的胜利具有极为重要的意义。

(资料来源:黄超:《抗战中的延安》,中国民主法制出版社 2015 年版,第 19～23 页。)

2.案例指向

本案例指向教材第六章第四节"抗日战争的中流砥柱"的内容。本案例通过分析 1937 年 8 月中国共产党洛川会议制定并通过的政策文件,使学生了解抗战初期中国共产党对政治形势的正确判断,以及由此提出全面抗战总路线和灵活机动的战略战术思想,进一步引导学生认识中国共产党在抗日战争中的中流砥柱作用。

3.案例解析

1934 年第五次反"围剿"失败后,中共中央和中央红军被迫进行战略转移,从江西瑞金等地出发,落脚陕北、进驻延安,开启了抗日战争的新篇章。

全面抗日战争爆发后,中共中央敏锐地意识到,只有全民族团结抗战才是以弱胜强,夺取抗战最后胜利的唯一出路。中国共产党为动员各方力量参与抗战并制定领导抗战的方针政策,于 1037 年 8 月在陕北洛川召开中央政治局扩大会议。会上,毛泽东分析了当前抗战形势、任务及国共两党的关系,指明了抗战的持久性,提出红军的基本任务和战略方针,强调共产党在统一战线中的独立自主原则。此外,洛川会议还解决了毛泽东在军事指挥上的领导权问题。洛川会议是在全面抗战刚刚爆发的历史转折关键时刻召开的重要会议,事实证明,中国共产党在洛川会议中确定的政治路线和军事战略方针是完全正确的,为抗日战争的胜利作出了重要贡献。

纵观中国人民十四年抗战历史,审视抗日战争爆发的关键时刻中国共产党及时召开的洛川会议,可以从三个方面对其重大历史意义作出评价。

第一,洛川会议作出正确战略决断,提出了全面抗战总路线,指引全民族抗战走向胜利。

全国抗战初期,同中国共产党制定的实行人民战争的全面抗战路线相反,国民党出于官僚买办资产阶级本性,在抗战中坚持一党专政,采取单纯政府和正规军抗战的片面抗战路线,同时幻想依赖国际援助,不愿发动群众。洛川会议中,中共中央针对中日战争局势和国内政治形势进行全面深刻的分析,认为中日大战不可避免,且双方军力悬殊,因此唯有动员一切力量,实现全民族抗战才能取得最终胜利。面对强敌,中国共产党发挥着坚强领导作用,组织、动员、武装群众,中共党员战斗一线发挥核心作用,引领全民族抗战行稳致远,走向胜利。

第二,洛川会议对战争形势和抗战前景作出正确判断,提出持久战的战略总方针。

毛泽东在洛川会议上指出:抗日战争是一场艰苦的持久战,中国必须也能够经过持久抗战取得胜利。这不仅有力地驳斥了"亡国论"和"速胜论",统一了党内思想,稳定了军心民心,而且进一步激发了群众抗日斗志、提振军队士气。在这一战略方针的指导下,我军将士长期牵制、消耗、打击日军主力,打破了日军"速战速决"的战略企图,积小胜为大胜,有效地迟滞了日军全面进攻,挫败了日军侵略中国的野心,对抗战胜利起到至关重要的作用。

第三,洛川会议提出坚持群众路线,创造性地提出开展独立自主的游击战争的战略思想。

中国共产党在配合国民党正面战场的同时,开辟广大敌后抗日根据地,在全民族抗战中发挥了中流砥柱作用。洛川会议中,面对敌强我弱的形势,汲取第一次国共合作的失败教训,毛泽东充分认识和肯定人民群众的主导作用,从战略层面提出在敌人后方放手发动群众,开展独立自主的游击战争,在敌后建立抗日根据地以配合国民党主力作战。不仅构建起更加丰富、完整的游击战争战术体系,将游击战争上升到战略层面,而且牢牢坚持中共在统一战线中必须坚持"独立自主"这一重要原则。历史证明:游击战争是在抗日战争时期发挥人民军队政治优势和军事优势的最好的作战形式,是克敌制胜的法宝。敌后游击战争撑起了中国抗战的"半壁江山",并为抗战胜利后进一步发展奠定了稳固的基础。

(五)共产党是否"游而不击"

1.案例呈现

中共"游而不击"的谣言,始于第十八集团军独立第一师杨成武部骑兵连叛变的原党支部书记李法卿。他歪曲事实,指称中共领导人曾召集部下训话:"中日战争为本党发展之绝好机会,我们的决策是七分发展,二分应付(国民党),一分抗日。"1940年,时任国民党中央政府革命军事委员会总政治部部长的陈诚在韶关演讲中也大肆宣扬"八路军游而不击,延安无一伤兵就是证据"等语。这些缺乏事实佐证的片面之词,立即被国民党用来作为反共宣传的材料。蒋介石授意何应钦、白崇禧等散布谣言,污蔑八路军、新四军领导的游击武装,既"不守战区范围自由行动",又"不遵编制数量自由扩充",中共军队"不打敌人专事并吞友军"。皖南事变中,国民党再三无端指责"所谓八路军与新四军均抗而不战,游而不击"。国民党不遗余力地制造和散布中共"游而不击"的谣言,企图将中共游击战略与敌后根据地的实际情况割裂开来,进而贬低中共在抗战中的贡献,以达到其限制、取消中共和中共领导的人民军队的企图。

(资料来源:王刘伟:《抗战时期中共对"游而不击"谣言的应对》,《党的文献》2020年第4期。)

有太多的材料证明,中共的抗战态度始终是积极和坚决的。1938年5月,毛泽东在《抗日游击战争的战略问题》一文中就提出:"不游不击,或游而不击的态度,是要不得的。"此后,一些中共地方组织也强调:"必须积极的对敌斗争",游击队"应积极主动的向外活动(反对缩在山沟中,不游不击,或游而不击)","不能以积蓄力量为借口,而不打仗,或少打仗,怕牺牲等等"。……

对中共的这种决心,甚至连国民党军令部部长徐永昌都在日记里承认:"全国对抗战心口如一,第八路军的人第一……其余类多口是心非。"日本人亦曾指出:"……就中共的信念而言,他们是要一直战斗到日军完全从中国撤退为止的。"……"考查大东亚战争和抗日阵线的关系时,所不能忘却或略过,是中共政权在中国民众抗日意识的源泉点上,中共政权在重庆的上位","如果有人以为只要和重庆能够谈判成功,就可以解决中国事变,那是很大的错误。根据我们的见解,真正的抗日势力,始终一贯的是中国共产党"。……

日军华北方面军司令部1943年度综合战报说:"敌大半为中共军,与蒋军相反,在本年交战一万五千次中,和中共的作战占七成五。在交战的二百万敌军中,半数以上也都是中共军。在我方所收容的十九万九千具敌遗尸中,中共军也占半数。但与此相比较,在我所收容的七万四千俘虏中,中共军所占的比率则只有一成五。这一方面暴露了重庆军的劣弱性,同时也说明了中共军交战意识的昂扬……因此,华北皇军今后的任务是更增加其重要性了。只有对于为华北致命伤的中共军的绝灭作战,才是华北皇军今后的重要使命。"

1944 年 7 月,由 21 名中外记者组成的西北参观团访问延安。美国合众社记者哈里森·福尔曼说:过去有人告诉我们,八路军不打仗,现在我们亲眼看到八路军是作战的;过去有人同我们讲八路军没有伤兵,现在我们看到了八路军是有伤兵的。

(资料来源:卢毅:《中共在抗战中"游而不击"说驳议》,《北京行政学院学报》2015 年第 5 期。)

2.案例指向

本案例指向教材第六章第四节第二目"敌后战场的开辟与游击战争的发展"和第三目"坚持抗战、团结、进步的方针"的内容。通过分析"游而不击"谣言怎样形成,以及中共如何有理有据进行批驳,引导学生了解抗战时期中国共产党不仅始终坚持抗日民族统一战线,而且抗战态度是最积极、最坚决的,从而加深学生对中国共产党在抗日战争中发挥中流砥柱作用的认识。

3.案例解析

全面抗战时期,国民党严密管控国内舆论,强化对中共政治隔离和新闻封锁,以达到贬低以至抹杀中共和中共领导的人民军队抗战贡献的企图。国民党指责中共将士在抗日战场"游而不击,消极抗日",污蔑中共"七分发展,二分应付,一分抗日",妄图通过抹黑共产党在抗日敌后战场的巨大贡献,给中共冠以"消极抗日"之污名。而有确凿的证据证实,在抗日战争期间,中国共产党的抗战态度是最积极、最坚决的,中国共产党是抗日战争中当之无愧的中流砥柱。

以史为镜,酌古斟今。重温抗日战争这段历史,不仅能帮助人们树立正确的历史观,全面认识和充分了解无数共产党人为实现国家独立、民族振兴作出的努力与牺牲,而且对今天讲好中国革命故事、多维度构建起中国负责任大国的国际形象也有重要意义。

第一，中国共产党在抗日战争时期中流砥柱的作用是抗战胜利的关键，"游而不击"是国民党为否认中国共产党在抗战期间的突出贡献而编造的不实之词。中共不仅是抗日民族统一战线的积极倡导者和坚强领导者，更在敌后大量牵制和消耗日军兵力。可以举出无可辩驳的事实为证，中共在全面抗战期间共作战 12.5 万余次，歼灭日伪军 171.4 万余人，自身伤亡 61 万余人。中国共产党的军队在敌后配合国民党正面战场，有效地迟滞了日军进攻势头。但国民党对中共形象的诋毁，导致国际社会对中国共产党的"刻板印象"，给中共声誉带来损失。中共当时就开始重视对外宣传和政党形象的塑造，在延安通过建立外宣机构、创办红色刊物、邀请中外记者参观团等一系列行动冲破国民党舆论封锁，让国内外人民看到了中共的真实形象，扩大了中共的政治影响力。

第二，抗日战争期间，中国共产党采取游击战争的战略战术不仅是正确的，更是必要的。毛泽东明确指出："我们的战争不是也不能是其他样式的战争，它必须在承认敌强我弱、敌大我小的条件下，充分地利用敌之劣点与我之优点，充分地依靠人民群众的力量，以求得生存、胜利和发展。"①另外，中国的自然地理条件决定了广泛地开展敌后抗战主要采取运动战和游击战，而不是阵地战。而成功发动游击战争的关键是紧紧依靠人民群众。毛泽东将游击战争上升到战略层面，以人民群众为后备力量，依托各地特点开展广泛的武装斗争，具有高度灵活性、主动性，是取得抗战胜利的重要因素之一。通过游击战争，中共不仅建立起广阔的敌后根据地，与人民群众建立深厚的"军民鱼水情"，为抗战胜利奠定群众和组织基础，更直接牵制和打击日军进攻势头，给日军带来极大困扰。随着抗战的纵深推进，日军作战的主要对象也从以国民党军队为对手，转为重视中共领导的武装力量。

第三，当今美国等西方国家不遗余力地对我国进行思想渗透，妄图以意识形态领域为突破口，实现"颜色革命""和平演变"。在此背景下，西方国家某些人重拾抗日战争时期所谓中共"游而不击"的陈词滥调大做文章，企图从根本上否认中国共产党在抗战中发挥的中流砥柱作用，借此达

———————————

① 《毛泽东选集》第 3 卷，人民出版社 1991 年版，第 982 页。

到丑化中国共产党国际形象的目的。有鉴于此,新时期我们更应牢牢掌握意识形态话语权,坚决反对抗日战争史领域的历史虚无主义,向世人展现中国共产党历史上的伟大贡献,并构建中国负责任大国的形象。

(六)中国远征军血战滇缅

1.案例呈现

抗日战争爆发后,除了本土战场外,中国政府还派兵远赴印缅与日军作战。派兵的直接原因是保护中国与外界的重要交通线——滇缅公路。……1938年春滇缅公路开始修建,12月通车。滇缅公路与缅甸的中央铁路连接,直接贯通仰光港。……抗战初期,几百万中国军队所需要的武器装备,以及维持经济运转所需要的各种物资,都依赖这条生命线运进中国大后方。1941年11月,经滇缅运往中国的战争物资月运输量已达1.5万余吨。这不仅在物质上而且在心理上对于中国军民坚持抗战均具有重大影响。保证这条交通线的安全对中国而言有着重要的战略意义;而对于日军来说,切断这条交通线,同样有着重要的战略意义。……

1941年12月,太平洋战争爆发后,日军投入3个师团兵力分三路进攻缅甸。日军此举目的之一在于切断滇缅路,断绝外界援华物资的运输;目的之二则是要通过占领具有重要战略意义的缅甸,越过同盟国在亚洲大陆的南翼屏障,一方面进逼中国西南后方,另一方面可向西进攻印度,与德军会合于中东。当时,驻扎在缅甸的英军只有两个师团,面对日军的强力攻势根本无力阻挡。……

1942年2月,由第一路司令长官罗卓英率领的中国远征军第5军、第6军和第66军进入缅甸。……远征军在入缅之后还承担了缅甸防御的主要作战任务,经过几场著名的战役之后,远征军成为缅甸战场抗击日军的主力。1942年3月20日,在同古保卫战中,中国远征军用集束手榴弹、汽油瓶对付日军坦克,与几倍于己的强敌浴血拼杀,战况惨烈。此役前后历时12天。最后虽以远征军的撤退结束,但第200师孤军奋战,予敌人沉重打击。日军惊呼这是南进以来第一次受挫,"是缅甸战役中最艰苦的一战"。同古之战的结果,就是以近3000名中国将士的生命,为英军撤退赢得了时间!

同古战役之后,1942 年 4 月 16 日,中国远征军新 38 师奉命援救被日军包围于仁安羌的英第 1 集团军。经过两天奋战,中国军队击溃了日军主力,救出包括英军司令亚历山大在内的 7000 多名英军官兵。仁安羌战役引起英国举国上下一片轰动。它是盟军公认的缅甸保卫战中所取得的重大胜利,孙立人将军及其新 38 师也因之而威名远扬。4 月底,因英军撤退,日军迂回至中国远征军后方,切断其后路,并占领了怒江以西的中国云南省地区。远征军被困在缅甸境内腹背受敌,无奈之下被迫突围。此后,中国军队分割为数股,辗转于深山野林,几经周折,部队主力撤回国内,一部退入印度。在撤退途中,第 200 师师长戴安澜、第 96 师副师长胡以宾英勇殉国。……第 5 军选择从野人山热带丛林撤退,而新 38 师师长孙立人没有执行杜聿明的命令,而是率部突围,安全撤至印度,保存了实力。第 5 军 15000 人进入野人山,最后走出来到达印度的只有三四千。途中除了日军的围追堵截之外,热带丛林中的蚂蟥、蚊虫、传染病的侵袭是造成远征军将士葬身他乡的主要原因。此次远征,中国远征军由 10 万人锐减到 4 万人,在撤退途中非战死亡的人数远远超过了战场上阵亡的人数。……

从 1942 年下半年起,中、英、美之间便开始商讨反攻缅甸计划。……第一次入缅作战失败之后,中国远征军分两路分别退守云南和印度。……经过几次扩充,中国驻印军成为拥有 2 个军、5 个师和总指挥部直属部队,且配有美械装备的 10 余万大军。……

1943 年夏,从缅甸转战至印度的中国远征军一部在美国空军及工兵的协助下,开始反攻缅北。接任史迪威担任印缅战区美军司令及中国驻印军总指挥的苏尔登将军后来回忆说:"在此区作战的华军对盟方战役的整个成就贡献至伟,击毙大部分日军者,皆因中国地面部队之功也。"

从中国远征军 1942 年初参加缅甸防御战,到 1945 年初中国驻印军反攻作战胜利,在长达 3 年多的时间里,中国先后出动了 40 万大军在滇缅战场上与美英盟军并肩作战,并取得了最后的胜利。

(资料来源:杜聿明、郑洞国等《古来征战几人回:亲历滇缅抗战》,团结出版社 2011 年版,前言第 2~10 页。)

2.案例指向

本案例指向教材第六章第五节第二目"中国人民抗日战争在世界反法西斯战争中的地位"的内容。通过分析中国远征军血战滇缅,引导学生认识中国人民抗日战争是世界反法西斯战争的东方主战场,中国军民对世界反法西斯战争的胜利作出了不可磨灭的历史贡献。

3.案例解析

滇缅公路是中国与外界沟通的重要交通线。出于保护这条重要交通线畅通的战略需要和配合英、美等盟军作战,1942年2月中国远征军第一次入缅作战,但以失败告终。此后,中国远征军分别退守云南和印度,并组建中国驻印军。1943年夏,入缅作战第二阶段战役拉开大幕,中国驻印军反攻缅北取得胜利。本案例还原了从1942年初中国远征军参加缅甸防御战,到1945年初中国驻印军反攻作战胜利的历史史实,向世人昭示中国抗日战争在世界反法西斯战争全局的重要地位,以及中国军民为此作出的不可磨灭的历史贡献。

滇缅战役是中国抗日战争时期中国军队远赴国外作战的唯一战例,也是中国军队与英美盟军联合作战的首次战例,是为中国抗日战争及世界反法西斯战争的重要组成部分。在中国人民抗日战争暨世界反法西斯战争胜利近80年后的今天,重温滇缅战役的历史,有益于全面深化对抗日战争的认识。

第一,中国远征军在滇缅战场抗击日军,是中国抗日战争不可分割的重要组成部分。中国远征军是滇缅战场抗击日军的主力,在长达3年多的时间里,中国先后出动了40万大军在滇缅战场上与英美盟军并肩作战,抗击日军,并取得了最后的胜利。中国军人的顽强抵抗,粉碎了日军妄想切断盟国援华交通要道的图谋,保卫了中国的西南大后方。滇缅战场上对日军兵力的牵制和消耗,一定程度上分担了中国抗日主战场日军的进攻压力,是对全国抗战的有力支援。在之后中国驻印军发起的缅北反攻战和驻守云南的远征军发动的滇西反攻战,对日军造成南北双线夹击之势,歼灭了日军进攻滇缅的有生力量。滇缅抗战是中国抗日战争不可或缺的一部分,对中国人民抗日战争取得最后胜利具有重要战略意义。

第二,从世界反法西斯战争的角度来看,中国远征军对日作战的滇缅战场是东方主战场之一。毛泽东指出：“伟大的中国抗战，不但是中国的事，东方的事，也是世界的事。”“我们的敌人是世界性的敌人，中国的抗战是世界性的抗战。”①中国派远征军在中印缅战场上与美英盟军协同作战，保卫了印度、收复了缅甸，争得了亚洲—太平洋战场的主动权，并对盟军在太平洋战场上的反攻发挥了战略配合作用。从这一维度观察，滇缅抗战牵制了日本法西斯出兵苏联的脚步，削弱了日军对太平洋战区的进攻，为北非地中海战场、苏德战场、西欧战场等提供巨大支援。对于中国抗日战争的世界意义，美国总统罗斯福给予高度评价：“假如没有中国，假如中国被打垮了，你想一想有多少师团的日本兵可以因此调到其他方面来作战？他们可以马上打下澳洲，打下印度……和德国配合起来，举行一个广大规模的夹攻，在近东会师，把俄国完全隔离起来，吞并埃及，切断通过地中海的一切交通线。”②

中国抗日战争成为世界东方抗击日本法西斯的主战场，对世界反法西斯战争取得全面胜利作出举世瞩目的贡献。正如习近平总书记在出席全民族抗战爆发77周年纪念活动讲话中所指出的：“伟大的中国人民抗日战争，开辟了世界反法西斯战争的东方主战场，为挽救民族危亡、实现民族独立和人民解放，为争取世界和平的伟大事业，作出了彪炳史册的贡献。”③

第三，中国人民抗日战争既是中国近现代历史上的重大事件，也是20世纪人类历史上的重大事件。但由于西方主流媒体长期主导着国际话语权，中国人民英勇抗击日本的行动和贡献没有得到国际社会应有的评价和重视，在国际二战史学界的论著中基本上忽略或弱化中国抗日战争在第二次世界大战中牵制日军的重要作用，这与战时美、英、苏等反法西斯国家公认中国是反法西斯四大国的地位形成了强烈的反差。近年来，随着中美等二战盟国及日本方面发掘的滇缅战役新史料陆续面世，特别是中国国际地位的提升，中国抗日战争的世界意义在国际上引起了广泛关注，西方学者对中国抗日战争的地位和作用有了诸多新认识。其中具

---

① 《毛泽东文集》第 2 卷，人民出版社 1993 年版，第 145～146 页。

② 伊利奥·罗斯福：《罗斯福见闻秘录》，新群出版社 1947 年版，第 49 页。

③ 习近平：《在纪念全民族抗战爆发七十七周年仪式上的讲话》，《人民日报》2014 年 7月 8 日第 2 版。

有典型意义的滇缅血战雄辩地证明,中国人民抗日战争是世界反法西斯战争的东方主战场,中国人民抗日战争是世界反法西斯战争中开始最早、持续时间最长、规模巨大的战争,中国的持久抗战打乱了德、日、意法西斯的全球侵略计划,迫使日本放弃"北进"侵略的图谋,遏制和迟滞了日本"南进"的步伐,为同盟国确保世界反法西斯战争的胜利奠定了坚实基础。

四、延伸阅读

1. 胡德坤、韩永利:《中国抗战与世界反法西斯战争》,社会科学文献出版社 2005 年版。

2.阿瑟·N.杨格:《抗战外援》,李雯雯、于杰译,四川人民出版社 2019 年版。

3. 何建明:《南京大屠杀全纪实》,江苏凤凰教育出版社 2014 年版。

4.袁秋白、杨瑰珍编译:《罪恶的自供状——新中国对日本战犯的历史审判》,作家出版社 2001 年版。

5.易劳逸:《毁灭的种子——战争与革命中的国民党中国(1937—1949)》,王建朗、王贤知、贾维译,江苏人民出版社 2009 年版。

五、拓展研学

1.课堂教学:结合专题讲授,组织学生观看纪录片《百年中国》中《南京大屠杀》《淞沪会战》等相关影像资料,增强学生对这段历史的了解和学习兴趣。组织"抗日战争国共谁的贡献大?"辩论赛,让学生通过辩论的形式加深中国共产党在抗日战争的中流砥柱的理解和认识。

2.实践教学:组织学生结合抗日战争中日军暴行和当下正在进行中的战争如俄乌战事、巴以冲突中无辜平民大量伤亡等案例,从日本军国主义的侵略本质、战争危害与和平珍贵等方面,搜集相关文献、时事报道,深入研究,撰写研学报告,从而增强珍惜和平、警惕战争的认识。

第七章 为建立新中国而奋斗

一、教学主要目标

了解抗日战争胜利后的时局及其对中国历史发展的影响，认识两个命运、两个前途的决定胜负的斗争是这一时期中国历史的基本内容。

了解国民党政权发动全面内战的反动本质及其面临的全面统治危机，认识这一政权遭到广大人民反对并迅速走向崩溃的根本原因。

认识第一条战线形成和发展的重要意义，了解"第三条道路"幻灭的历史必然性。

了解中国新民主主义革命胜利的基本经验，进一步认识"没有共产党就没有新中国"是中国人民基于自己的切身体验所确认的客观真理、中国共产党的领导是历史和人民的必然选择。

二、教学重难点

为什么说抗战胜利后存在两个中国之命运？引导学生分析中国共产党如何领导人民推翻国民党反动统治，取得新民主主义的胜利，建立新中国。

理解中国新民主主义革命胜利的基本经验，认识资产阶级的民主主义让位给工人阶级的人民民主主义、资产阶级共和国让位给人民共和国的历史必然性。

三、教学案例

(一)"弥天大勇"赴渝州、文韬武略赢民心——重庆谈判

1.案例呈现

我去重庆的问题,昨晚政治局七位同志同若飞同志商谈,决定答复魏德迈的电报,去。这样,我们可以取得全部主动权。去重庆,要充分估计到蒋介石逼我作城下之盟的可能性,但签字之手在我。谈判自然必须作一定的让步,只有在不伤害双方根本利益的条件下才能达到妥协。我们准备让步的第一批地区是广东至河南的根据地,第二批是江南的根据地,第三批是江北的根据地……如果这些条件还不行,那末城下就不盟,我准备坐班房。我们党的历史上除何鸣事件外,还没有随便缴枪的事,所以绝不要怕。如果是软禁,那也不用怕,我正是要在那里办点事。现在苏联红军不入关,美国军队不登陆,形式上是中国自己解决问题,实际上是三国过问,三国都不愿中国打内战,国际压力是不利于蒋介石独裁统治的……党的领导中心还在延安,党内也不会有什么扰乱,将来还可能有更多一些同志到外面去,只要有里面的中心,外面的中心也就能保得住。延安不要轻易搬家。

……蒋介石是共产党的敌人,但我们又不得不和他搭伙。

由于有我们的力量、全国的人心、蒋介石自己的困难和外国的干预四个条件,这次去重庆是可以解决一些问题的。

(资料来源:中共中央文献研究室、中央档案馆编:《建党以来重要文献选编(1921—1949)》第22册,中央文献出版社2011年版,第661~662页。)

这一协定奠定了和平建国基础,并为全国人民争取了许多民主权利(当然还只是写在纸上的东西),取得了我党和国民党平等的地位,这些都是此次谈判的重要成就。但有下列各点望加注意:

(一)和平基本方针虽已奠定,但暂时许多局部的大规模的军事冲突

仍不可避免……我方必须提起充分注意,战胜这些进攻,绝对不可松懈。

(二)由于上述原因,解放区问题未能在此次谈判中解决……这个极端重要的问题不解决,全部和平建国的局面即不能出现。

(三)解放区军队一枪一弹均必须保持,这是确定不移的原则。……

(四)为表示让步,取得全国同情起见,我方答应退出浙东、苏南、豫、鄂等八地,这是因为在和平局面下这些地区不可能保持。

(资料来源:中共中央文献研究室、中央档案馆编:《建党以来重要文献选编(1921—1949)》第 22 册,中央文献出版社 2011 年版,第 727～728 页。)

2.案例指向

本案例指向教材第七章第一节第一目"中国共产党争取和平民主的斗争"的内容。通过分析毛泽东赴重庆谈判,帮助学生理解抗战胜利后,中国所面临的复杂的时局与多种力量为中国向何处去所展开的较量,认识中国共产党为争取和平民主所做的努力。

3.案例解析

抗战胜利后,中国向何处去? 吸引了全中国乃至世界的目光。

(1)路口:两个前途、两个命运

抗战胜利前夜,在中国人民面前摆着两条路,光明的路和黑暗的路。有两种中国之命运,光明的中国之命运和黑暗的中国之命运。光明的中国是一个独立、自由、民主、统一、富强的中国,中国人民得到解放的新中国;黑暗的中国是一个半殖民地半封建的、分裂的、贫弱的中国,一个老中国。"我们这次大会是关系全中国四亿五千万人民命运的一次大会。中国之命运有两种:一种是有人已经写了书的;我们这个大会是代表另一种中国之命运,我们也要写一本书出来。"[1]

"有人已经写了"的那本书是指 1943 年 3 月由陶希圣执笔、蒋中正署名出版的《中国之命运》,书中说:共产主义是苏俄思想的抄袭和附会,不切于国计民生,三民主义是国家的灵魂,中国的命运完全寄托于中国国民党。没有国民党,就没有中国。[2] 该书反对共产主义和自由主义,诬蔑共产党、

---

[1] 中共中央文献研究室、中央档案馆编:《建党以来重要文献选编(1921—1949)》第 22 册,中央文献出版社 2011 年版,第 127～128 页。

[2] 蒋中正:《中国之命运》,重庆正中书局 1943 年版,第 72～73、205～206 页。

八路军、新四军为"新式军阀""新式割据",暗示两年内要解决共产党。①

毛泽东"要写"的那本书就是《论联合政府》,这是共产党人对战后中国的设想:"为着反对民族压迫和封建压迫,为着使中国人民脱离殖民地、半殖民地、半封建的悲惨命运,和建立一个在无产阶级领导下的以农民解放为主要内容的新民主主义性质的,亦即孙中山先生革命三民主义性质的独立、自由、民主、统一和富强的中国而奋斗"②,即废除国民党一党专政,建立联合政府,使中国走向"光明的中国"。

1945 年 5 月 5—21 日,中国国民党第六次全国代表大会在重庆召开,提出战后政治目标是在确保国民党法统的前提下,实施宪政。蒋介石叫嚣:"今天的中心工作,在于消灭共产党! 日本是我们外部的敌人,中共是我们国内的敌人,只有消灭中共,才能达成我们的任务。"③

抗战胜利后,国家重建的艰巨任务摆在全国人民面前。历经苦难,人民能否迎来休养生息的和平生活,事关中国不同政治势力和广大民众的切身利益。

1945 年 8 月 15 日《中国民主同盟在抗战胜利声中的紧急呼吁》:"我们坚决的要求民主,一切反民主的都是我们所不赞成的……我们要求一个完整的国家,凡一切可以制造分裂或引起内战的姿态和措施,也是我们要坚决的排除的。"提出"民主统一,和平建国"的口号,要求建立"一个举国一致的民主政府"④。

中国共产党深知全国人民渴望和平、民主的愿望,8 月 22 日,中共中央决定"在和平、民主、团结三大口号下准备和国民党谈判,争取有利于我党及人民的条件"。25 日,中共中央指出,我们的重大任务是"在和平民主团结的基础上,实现全国的统一,建设独立自由与富强的新中国"⑤。

---

① 中共中央文献研究室编:《毛泽东年谱(1893—1949)》中卷,中央文献出版社 2002 年版,第 428 页。

② 中共中央文献研究室、中央档案馆编:《建党以来重要文献选编(1921—1949)》第 22 册,中央文献出版社 2011 年版,第 157 页。

③ 《关键抉择》,《重庆日报》2023 年 12 月 28 日第 13 版。

④ 中共重庆市委党史研究室编:《重庆谈判纪实》,重庆出版社 2016 年版,第 152 页。

⑤ 中共中央文献研究室、中央档案馆编:《建党以来重要文献选编(1921—1949)》第 22 册,中央文献出版社 2011 年版,第 645、655 页。

为掌握政治话语权,蒋介石发动宣传攻势,于 1945 年 8 月 14 日、20 日和 24 日发电报邀请毛泽东前去重庆,欲将"破坏统一之责"①转嫁给中共。28 日,毛泽东"弥天大勇"赴重庆②,"使我们过去所听到的对中国共产党的一切诬词和误解,完全粉碎了"③。蒋介石的盘算与诡计落空,共产党化被动为主动,在全国人民面前树立起和平、民主的良好形象,赢得了民众的支持和尊重。

重庆谈判期间,毛泽东会晤了国民党军政要员及国民党左派,会见了中国民主同盟负责人以及社会各界知名人士,多次与工商、文化、妇女、新闻各界代表座谈,听取并交流意见。在渝期间,还会见苏联、美国、英国等国的驻华使节,接见美国驻华第十四航空队总部的士兵。这些统一战线工作,使中国共产党争取和平、民主的立场及主张得到各民主党派、各界爱国人士、国外友好人士的普遍同情和支持。

(2)文韬武略:谈判桌上的较量

重庆谈判是国民党蒋介石对中国共产党力量的公开承认。

中共七大召开时,中国共产党党员人数 121 万,"我们党在国内政治生活中所处的地位,已经不是一九二七年时候的情况了,也不是一九三七年时候的情况了。国民党从来不肯承认共产党的平等地位,现在也只好承认了"④。

全面抗战期间,共产党领导抗日军民在华北、华中和华南 19 省建立了 19 个解放区,包围着侵华日军的 69%(不包括东北四省)和伪军的95%。⑤ "解放区有一万万人民、一百万军队、两百万民兵,这个力量,任

---

① 公安部档案馆编注:《在蒋介石身边八年——侍从室高级幕僚唐纵日记》,群众出版社 1991 年版,第 688 页。

② 中共重庆市委党史研究室等编:《重庆谈判纪实》,重庆出版社 2016 年版,第 77 页。

③ 中共重庆市委党史研究室等编:《重庆谈判纪实》,重庆出版社 2016 年版,第 84 页。

④ 中共中央文献研究室、中央档案馆编:《建党以来重要文献选编(1921—1949)》第 22 册,中央文献出版社 2011 年版,第 745~746 页。

⑤ 中共中央文献研究室、中央档案馆编:《建党以来重要文献选编(1921—1949)》第 22 册,中央文献出版社 2011 年版,第 632 页。

何人也不敢小视……我们解放区的工作,已经影响到全中国、全世界了。"①

　　豫湘桂大溃败后,国民党军队主要集中在西南、西北,无法迅速到达敌后占领城市和交通要道,蒋介石邀请毛泽东赴重庆谈判,就是"以拖延时间,缓和国际视线,俾国军抓紧时机,迅速收复沦陷区中心城市"②。《杜鲁门回忆录》说:"由于共产党人占领了铁路线中间的地方,蒋介石要想占领东北和中南就不可能。事情是很清楚地摆在我们面前,假如我们让日本人立即放下他们的武器,并且向海边开去,那末整个中国就会被共产党人拿过去。因此我们就必须采取异乎寻常的步骤,利用敌人来做守备队……等到蒋介石的军队一到,日本军队便向他们投降,并开进海港,我们便将他们送回日本。这种利用日本军队阻止共产党人的办法是国防部和国务院的联合决定而经我批准的。"③

　　重庆谈判是争取最高目标和守住根本原则的非对等性谈判。

　　中共代表团抵达重庆时,国民党未有谈判方案。蒋介石"对毛泽东来渝的方针":"政治与军事应整个解决,但对政治之要求予以极度之宽容,而对军事则严格之统一不稍迁就。"④8月29日,与毛泽东第一次正式会谈时,蒋介石提出三项原则:"一、所有问题整个解决;二、一切问题之解决,均须不违背政令军令之统一;三、政府之改组,不得超越现有法统之外。"⑤其实质就是要维护国民党的"法统"与一党专政。据此,国民党谈判代表对中共十一项提要⑥中的和平建国、承认党派合法平等、结束党

---

① 中共中央文献研究室、中央档案馆编:《建党以来重要文献选编(1921—1949)》第22册,中央文献出版社2011年版,第745～746页。
② 中共中央文献研究室编:《毛泽东年谱(1893—1949)》下卷,中央文献出版社2002年版,第28页。
③ 《杜鲁门回忆录》第2卷,世界知识出版社1965年版,第71页。
④ 中共重庆市委党史研究室等编:《重庆谈判纪实》,重庆出版社2016年版,第285页。《蒋介石日记》,1945年8月28、29日。
⑤ 中共中央文献研究室编:《毛泽东年谱(1893—1949)》下卷,中央文献出版社2002年版,第17页。
⑥ 中共中央文献研究室、中央档案馆编:《建党以来重要文献选编(1921—1949)》第22册,中央文献出版社2011年版,第667～668页。

治、召开政治协商会议等项表示基本同意,而对解放区和军队问题予以坚决否定,谈判陷入僵局。

谈判久拖不决,引起社会各界不满,苏、美也对谈判施加影响[①],国民党倍感压力。重开谈判后,毛泽东在答路透社记者提问时表示:"在实现全国和平、民主、团结的条件下,中共准备作重要的让步,包括缩减解放区的军队在内。"[②]这粉碎了国民党控制的宣传机关有关共产党就是要地盘、争枪杆子不肯让步,谈判才无法取得进展的谣言,击破国民党的内战阴谋,取得国内外广大中间分子的同情。共产党在不损害人民基本利益的情况下,主动让出了八个解放区,同意军队整编员额仅为国民党军的七分之一,用这些让步换得全国人民需要的和平和民主。[③]

中共代表团灵活应变、善于斗争、求同存异的政治智慧,推动了《国民政府与中共代表会谈纪要》(即"双十协定")[④]的签署与正式公布。"这个会谈纪要,第一个好处是采取平等的方式双方正式签订,这是历史上没有过的。第二,有成议的六条,都是有益于中国人民的。"[⑤]谈判的收获是国民党承认了和平团结的方针和人民的某些民主权利,承认了避免内战,两党和平合作建设新中国。如此,"国民党再发动内战,他们就在全国和全世界面前输了理,我们就更有理由采取自卫战争,粉碎他们的进攻"。[⑥]

重庆谈判是坚守底线思维、坚守人民根本利益的谈判。

在抗战胜利后极其复杂的斗争中,中国共产党对蒋介石"下山"抢夺

---

① 中共中央文献研究室、中央档案馆编:《建党以来重要文献选编(1921—1949)》第22册,中央文献出版社2011年版,第696页。

② 《毛泽东文集》第4卷,人民出版社1993年版,第25页。

③ 中共中央文献研究室、中央档案馆编:《建党以来重要文献选编(1921—1949)》第22册,中央文献出版社2011年版,第702、747~748页。

④ 中共中央文献研究室、中央档案馆编:《建党以来重要文献选编(1921—1949)》第22册,中央文献出版社2011年版,第728~732页。

⑤ 中共中央文献研究室编:《毛泽东年谱(1893—1949)》下卷,中央文献出版社2002年版,第34页。

⑥ 中共中央文献研究室、中央档案馆编:《建党以来重要文献选编(1921—1949)》第22册,中央文献出版社2011年版,第745~747页。

胜利成果,采取了"针锋相对、寸土必争"方针。① 同时,对战后国际形势和国内现实的力量对比有深刻的认识,虽然深知蒋介石是共产党的敌人,是靠不住的,是骗人的,要同他谈判出什么结果是不可能的。但"事情还有另外一个方面,还有许多因素,使得蒋介石还不能不有很多顾忌"②。重庆谈判是为了击破国民党的内战阴谋,取得政治上的主动地位和国际舆论与国内中间派的同情,换得我党的合法地位和国家的和平局面。在8月23日、26日的政治局会议上,毛泽东明确了我方谈判的底线,预判解放区和军队问题是焦点,对蒋介石"逼我城下之盟的可能",表示"签字之手在我",谈判破裂"城下就不盟,准备坐班房"③。

为争取国内和平,共产党作出很大的让步,但坚守"不损害人民根本利益"的原则底线。军队问题交由另设的军队整编小组专门讨论,蒋介石逼迫共产党交出人民军队的阴谋归于失败;解放区问题事实上是维持现状,留待政治会议解决,蒋介石想通过政治手段消解解放区的企图未能得逞。

为应对可能出现的危局,党中央决定在毛泽东去重庆时,做了周密部署:第一,毛泽东的职务由刘少奇代理;第二,增补陈云、彭真为中央书记处候补书记;第三,毛泽东任中央军委主席,朱德、刘少奇、周恩来、彭德怀任副主席;第四,党的核心还在延安,"不要轻易搬家"。④

为击退国民党的进攻要做好战与和的两手准备,8月25日,几个大战略区主要负责人乘美军观察组飞机回到太行。毛泽东嘱托:"扩大解放区,取得我们在谈判中的有利地位。你们回到前方去,放手打就是了,不要担心我在重庆的安全问题。你们打得越好,我越安全,谈得越好。"9月9日,

---

① 中共中央文献研究室、中央档案馆编:《建党以来重要文献选编(1921—1949)》第22册,中央文献出版社2011年版,第614页。

② 中共中央文献研究室、中央档案馆编:《建党以来重要文献选编(1921—1949)》第22册,中央文献出版社2011年版,第745页。

③ 中共中央文献研究室编:《毛泽东年谱(1893—1949)》下卷,中央文献出版社2002年版,第11、14页。

④ 中共中央文献研究室编:《毛泽东年谱(1893—1949)》下卷,中央文献出版社2002年版,第11~14页。

聂荣臻、萧克、刘澜涛、罗瑞卿搭乘美军飞机自延安返回晋察冀。① 高级将领返回部队驻地,为军事斗争②做好准备。10 月 12 日,历时 33 天的上党战役胜利结束,达到以军事胜利争取和平的目的。

10 月 20 日,周恩来、王若飞继续与国民党就政治协商会议、国民党军队停止进攻解放区等问题进行谈判。

1946 年 1 月 10 日签订《中共代表与国民党政府代表关于停止国内军事冲突的协定》③。同日,政治协商会议开幕式上周恩来对蒋介石的四项诺言表示欢迎。1 月 31 日政协会议闭幕,会议通过《关于军事问题的协议》《关于宪草问题的协议》《和平建国纲领》《关于政府组织问题的协议》《关于国民大会问题的协议》,规定:成立联合政府;在六个月内,政府军队整编为九十个师,中共军队按五比一的比例整编;地方自治,这些地方可以保存人民的武装等项。④ 2 月 25 日,周恩来同张治中、马歇尔签署《关于军队整编及统编中共部队为国军之基本方案》,共产党军队取得同国民党军平等地位,整编为 18 个师。⑤ 2 月 1 日,中共中央提出"从此中国

---

① 中共中央文献研究室编:《毛泽东年谱(1893—1949)》下卷,中央文献出版社 2002 年版,第 13 页。主要负责人有刘伯承、邓小平、陈毅、薄一波、陈赓、萧劲光、李天佑、邓华、陈锡联、陈再道、宋时轮、滕代远、张际春、杨得志、林彪等。

② 中共中央文献研究室编:《周恩来年谱(1898—1949)》,中央文献出版社 1998 年版,第 637 页。蒋介石在与中共谈判的同时调动兵力沿平绥、同蒲、平汉、津浦等铁路线向解放区推进和进攻。到 9 月中旬,共调动了 36 个军、73 个师。其中,阎锡山部 7 个军以主力进占同蒲路沿线,一部进攻上党地区;傅作义部 4 个军夺占归绥等城后沿平绥路东进;胡宗南部 8 个军沿陇海路东进占郑州,一部沿同蒲路北进准备进占石家庄等;孙连仲部 3 个军沿平汉路向新乡推进,准备和胡宗南部会合石家庄;李延年率 3 个军占徐州,准备北上打通津浦路徐州济南段;李品仙 2 个军占蚌埠,准备沿津浦路北进徐州与李延年部会合;余汉谋、薛岳部 3 个军在湘粤边围攻八路军南下支队;刘峙部 4 个军在中原包围新四军第 5 师。

③ 中共中央文献研究室、中央档案馆编:《建党以来重要文献选编(1921—1949)》第 23 册,中央文献出版社 2011 年版,第 25 页。

④ 蒋介石四项诺言:保证人民自由,各政党一律平等,实行地方自治和普选,释放政治犯。中共中央文献研究室编:《周恩来年谱(1898—1949)》,中央文献出版社 1998 年版,第 657 页。

⑤ 中共中央文献研究室编:《周恩来年谱(1898—1949)》,中央文献出版社 1998 年版,第 662~663 页。

即走上了和平民主建设的新阶段"①,随即着手准备军队复员工作。为履行政协协议,中国共产党内部提出各项人选:周恩来、董必武、吴玉章、秦邦宪和何思敬为宪草审议委员;毛泽东、林伯渠、董必武、吴玉章、周恩来、刘少奇、范明枢(如范不能去则提彭真)、张闻天为国民政府委员;以周、林、董、王(若飞)分任行政院副院长、两部长及不管部,并提出将来指导中心移至外边的设想。②

重庆谈判,是中国人民对共产党和国民党的一次历史性选择。

(二)"翻身"——解放区的土地改革

1.案例呈现

解决土地问题的意义有:(一)使农民得解放。……(二)土地问题不解决,经济落后的国家不能增加生产力,不能解决农民的生活痛苦,不能改良土地。……(三)保护革命。……在解决土地问题后即能够解决财政问题及兵士问题。

现在关于解决土地问题的意义可再加三项:(一)废除封建制;(二)发展中国工业;(三)提高文化。

(资料来源:中共中央文献研究室、中央档案馆编:《建党以来重要文献选编(1921—1949)》第4册,中央文献出版社2011年版,第168页。)

"耕者有其田",是把土地从封建剥削者手里转移到农民手里,把封建地主的私有财产变为农民的私有财产,使农民从封建的土地关系中获得解放,从而造成将农业国转变为工业国的可能性。……

农民——这是中国工人的前身。……

农民——这是中国工业市场的主体。……

农民——这是中国军队的来源。士兵就是穿起军服的农民。……

农民——这是现阶段中国民主政治的主要力量。……

---

① 中共中央文献研究室、中央档案馆编:《建党以来重要文献选编(1921—1949)》第23册,中央文献出版社2011年版,第104页。

② 中共中央文献研究室编:《毛泽东年谱(1893—1949)》下卷,中央文献出版社2002年版,第56页。

农民——这是现阶段中国文化运动的主要对象。……

（资料来源：中共中央文献研究室、中央档案馆编：《建党以来重要文献选编（1921—1949）》第22册，中央文献出版社2011年版，第171、173～174页。）

解决土地问题是直接关系到几百万几千万人的问题，就全中国来说，是几万万人的问题。这直接是农民的利益，同时也是全民族的利益，是中国人民最大的最长远的利益，是中国革命的基本任务。只有发动群众，彻底进行土地改革，把党整纯洁，才能战胜蒋介石。我们解放区有一万万五千万人口，蒋管区有三万万多人口，比我们多，但蒋介石那里农民没有翻身，在反对他，在他的脚下安了"磙子"。我们这里农民翻了身，我们脚跟站得更稳了。这样，就将使我们与蒋介石在力量对比上发生根本的变化。他那里有三万万人，但没有人拥护他，还反对他；我们有一万万五千万人，群众自动参军参战，人力、财力、物力是无穷的。晋冀鲁豫那里，刘、邓带走五个纵队，又组织五个开走了，现在又在组织五个，几十万人参军。负担问题也是一样，农民翻了身，生产提高，从前出三斗公粮还嫌重，现在出六斗也愿意。只要一万万五千万人翻身，我们的力量就比蒋介石大，后备力量就比他大得多。晋冀鲁豫现在仅有七百万人彻底翻身，即有那么大的力量，我们今后搞他七千万或两个七千万，力量是不可限量的呀！中央苏区过去只有二百多万人口，几个县的土地改革搞彻底了，支持了多年战争，抵住了蒋介石，直到现在还在那里搞。土地改革搞彻底，群众发动好，力量是无穷尽的。几个县搞好就有那么大的力量，我们搞他三百个、成千个县，农民都起来革命，蒋介石有什么办法？天王老子也没有办法。解放区搞好了，蒋管区群众也要起来。解决力量对比关系，就要实行土地改革。蒋介石靠美国，我们是靠老百姓。但靠老百姓要有两个条件：第一个就是反对地主，平分土地；第二个就是民主，不准许站在人民头上屙屎撒尿。这两个条件我们可以做到，做不到就不像个共产党的样子。实行土地改革是争取爱国自卫战争胜利最基本的一环，有决定意义的一环，我们有信心能做好。

（资料来源：中共中央文献研究室、中央档案馆编：《建党以来重要文献选编（1921—1949）》第24册，中央文献出版社2011年版，第372～373页。）

每一次革命都创造了一些新的词汇。中国革命创造了一整套新的词汇,其中一个重要的词就是"翻身"。它的字面意思是"躺着翻过身来"。对于中国几亿无地和少地的农民来说,这意味着站起来,打碎地主的枷锁,获得土地、牲畜、农具和房屋。但它的意义远不止于此。它还意味着破除迷信,学习科学;意味着扫除文盲,读书识字;意味着不再把妇女视为男人的财产,而建立男女平等关系;意味着废除委派村吏,代之以选举产生的乡村政权机构。总之,它意味着进入一个新世界。

(资料来源:韩丁:《翻身——中国一个村庄的革命纪实》,韩倞等译,北京出版社 1980 年版,扉页。)

2.案例指向

本案例指向教材第七章第二节第二目"解放区的土地改革运动与农民的广泛发动"的内容。通过对解放战争时期解放区土地改革运动的分析,帮助学生认识土地改革运动给中国农村、农民带来的深刻而广泛影响,理解土地制度改革是中国共产党领导农民从根本上摧毁封建制度根基的大变革。

3.案例解析

1946 年 1 月政协会议通过的《和平建国纲领》规定:在全国实行减租减息,以期达到"耕者有其田"之目的[1]。随着国民党撕毁政协协议,不断向解放区发动进攻,形成"关内小打,关外大打"局面,至 5 月"内战已临全面化边缘"[2],在全国实现"耕者有其田"日渐渺茫。

全面内战爆发时,中国共产党领导的解放区主要在农村和一些中小城市,农民占解放区人口的绝大多数,他们渴望获得一块土地休养生息。"在对日反攻后收复的几个新解放区,封建土地占有关系还占据主导地位。……在对日反攻以前解放的老区,虽然经过多年减租减息,大大削弱了封建土地占有关系,但是,它仍然影响着农民的生产情绪和革命积极性的发挥。"[3]

[1] 中共中央文献研究室、中央档案馆编:《建党以来重要文献选编(1921—1949)》第 23 册,中央文献出版社 2011 年版,第 60 页。

[2] 中共中央文献研究室编:《周恩来年谱(1898—1949)》,中央文献出版社 1998 年版,第 685 页。

[3] 杜润生:《中国的土地改革》,当代中国出版社 1996 年版,第 172 页。

　　1946年3月,晋冀鲁豫解放区50％的地区,贫雇农直接从地主手里获得了土地,实现"土地还家""耕者有其三亩田"①。山西、河北、山东、华中各解放区农民,在反奸、清算②、减租、减息斗争中,从地主手中取得土地,实现"耕者有其田"。在群众运动深入的地方,基本解决或正在解决土地问题。③ 随着国民党政府加快部署内战,实行政协协议规定的全国减租减息政策愈发不可能。中共中央决定调整政策,坚决拥护广大群众这种直接实行土地改革的行动,满足解放区农民对土地的迫切要求。

　　1946年5月4日,中共中央召开会议,讨论解决农民的土地问题,提出:"不要害怕普遍地变更解放区的土地关系,不要害怕农民获得大量土地和地主丧失土地,不要害怕消灭农村中的封建剥削,不要害怕地主的叫骂和诬蔑,也不要害怕中间派暂时的不满和动摇。"如果我们能够普遍地彻底地解决土地问题,我们就获得了足以战胜一切敌人的最基本的条件,"如果在一万万几千万人口的解放区内解决了土地问题,即可使解放区人民长期支持斗争不觉疲倦"④。会后发布的《关于土地问题的指示》(即"五四指示")指出:解决解放区的土地问题是我党目前最基本的历史任务,是目前一切工作的最基本的环节。必须以最大的决心和努力,放手发动与领导群众来完成这一历史任务。在广大群众要求下,我党应坚决拥护群众在反奸、清算、减租、减息、退租、退息等斗争中,从地主手中获得土地,实现耕者有其田。⑤ 解放区的土地政策由减租减息转向耕者有其田。

　　随着各解放区自卫战争陆续展开,各级党组织抽调大批干部组成土改工作队,深入农村发动并领导农民进行土地改革。在东北新解放区,陈云明确指出:能否发动农民是东北斗争成败的关键,发动农民的方法是发

① 薄一波:《七十年奋斗与思考》上卷,中共党史出版社1996年版,第397页。

② 清算斗争:清算租息、清算负担、清算抢劫和霸占、清算黑地和挂地、清算劳役及其他剥削方式等。

③ 中共中央文献研究室、中央档案馆编:《建党以来重要文献选编(1921—1949)》第23册,中央文献出版社2011年版,第245～246页。

④ 中共中央文献研究室编:《刘少奇年谱(1898—1969)》下卷,中央文献出版社1996年版,第44页。

⑤ 中共中央文献研究室、中央档案馆编:《建党以来重要文献选编(1921—1949)》第23册,中央文献出版社2011年版,第245～246页。

动反奸清算、减租减息、分粮分地的斗争,并使中央关于土地问题的"五四指示"迅速普遍执行。在农民翻身斗争中,提高农民的觉悟,武装积极的农民,改造村屯政权,使乡村的政权确实掌握在农民手里,并随之建立农会,组织各种各样的人民武装,吸引农民参加战争的各种工作,使东北自卫战争成为广大人民参加的战争。只要广大的农民发动起来了,并积极参加自卫战争,我们就能建立不可战胜的阵地。① 至 1946 年 10 月,东北解放区农民分得土地 2600 万亩,并迎来了大丰收。辽东 10 万农民踊跃参军,在基本地区内肃清了土匪。② 各解放区翻身农民为"保家保田",30万农民参军,300 万~400 万农民参加游击队。③

1947 年夏秋,人民解放战争转入战略进攻阶段。"解决土地问题在政治上、军事上都很需要,实际做的就是打倒蒋介石的工作。"④"五四指示"是过渡性政策⑤,它没有明确提出废除封建土地所有制,没有彻底解决农民的土地问题。1947 年初,各区还有约三分之一的地方,没有执行五四指示实现耕者有其田。已实现耕者有其田的地方,还有没收和分配土地不彻底,引起群众不满意的问题。⑥ 打垮蒋介石的最基本条件是彻底消灭封建势力,取得战争胜利的第一个关键就是分田地,土改搞好了,我们的基础就稳固,就能打垮任何敌人。⑦

1947 年 7 月 17 日至 9 月 13 日中共中央工作委员会在河北省建屏县(今属平山县)西柏坡村召开全国土地会议,总结"五四指示"以来土地改革的经验、教训,确定了彻底平分土地的政策,起草并通过《中国土地法大

① 陈云:《陈云文选》第 1 卷,人民出版社 1995 年版,第 309~310 页。

② 陈云:《陈云文选》第 1 卷,人民出版社 1995 年版,第 349 页。

③ 柳建辉、曹普主编:《中国共产党执政历程(1921—1949)》第 1 卷,人民出版社 2011 年版,第 486 页。

④ 中共中央文献研究室编:《刘少奇年谱(1898—1969)》下卷,中央文献出版社 1996 年版,第 65 页。

⑤ 中共中央文献研究室、中央档案馆编:《建党以来重要文献选编(1921—1949)》第 24册,中央文献出版社 2011 年版,第 364 页。

⑥ 中共中央文献研究室、中央档案馆编:《建党以来重要文献选编(1921—1949)》第 24册,中央文献出版社 2011 年版,第 68 页。

⑦ 中共中央文献研究室编:《朱德年谱(1886—1976)》中,中央文献出版社 2006 年版,第1274~1275 页。

纲》,规定:废除封建性及半封建性剥削的土地制度,实行耕者有其田的土地制度;废除一切地主的土地所有权;按乡村人口平均分配,归各人所有,由政府发给土地证;政府保障人民的民主权利。[①]《中国土地法大纲》的颁行,标志着解放区的土地政策由部分废除封建剥削制度发展为彻底消灭封建剥削制度。

与"五四指示"相比,《中国土地法大纲》最大限度地满足了农民对土地的要求,在解决土地问题上显示出彻底性:以没收地主的土地代替用多种方式从地主手中取得土地的规定;以平分土地的原则代替对几种人予以照顾的政策;用征收富农多余的土地和财产代替一般不变动富农的土地、财产的规定。《中国土地法大纲》推动了各解放区的土地改革运动,到1949年上半年,东北解放区完成了土地制度改革,华北、西北以及华东的山东、苏北的老区、半老区,除一些零散地区外,基本上完成了土地制度改革。在拥有 2.7 亿人口、面积约 230 万平方公里(不包括内蒙古自治区和华南地区)的解放区内,约有 1.51 亿人口(其中,农业人口约 1.25 亿)的地区完成了土地制度改革,大约有 1 亿农民分得 3.75 亿亩土地。

土地制度的改革是中国农村社会的一场大变动,是一场真正意义上的大革命,它改变了中国农村旧的社会结构和权力结构。中国是个农业国,但中国的土地制度极不合理。就一般情况来说,占乡村人口不到10%的地主、富农,占有约 70%～80% 的土地,残酷地剥削农民。而占乡村人口 90% 以上的雇农、贫农、中农及其他人民,却总共只有约 20%～30% 的土地,终年劳动,不得温饱。这种严重情况,是我们民族被侵略、被压迫,穷困及落后的根源,是我们国家民主化、工业化、独立、统一及富强的基本障碍。只有消灭封建性及半封建性剥削的土地制度,实行耕者有其田的制度,才能改变这种情况。[②] 废除地主土地所有制,农民分得土地,经济上翻身,政治和心理上也挣脱了束缚。各解放区的土地改革运动,"是中国历史上最伟大的人民运动,也是我们今天战争能够胜利发展

①　中共中央文献研究室、中央档案馆编:《建党以来重要文献选编(1921—1949)》第 24册,中央文献出版社 2011 年版,第 417～420 页。

②　中共中央文献研究室、中央档案馆编:《建党以来重要文献选编(1921—1949)》第 24册,中央文献出版社 2011 年版,第 416 页。

的基础,是帝国主义和中国国民党反动派所最为惧怕的"①。

　　土地制度的改革是中国新民主主义革命的主要内容。只有废除地主土地所有制,才有彻底的反封建,才有中国的现代化可言。在中国,不存在别的代表农民利益的政党。解放区的土地改革,使农民获得土地、财富和权威,翻身农民认识到中国共产党与其切身利益密切相连,在国共较量中坚定地站到共产党一边,跟着共产党,打倒国民党,这是中国共产党取得胜利的奥秘所在。中国"内战战场的真正分界,是在这样两种不同的地区中间:一种是农民给自己种地,另一种是农民给地主种地",这"不但决定国共两党的前途,而且将决定这个国家的命运"②。土地改革依靠的基本力量是占农村人口70%左右的贫农,但必须团结中农与之结成巩固的统一战线。土地改革的目的是发展农业生产,为变农业国为工业国奠定基础,这是新民主主义革命的最后目的。③

　　土地制度的改革深刻改变并塑造了中国农民。土地改革打破地主、恶霸等在农村的权势,摧毁农村基层社会原有的政治格局和社会秩序,翻身农民在政治上认同和拥护中国共产党,组织起来,支持和参与建立民主政权,使共产党在解放区农村获得深厚的群众基础,使人民解放战争有了巩固的后方。在党的基层组织的领导下,选举出以翻身农民为主体的农会、农民代表会等新的乡村政权体系,承担起征收公粮、动员参军、发展民兵、地方自卫、支前运输等任务。山西崞县农民成立了区游击队和民兵,加强了侦察、情报、岗哨、戒严、除奸等工作,农村面貌一新,贫雇农以主人翁姿态在农村中掌权。④"土地问题解决得好,人民就拥护我们,仗就打得好。全国人口中有百分之八十是农民,其中得到土改利益的占百分之九十以上,这样大的力量,能不打胜仗吗?"⑤

---

① 《任弼时选集》,人民出版社1987年版,第413页。

② 杜润生主编:《中国的土地改革》,当代中国出版社1996年版,第208页。

③ 中共中央文献研究室、中央档案馆编:《建党以来重要文献选编(1921—1949)》第25册,中央文献出版社2011年版,第250～252页。

④ 中共中央文献研究室、中央档案馆编:《建党以来重要文献选编(1921—1949)》第25册,中央文献出版社2011年版,第207页。

⑤ 中共中央文献研究室、中央档案馆编:《建党以来重要文献选编(1921—1949)》第24册,中央文献出版社2011年版,第402页。

　　土地制度的改革激发起农民的阶级觉悟。农民以极大的热情参军参战，支援解放战争。毛泽东指出："我们已经在北方约有一亿六千万人口的地区完成了土地改革，要肯定这个伟大的成绩。我们的解放战争，主要就是靠这一亿六千万人民打胜的。有了土地改革这个胜利，才有了打倒蒋介石的胜利。"①据不完全统计，土地改革后，华北解放区有近百万农民参军，东北解放区共有 160 万人参军。解放区的农民还组织民兵，协助野战军与地方武装牵制、围困和歼灭进攻之敌。解放战争期间，各解放区参战民兵达 228.48 万人次，参加战斗达 11.47 万次，共歼灭国民党军 20.47 万人。②淮海战役期间，苏、鲁、豫、皖、冀五省动员的随军民工约 22 万，二线转运民工 131 万，后方临时民工约 391 万，准备担架 23 万副，大小车 80 万辆，共转运伤员 11 万人，送达前线粮食 5.7 亿斤，弹药物资 330 万吨。民工的战争勤务还包括挖战壕、架电线、抢修交通、清理战场、搬运缴获物资等。③有的支前民工一天只吃一餐，个别的甚至两天吃不上一顿，但他们对自己车上所载的面粉油盐，不肯动用丝毫，悉数送达目的地交给解放军。④平津战役期间，冀中全区抢修公路 3000 余里，组织 203 个担架连，100 个民兵连，备好转运担架 4000 余副，大车 7000 余辆，共 8 万余人。⑤

(三)"新中国从这里走来"——西柏坡精神

1.案例呈现

　　各中央局和分局，由书记负责(自己动手，不要秘书代劳)，每两个月，向中央和中央主席作一次综合报告。……报告文字每次一千字左右为

---

① 中共中央文献研究室编：《建国以来重要文献选编》第 1 册，中央文献出版社 2011 年版，第 223 页。

② 董志凯：《解放战争时期的土地改革》，北京大学出版社 1987 年版，第 280 页。

③ 刘瑞龙：《解放战争中参加华东、中原战场支前后勤工作》，《中共党史资料》第 29 期，第 34、37、38 页。

④ 张震：《英明的预见，正确的战役方针——回忆淮海战役》，《红旗飘飘》第 14 集，中国青年出版社 1960 年版，第 86 页。

⑤ 《八万民工整装出发 三千里公路已修成》，《人民日报》1948 年 12 月 24 日。

限,除特殊情况外,至多不要超过两千字。……这是各中央局、分局书记个人负责向中央和中央主席作的经常性的报告和请示。……

各野战军首长和军区首长,除作战方针必须随时报告和请示,并且照过去规定,每月作一次战绩报告、损耗报告和实力报告外,从今年起,每两个月要作一次政策性的综合报告和请示。

(资料来源:中共中央文献研究室、中央档案馆编:《建党以来重要文献选编(1921—1949)》第25册,中央文献出版社2011年版,第3~4页。)

中国人民的革命战争,现在已经达到了一个转折点。……

这是一个历史的转折点。这是蒋介石的二十年反革命统治由发展到消灭的转折点。这是一百多年以来帝国主义在中国的统治由发展到消灭的转折点。这是一个伟大的事变。这个事变所以带着伟大性,是因为这个事变发生在一个拥有四亿七千五百万人口的国家内,这个事变一经发生,它就将必然地走向全国的胜利。……

没收封建阶级的土地归农民所有,没收蒋介石、宋子文、孔祥熙、陈立夫为首的垄断资本归新民主主义的国家所有,保护民族工商业。这就是新民主主义革命的三大经济纲领。……

新中国的经济构成是:(1)国营经济,这是领导的成分;(2)由个体逐步地向着集体方向发展的农业经济;(3)独立小工商业者的经济和小的、中等的私人资本经济。这些,就是新民主主义的全部国民经济。而新民主主义国民经济的指导方针,必须紧紧地追随着发展生产、繁荣经济、公私兼顾、劳资两利这个总目标。

(资料来源:中共中央文献研究室、中央档案馆编:《建党以来重要文献选编(1921—1949)》第24册,中央文献出版社2011年版,第524、525、533、535页。)

我们的战略方针是打倒国民党,战略任务是军队向前进,生产长一寸,加强纪律性,由游击战争过渡到正规战争……五年左右根本上打倒国民党。……

我们政权的阶级性是这样:无产阶级领导的,以工农联盟为基础,但不是仅仅工农,还有资产阶级民主分子参加的人民民主专政。……我们是人民民主专政,各级政府都要加上"人民"二字,各种政权机关都要加上"人民"二字。……

人民民主专政的国家,是以人民代表会议产生的政府来代表它的。……

关于建立民主集中制的各级人民代表会议制度问题……我们采用民主集中制,而不采用资产阶级议会制。议会制,袁世凯、曹锟都搞过,已经臭了。在中国采取民主集中制是很合适的。

（资料来源:中共中央文献研究室、中央档案馆编《建党以来重要文献选编（1921—1949）》第 25 册,中央文献出版社 2011 年版,第 444～447 页。）

从现在起,开始了由城市到乡村并由城市领导乡村的时期。党的工作重心由乡村移到了城市……党和军队的工作重心必须放在城市,必须用极大的努力去学会管理城市和建设城市。

我们很快就要在全国胜利了……中国的革命是伟大的,但革命以后的路程更长,工作更伟大,更艰苦。这一点现在就必须向党内讲明白,务必使同志们继续地保持谦虚、谨慎、不骄、不躁的作风,务必使同志们继续地保持艰苦奋斗的作风。我们有批评和自我批评这个马克思列宁主义的武器。我们能够去掉不良作风,保持优良作风。我们能够学会我们原来不懂的东西。我们不但善于破坏一个旧世界,我们还将善于建设一个新世界。中国人民不但可以不要向帝国主义者讨乞也能活下去,而且还将活得比帝国主义国家要好些。

（资料来源:中共中央文献研究室、中央档案馆编:《建党以来重要文献选编（1921—1949）》第 26 册,中央文献出版社 2011 年版,第 160、170～171 页。）

2.案例指向

本案例指向教材第七章第四节"建立人民民主专政的新中国"的内容。通过分析党中央在西柏坡推动解放区土地改革、组织指挥三大战役、筹建新中国的历史,帮助学生理解西柏坡精神。

3.案例解析

1973 年 2 月 26 日,周恩来为西柏坡题词:"西柏坡是毛主席和党中央进入北平,解放全中国的最后一个农村指挥所,指挥三大战役在此,开党的七届二中全会在此。"[①]

[①] 《西柏坡——新中国从这里走来》,http://www.xinhuanet.com/zgjx/2010－05/20/c_12123106_3.htm,访问日期:2024 年 4 月 22 日。

1947 年 3 月，中共中央撤出延安，毛泽东、周恩来、任弼时率中央和解放军总部机关留在陕北，指挥全国各战场的对敌作战；刘少奇、朱德等组成中央工作委员会，到华北进行党中央委托的工作；叶剑英、杨尚昆主持的中央后方委员会，转移到晋西北统筹后方工作。同年 7 月中央工委正式进驻西柏坡。1948 年 5 月，毛泽东和中共中央移驻西柏坡，西柏坡自此成为中国革命的领导中心和解放战争时期的指挥中枢。

1947 年 10 月 10 日，《中国人民解放军宣言》提出："成立民主联合政府"，"实行人民民主制度"。[①] 12 月陕北米脂县杨家沟会议上，中共中央制定了夺取全国胜利的行动纲领，宣布组成民族统一战线，成立民主联合政府，"是人民解放军的、也是中国共产党的最基本的政治纲领"[②]。

1948 年，中共中央在纪念五一国际劳动节的口号中提出："召集人民代表大会，成立民主联合政府"[③]，得到社会各界广泛认同。9 月，在西柏坡召开的中共中央政治局会议上，毛泽东论述了新中国政权的性质是"人民民主专政"，指出在人民民主专政国家实行人民代表会议制度和民主集中制的必要性；在阐述新中国经济构成时，强调了"国营经济是领导成分"[④]。这是一次从军事上、政治上、组织上和思想上为新中国做准备的会议。

1949 年 3 月，中共七届二中全会召开，会议提出了党在夺取全国胜利后的政治、经济、外交等方面的方针政策，指出为巩固人民民主专政、使中国稳步地由农业国转变为工业国、把中国建设成一个伟大的社会主义国家，"我党同党外民主人士长期合作的政策，必须在全党思想上和工作上确定下来"。"人民代表会议是人民政权的主要组织制度、组织形式，有整个的代表会的系统，由代表会选出各级政府委员会。这是民主的形式，

---

① 中共中央文献研究室、中央档案馆编：《建党以来重要文献选编（1921—1949）》第 24 册，中央文献出版社 2011 年版，第 423 页。

② 中共中央文献研究室、中央档案馆编：《建党以来重要文献选编（1921—1949）》第 24 册，中央文献出版社 2011 年版，第 535 页。

③ 中共中央文献研究室、中央档案馆编：《建党以来重要文献选编（1921—1949）》第 25 册，中央文献出版社 2011 年版，第 283～284 页。

④ 中共中央文献研究室、中央档案馆编：《建党以来重要文献选编（1921—1949）》第 25 册，中央文献出版社 2011 年版，第 446～450 页。

是由上而下与由下而上相结合的、行政命令与群众运动相结合的一种主要的经常普遍运用的形式。"①

筹建新中国的工作是由中国人民政治协商会议完成的。1949 年 6 月新政协筹备会在北平召开,其主要任务:"完成各项必要的准备工作,迅速召开新的政治协商会议,成立民主联合政府,以便领导全国人民,以最快的速度肃清国民党反动派的残余力量,统一全中国,有系统地和有步骤地在全国范围内进行政治的、经济的、文化的和国防的建设工作。"②新政协设立 6 个小组,分别负责起草共同纲领、组织条例、宣言,拟定政府方案和国旗、国歌及国徽方案。

随着新中国中央政府筹建工作正式展开,1949 年 6 月 30 日,毛泽东发表《论人民民主专政》,公开向全国人民阐明国内各阶级的地位、相互关系和共产党在建国问题上的主张与态度,"总结我们的经验,集中到一点,就是工人阶级(经过共产党)领导的以工农联盟为基础的人民民主专政。这个专政必须和国际革命力量团结一致……这就是我们的主要纲领"③。

西柏坡时期是中国革命重要的历史转折时期,也是中国共产党加强党自身建设的重要时期,形成了伟大的西柏坡精神。

(1)请示报告制度。为了及时反映情况,使中央有可能在事前或事后帮助各地不犯或少犯错误,1948 年 1 月 7 日中共中央发出《关于建立报告制度》的党内指示,要求各中央局和分局、各野战军首长和军区首长,每两个月向中央和中央主席作一次综合报告。全党各级领导机关,必须改正对上级事前不请示、事后不报告的不良习惯,必须同中央发生最密切的联系。④ 3 月 25 日中共中央发布《关于建立报告制度的补充指示》,除重申已规定的报告制度务须严格遵守外,还要求各中央局、分局和前委对向

---

① 中共中央文献研究室、中央档案馆编:《建党以来重要文献选编(1921—1949)》第 26 册,中央文献出版社 2011 年版,第 169、177 页。

② 中共中央文献研究室、中央档案馆编:《建党以来重要文献选编(1921—1949)》第 26 册,中央文献出版社 2011 年版,第 463 页。

③ 中共中央文献研究室、中央档案馆编:《建党以来重要文献选编(1921—1949)》第 26 册,中央文献出版社 2011 年版,第 512 页。

④ 中共中央文献研究室、中央档案馆编:《建党以来重要文献选编(1921—1949)》第 25 册,中央文献出版社 2011 年版,第 3、4 页。

"下级发出的一切有关政策及策略性质的指示及答复",及对下级向它们所作政策及策略性的报告的重要内容,均须同时报告中央;规定中央委员、中央候补委员均有单独向中央或中央主席随时反映情况及陈述意见的义务及权利。① 随着解放战争即将进入战略决战阶段,为保证全党全军所执行的各种政策完全统一及军事计划的完满实施,克服党内军内存在的某些严重的无组织状态或无政府状态,1948 年 9 月中共中央政治局会议通过《中共中央关于各中央局、分局、军区、军委分会及前委会向中央请示报告制度的决议》,对各项工作中何者决定权属于中央,何者必须事前请示中央,并得到中央批准后才能付诸实行,何者必须事后报告中央备审,作出详细而明确的规定。② 请示报告制度有力推进了党的作风建设和纪律建设。

(2)党委制。1948 年 9 月,中共中央作出《关于健全党委制》的决定,提出党委制是保证集体领导、防止个人包办的党的重要制度,要建立健全党委会议制度,一切重要问题均须交委员会讨论、决定。毛泽东总结了十二条党委会工作的方法:党委书记要善于当"班长";要把问题摆到桌面上来;党委各委员之间要相互交流"互通情报";不懂得和不了解的东西要问下级;学会互相配合"弹钢琴";工作要"抓紧";胸中有"数",分析问题要注意数量方面;开会事先通知出"安民告示";开会写文章"精兵简政";注意团结那些和自己意见不同的同志一道工作;戒骄戒傲;划清革命还是反革命的界限,划清正确与错误、成绩与缺点的界限。③

(3)两个"务必"。毛泽东告诫广大党员干部,夺取全国胜利,只是万里长征走完第一步,务必要继续地保持谦虚、谨慎、不骄、不躁的作风,务必要继续地保持艰苦奋斗的作风。为此,党的七届二中全会还有几条没有写在决议里面的规定:一曰不做寿,二曰不送礼,三曰少敬酒,四曰少拍

---

① 中共中央文献研究室、中央档案馆编:《建党以来重要文献选编(1921—1949)》第 25 册,中央文献出版社 2011 年版,第 240、241 页。

② 中共中央文献研究室、中央档案馆编:《建党以来重要文献选编(1921—1949)》第 25 册,中央文献出版社 2011 年版,第 520~529 页。

③ 中共中央文献研究室、中央档案馆编:《建党以来重要文献选编(1921—1949)》第 26 册,中央文献出版社 2011 年版,第 189~193 页。

掌,五曰不以人名作地名,六曰不要把中国同志和马、恩、列、斯平列。[①]共产党人在"进京赶考"前所做的组织建设、思想建设和制度建设,为共产党跳出"其兴也勃焉,其亡也忽焉"的历史周期率,打下牢固基础。"这场考试还没有结束,还在继续。"[②]

(四)"回祖国,一个国民的生命荣光"——陈嘉庚

1.案例呈现

嘉庚先生:

中国人民解放斗争日益接近全国胜利。召开新的政治协商会议,建立民主联合政府,团结全国人民及海外侨胞力量,完成中国人民独立解放事业。为此亟待各民主党派及各界领袖共同商讨。先生南侨硕望,人望所归,谨请命驾北来,参加会议。肃电欢迎,并祈赐复。

毛泽东

一九四九年一月廿日

毛主席钧鉴:

革命大功将告完成,曷胜兴奋,严寒后决回国敬贺。蒙电邀参加新政治协商会议,敢不如命。唯庚于政治为门外汉,国语又不通,冒名尸位,殊非素志,千祈原谅。

陈嘉庚

值此陈嘉庚先生诞辰 140 周年之际,我谨对陈嘉庚先生表示深切的怀念,向陈嘉庚先生的亲属致以诚挚的问候。

陈嘉庚先生是"华侨旗帜、民族光辉"。我曾长期在福建工作,对陈嘉庚先生为祖国特别是为家乡福建作出的贡献有切身感受。他爱国兴学,投身救亡斗争,推动华侨团结,争取民族解放,是侨界的一代领袖和楷模。他艰苦创业、自强不息的精神,以国家为重、以民族为重的品格,关心祖国

---

① 中共中央文献研究室编:《毛泽东年谱(1949—1976)》第 2 卷,中央文献出版社 2013 年版,第 150 页。

② 习近平:《论中国共产党历史》,中央文献出版社 2021 年版,第 138 页。

建设、倾心教育事业的诚心,永远值得学习。

实现中华民族伟大复兴,是海内外中华儿女的共同心愿,也是陈嘉庚先生等前辈先人的毕生追求。希望广大华侨华人弘扬"嘉庚精神",深怀爱国之情,坚守报国之志,同祖国人民一道不懈奋斗,共圆民族复兴之梦。

习近平

2014 年 10 月 17 日

(资料来源:《习近平总书记给厦门市集美校友总会回信》,《福建日报》2014 年 10 月 22 日第 1 版。)

2.案例指向

本案例主要指向教材第七章第三节"中国共产党与民主党派的团结合作"及第四节第二目"人民政协与《共同纲领》"。通过分析中国共产党与民主党派团结与合作、使他们参加新民主主义革命的历程,帮助学生理解中国共产党领导的多党合作和政治协商制度的形成的重要意义。

3.案例解析

1949 年 1 月 20 日,毛泽东函邀陈嘉庚回国参加新的政治协商会议。陈嘉庚欣然接受,但在回信中对自己为政治"门外汉"[1]和"不通国语"颇感担心。6 月 13 日,在欢迎陈嘉庚大会上,郭沫若以"心通胜于言通",打消其顾虑,陈嘉庚作为华侨代表参加新政协的筹备。陈嘉庚 1940 年率南侨慰劳团回国,"亲到重庆、延安,看得十分明白:重庆蒋介石政府,只知道搜刮民脂民膏,恣意挥霍,而延安毛主席和其他中共领导者,则勤劳刻苦,处处为人民打算"[2]。与中国共产党领导人的首次接触,使他从拥戴蒋介石到寄望毛泽东,从亲任"马来亚华侨购机寿蒋委员会"主席到认定"中国的希望在延安"[3]。

6 月 15—19 日的新政治协商会议筹备会上,陈嘉庚列名为"海外华侨民主人士"代表、筹备会常务委员会委员和"拟定国旗、国徽及国歌方案"的第 6 小组组员。他在筹备会上说,召开新政协会议是中国历史上一

---

① 朱水涌:《陈嘉庚传》,厦门大学出版社 2023 年版,第 301、302 页。

② 陈嘉庚:《政治协商大会华侨首席代表致词》,《新中国观感集》,新加坡怡和轩俱乐部、新加坡陈嘉庚基金会、中国厦门集美陈嘉庚研究会 2004 年版,第 6 页。

③ 朱水涌:《陈嘉庚传》,厦门大学出版社 2023 年版,第 284、282 页。

件大事情,是我们世代子孙幸福有关的一件大事,相信海外华侨绝大多数都会拥护即将成立的民主联合政府,拥护中国共产党和毛泽东主席。①

9 月 21—30 日,中国人民政治协商会议第一届全体会议在北平召开。陈嘉庚作为"国外华侨民主人士"的正式代表和首席代表被选为大会主席团成员和大会主席团常务委员,以及"国旗国徽国都纪年方案审查委员会"委员,在大会发言中说:"本席代表国外华侨民主人士以及爱国侨胞,对于这三个草案愿无保留地予以接受,通过以后并愿在中国共产党领导之下与各民主党派、各人民团体和其他爱国民主分子努力促其实现。"②陈嘉庚当选为中国人民政治协商会议第一届全国委员会委员、常务委员、中华人民共和国中央人民政府委员。

1950 年 2 月 15 日,陈嘉庚返回新加坡。此次回国仅半年,陈嘉庚却针对现实问题,向新中国提出七项富有远见的建议:建议在全国中小学普设科学馆,在沿海各重要地区设立水产航海学校,建议增加纸烟的税率,停止公务人员之配给,新建住宅应注意卫生设计,设立华侨教育领导机构、引导华侨回国投资,救济华侨失学儿童。③

1950 年 6 月 10 日,77 岁的陈嘉庚只身回到百业待兴的新中国,参加全国政协第一届委员会第二次会议。9 月,离京回到厦门集美定居。

陈嘉庚回国参加政协会议和定居故乡具有标志性的意义,表明中国共产党领导的多党合作和政治协商制度得到了民主党派和民主人士的广泛认同。

(1)中间势力的兴起与民主党派的自我觉醒

五四以来,中国社会的特点是在国共两党、大地主大资产阶级和无产

① 陈嘉庚:《政治协商大会华侨首席代表致词》,《新中国观感集》,新加坡怡和轩俱乐部、新加坡陈嘉庚基金会、中国厦门集美陈嘉庚研究会 2004 年版,第 7 页。

② "这三个草案"指《中国人民政治协商会议组织法》《中国人民政治协商会议共同纲领》《中华人民共和国中央人民政府组织法》。陈嘉庚:《政治协商大会华侨首席代表致词》,《新中国观感集》,新加坡怡和轩俱乐部、新加坡陈嘉庚基金会、中国厦门集美陈嘉庚研究会 2004 年版,第 10～11 页。

③ 朱水涌:《陈嘉庚传》,厦门大学出版社 2023 年版,第 370 页。

阶级"两极"中间，还有一大片"中间势力"①。中国共产党把争取、发展中间力量作为抗日民族统一战线的重要政策与策略，"在中国，这种中间势力有很大的力量"②。

全面抗战爆发后，民族资产阶级拥护国民政府抗战方针，内迁工厂，支持抗战大业。1944年豫湘桂大溃退，沉重打击了大后方的民族工商业。是年底，中华全国工业协会、迁川工厂联合会、中国战时生产促进会、中国西南实业协会、国货厂商联合会等工业团体联合发表对时局声明，希望政府扫除政治上之贪污与腐化，迅速实施宪政。"这是我国民族资产阶级第一次公开发表对时局的政治主张，当时在山城引起震动。"③

豫湘桂大溃退成为大后方人心变动的转折点。在世界反法西斯战争"到处胜利纷纷，而我们独败；世界反侵略战局大大好转，而我们反濒临危机"④，"随着国民党失败越来越明显地暴露，中国国内的不满在迅速发展。国民党的威信空前低落"⑤。1944年8月成都民主宪政促进会《对于国事十项主张》要求"刷新政治"，"非立即实行民主，不足以团结各方，争取胜利"⑥。9月初，张澜更直言："只有民主是中国唯一的道路。"⑦

9月15日，林伯渠在国民参政会发言："希望国民党立即结束一党统治的局面，由国民政府召集各党各派、各抗日部队、各地方政府、各人民团体的代表，开国事会议，组织各抗日党派联合政府。"⑧刊登该发言稿的《新华日报》被抢购一空。10月10日，周恩来指出：国民党在其统治区域实施一党专政、排除异己、压迫人民、横征暴敛的法西斯主义的政策造成

①　"从五四运动到中华人民共和国成立"课题组：《胡绳论"从五四运动到中华人民共和国成立"》，社会科学文献出版社2001年版，第3页。

②　中共中央文献研究室、中央档案馆编：《建党以来重要文献选编（1921—1949）》第17册，中央文献出版社2011年版，第199、200页。

③　胡厥文、胡世华：《胡厥文回忆录》，中国文史出版社1994年版，第69～71页。

④　《今年应为新生之年！》，《大公报（重庆版）》1945年1月1日第2版。

⑤　埃谢里克：《在中国失去的机会》，国际文化出版公司1989年版，第164页。

⑥　《成都民主宪政促进会发表对于国事十项主张》，《解放日报》1944年8月6日第1版。

⑦　张澜：《张澜文集》，四川教育出版社1991年版，第202页。

⑧　林伯渠：《林伯渠文集》，华艺出版社1996年版，第419页。

正面战场的失败,挽救目前危机的唯一正确方案是取消一党专政,成立各党派联合政府。① 中国共产党提出的联合政府主张,迅速得到民主党派和民主人士的支持与响应。

9月19日,中国民主政团同盟改名为中国民主同盟,呼吁立即结束国民党一党专政,建立各党各派联合政权。9月24日,重庆各界、各党派代表冯玉祥、邵力子、黄炎培、章伯钧、沈钧儒等500余人举行大会,要求改组政府,成立联合政府以挽危局。② 10月10日,中国民主同盟发表《对抗战最后阶段的政治主张》,要求建立各党派的联合政权。③ 1945年元旦,黄炎培、褚辅成、王云五等60余人联名发表《为转捩当前时局献言》,呼吁政府应与各党派、各界切实合作,成立联合政府,真正实行民主,团结抗日。④ 组建"联合政府"已成为包括中间人士在内的大后方民众的心声。

抗战胜利后,中间党派曾在中国政治舞台上活跃一时,它们组织成员成分复杂,包罗万象,从统治阶级内部的反对派一直包含到进步分子,政治光谱宽泛,政治倾向从君主立宪直到新民主主义革命都有。⑤ 民盟由于抗战特别由于政协的机缘,客观上一时造成了他在全国的第三党地位,使他中间许多领导人物代表着中产阶级的想法,企图在国共对立的纲领之外,寻找出第三条道路。⑥ 1945年10月,民盟临时全国代表大会政治报告宣称:"中国民主同盟在中国所要建立的民主制度,绝对不是,并且绝对不能,把英美或苏联式的民主全盘抄袭","拿苏联的经济民主来充实英美的政治民主,拿各种民主生活中最优良的传统及其可能发展的趋势,来

---

① 中共中央文献研究室编:《周恩来年谱(1898—1949)》,中央文献出版社1998年版,第598页。

② 中共中央文献研究室编:《周恩来年谱(1898—1949)》,中央文献出版社1998年版,第597页。

③ 中国民主同盟中央文史资料委员会编:《中国民主同盟历史文献(1941—1949)》,文史资料出版社1983年版,第32页。

④ 《黄炎培褚辅成王云五等联名发表对时局献言》,《新华日报》1945年1月1日第2—3版。

⑤ 周恩来:《周恩来选集》上卷,人民出版社1980年版,第285页。

⑥ 周恩来:《周恩来选集》上卷,人民出版社1980年版,第283、284页。

创造一种中国型的民主,这就是中国目前需要的一种民主制度"。[①]他们觉得中间道路可以存在,然而中国面临的是两种命运、两个前途的尖锐斗争,客观形势决定了没有中间道路可走。全面内战爆发后,国民党完全推翻政协协议,召开一党国大,中间党派只能在靠近共产党或靠近国民党中选择道路,而没有其他道路,企图在国共之间走中间道路的第三大党运动失败了。

民盟的合法斗争,换来的却是国民党当局对民盟迫害的步步加深,1946 年 7 月民盟中央执行委员会委员李公朴、闻一多相继被暗杀,1947年 3 月民盟中央常委杜斌丞被国民党特务逮捕,4 月民盟东北总支部执委骆宾基被捕。10 月 27 日,国民政府内政部宣布中国民主同盟"为非法团体",明令取缔民盟组织和成员的一切活动。11 月 5 日,民盟被迫通告停止政治活动,11 月 6 日,民盟总部宣布解散。民主人士张澜、罗隆基被软禁。国民党统治下,进行和平运动、合法运动、改良运动的最后幻想破灭了。

"第三条道路"破产警醒了主张走"中间路线"的人,民主党派实现了自我觉醒。1948 年 1 月,民盟一届三中全会宣告:"民盟坚决站在人民的立场,坚决站在人民这方面奋斗"[②],要与中国共产党携手合作。与此同时,中国国民党革命委员会发表《成立宣言》,申明:"愿与全国各民主党派、民主人士携手前进,彻底铲除革命障碍,建设独立、民主、幸福之新中国"[③],公开承认中国共产党的领导地位。民主建国会、中国民主促进会、中国农工民主党、中国致公党、九三学社、台湾民主自治同盟等先后明确表示参加新民主主义革命的立场。中国共产党领导的多党合作和政治协商制度,在此基础上历史地形成了。

（2）中国共产党领导的多党合作和政治协商格局的形成

无论是在抗战时期的宪政运动中拥护中国共产党提出的联合政府主张,还是在重庆谈判和政协会议上作为"第三方面"与共产党一道为和平民主奔走,民主党派与中国共产党团结合作,为中国人民的解放事业作出

---

① 中国民主同盟中央文史资料委员会编:《中国民主同盟历史文献(1941—1949)》,文史资料出版社 1983 年版,第 75、77 页。

② 沈钧儒:《沈钧儒文集》,人民出版社 1994 年版,第 559 页。

③ 《中国国民党革命委员会历史资料选编》,民革中央宣传部 1985 年 7 月编印,第 132 页。

了自己的贡献。

1947年年底,当"历史转折点"①来临时,民主党派在中国共产党的帮助和推动下,实现了历史性的转变②。1948年4月30日,中共中央在纪念五一国际劳动节口号中号召:"各民主党派、各人民团体、各社会贤达迅速召开政治协商会议,讨论并实现召集人民代表大会,成立民主联合政府。"5月1日,毛泽东致信李济深、沈钧儒:目前召集人民代表大会,成立民主联合政府的时机已成熟,必须先邀集各民主党派、各人民团体的代表开会讨论并决定上述问题。"一切反美帝反蒋党的民主党派、人民团体,均可派代表参加",某些社会贤达亦可被邀参加。5日,李济深、沈钧儒、郭沫若等联名致电毛泽东:五一劳动节口号"适合人民时势的要求,尤符同人等之本旨",通电国内外各界及海外侨胞共同策进完成大业。③ 他们接受中共中央邀请,在中共严密组织下,分批从香港、上海、北平及海外,陆续前往东北、华北解放区。

5月4日,陈嘉庚代表新加坡华侨致电毛泽东:响应贵党号召,盼早日召开新政协会议,迅速建立联合政府,以解除人民痛苦,保障华侨利益。因战争与交通阻隔,这份电报4个多月后才到毛泽东手中。10月1日,毛泽东即复:"诸先生与各界侨胞对于召集新政治协商会议的各项具体意见,尚望随时电示,以利进行,实深企盼。"④1949年1月,陈嘉庚收到毛泽东的邀请函。6月回到祖国,参加政治协商会议。

1949年1月22日,李济深、沈钧儒等民主党派的领导人和著名的无党派民主人士55人联合发表《我们对于时局的意见》,一致认定中共提出的关于召开政治协商会议、成立联合政府的主张"符合于全国人民大众的要求",恳切表示"愿在中共领导下,献其绵薄,共策进行,以期中国人民民

---

① 中共中央文献研究室、中央档案馆编:《建党以来重要文献选编(1921—1949)》第24册,中央文献出版社2011年版,第524、525页。

② 中共中央党史和文献研究院编:《中国共产党的一百年:新民主主义革命时期》,中共党史出版社2022年版,第309页。

③ 中共中央文献研究室编:《毛泽东年谱(1893—1949)》下卷,中央文献出版社2002年版,第306页。

④ 中共中央文献研究室编:《毛泽东年谱(1893—1949)》下卷,中央文献出版社2002年版,第350页。

主革命之迅速成功,独立、自由、和平、幸福的新中国之早日实现"①。这个政治声明表明,中国各民主党派和无党派民主人士公开自愿接受中国共产党的领导,决心走人民革命的道路,拥护建立人民民主的新中国。

1949年春,毛泽东拜访汤璪真、黎锦熙、黄国璋等人时,黎锦熙说:新政协会议就要召开,新中国将要诞生,北平九三学社的历史任务已经完成,准备宣布解散。毛泽东则说:九三学社不要解散,应该认真团结科学、文教界的知名人士,"积极参政,共同建设新中国"②。这"标志着民主党派地位的根本变化。它们不再是旧中国反动政权下的在野党,而成为新中国人民民主专政政权的参加者,在中国共产党的领导下,和共产党一道担负起管理国家和建设国家的历史重任。从此,各民主党派走上了新的历史道路"③。周恩来在谈及民主党派时,肯定了其对中国革命的贡献,强调不论民盟还是其他民主党派都应该继续存在下去,民盟应该把能够团结的知识分子都团结起来,一道前进。④

什么人能参加政治协商会议?周恩来明确邀请代表的政治标准:"拥护新民主主义,反对帝国主义、反对封建主义、反对官僚资本主义及同意动员一切人民民主力量,推翻国民党反动统治,建立人民民主共和国。"这是大家一致通过的意见。中国人民政治协商会议是一个包含了工人阶级、农民阶级、城市小资产阶级、民族资产阶级和一切爱国民主人士的统一战线组织,应该长期存在。它的任务是反对帝国主义、封建主义和官僚资本主义,建设新民主主义的新中国。⑤

1949年9月21日,中国共产党、各民主党派、无党派民主人士、各人民团体、人民解放军、各地区、各民族以及国外华侨的代表,在北平举行中

---

① 中共中央文献研究室编:《毛泽东传(1893—1949)》,中央文献出版社2004年版,第946页。

② 中共中央文献研究室编:《毛泽东传(1893—1949)》,中央文献出版社2004年版,第971页。

③ 李维汉:《回忆与研究》(下),中共党史资料出版社1986年版,第693页。

④ 中共中央统一战线工作部、中共中央文献研究室编:《周恩来统一战线文选》,人民出版社1984年版,第151、155、156页。

⑤ 中共中央统一战线工作部、中共中央文献研究室编:《周恩来统一战线文选》,人民出版社1984年版,第131、136页。

国人民政治协商会议第一届全体会议,协商成立中华人民共和国有关事宜。会议通过《中国人民政治协商会议共同纲领》《中国人民政治协商会议组织法》《中华人民共和国中央人民政府组织法》,选出的中央人民政府委员会任命了政务院总理及各部部长,确定了国歌、国旗,将北平改名为北京,定为首都。

中国人民政治协商会议第一届全体会议的召开,标志着中国新型政党制度——中国共产党领导的多党合作和政治协商制度正式确立。

四、延伸阅读

1. 毛泽东:《论联合政府》(1945 年 4 月 24 日),《建党以来重要文献选编(1921—1949)》第 22 册,中央文献出版社 2011 年版。

2. 毛泽东:《在中共中央政治局会议上的报告和结论》(1948 年 9 月 8 日、13 日),《建党以来重要文献选编(1921—1949)》第 25 册,中央文献出版社 2011 年版。

3. 毛泽东:《在中国共产党第七届中央委员会第二次全体会议上的报告》(1949 年 3 月 5 日),《建党以来重要文献选编(1921—1949)》第 26 册,中央文献出版社 2011 年版。

4. 周恩来:《关于人民政协的几个问题》(1949 年 9 月 7 日),《建党以来重要文献选编(1921—1949)》第 26 册,中央文献出版社 2011 年版。

5. 周恩来:《人民政协共同纲领草案的特点》(1949 年 9 月 22 日),《建党以来重要文献选编(1921—1949)》第 26 册,中央文献出版社 2011 年版。

6. 中共中央文献研究室编:《毛泽东年谱(1893—1949)》下卷,中央文献出版社 2002 年版。

7. 中共中央文献研究室:《周恩来年谱(1898—1949)》,中央文献出版社 1998 年版。

8. 中共中央党史和文献研究院编:《中国共产党的一百年:新民主主义革命时期》,中共党史出版社 2022 年版。

五、拓展研学

1.为配合案例讲述,组织学生提前阅读相关文献和观看纪录片《重庆谈判》等相关影像资料,增强学生对这段历史的学习兴趣。

2.结合实践教学,让学生组成实践小组,拍摄《三大战役》和关于土地改革运动的情景剧或微视频,让学生在情景演绎中增进对这段历史的认识。可以建议学生以"中国共产党赶考路上"作为实践教学的选题,进行深入研究,撰写研究报告,增进学生对西柏坡精神的了解。

3.结合学生的寒暑假社会实践活动,组织学生观看《国家荣光之华侨旗帜 陈嘉庚》纪录片;参观陈嘉庚先生故居、陈嘉庚纪念馆、集美鳌园、集美学村、陈文确陈六使陈列馆等,撰写调研报告,加深学生对这段历史的了解,同时也培养学生分析问题和解决问题的能力。

第八章　中华人民共和国的成立与中国社会主义建设道路的探索

一、教学主要目标

　　了解新中国成立初期面临的挑战以及执政的中国共产党为巩固新政权、建设新中国所开展的伟大斗争的基本情况；了解过渡时期总路线的提出及其实施情况；了解社会主义改造完成后，以毛泽东同志为主要代表的中国共产党人探索适合中国国情的社会主义建设道路艰辛曲折的历史进程；了解改革开放前特别是 1956—1976 年社会主义建设取得的巨大成就。

　　认识新中国成立初期进行的土地制度改革、抗美援朝战争等伟大斗争的历史意义及其在中华民族伟大复兴进程中的地位；认识提出过渡时期总路线的历史必然性，深刻领会社会主义道路是历史和人民的选择；认识社会主义基本制度确立的重大历史意义，客观分析社会主义改造遗留的问题；正确认识社会主义建设道路探索中遭遇的失误和挫折，特别是"文化大革命"发生的原因、危害以及历史启示。

　　培育学生树立正确的历史观，深刻理解"没有共产党就没有新中国"，社会主义道路是历史和人民的选择，坚定在中国共产党领导下走中国特色社会主义道路的信念。

二、教学重难点

新中国成立初期面临的风险考验以及党和人民政府的应对措施。引导学生了解新中国成立初期中国共产党巩固新生人民政权、恢复和发展国民经济、加强自身建设以及维护国家主权和安全等新举措，正确认识新中国是一个崭新的、名副其实的人民共和国，今天的幸福生活来之不易。

社会主义工业化和社会主义改造的历史贡献与遗留问题。引导学生学习中国共产党所采取的向社会主义过渡的举措，认识新民主主义社会向社会主义社会过渡的历史必然性以及新中国走上社会主义道路是历史和人民的选择。

中国共产党领导人民在探索适合中国国情的社会主义建设道路上取得的成就以及出现失误的原因和教训。探索在中国如何建设社会主义，是一个十分艰难的过程。在这一过程中，中国共产党领导人民既取得了内政和外交方面的显著成就，也发生了"大跃进"、人民公社化运动甚至"文化大革命"等失误，使探索过程出现曲折。因此，教学过程中应引导学生正确认识中国共产党在领导全国人民对社会主义建设道路进行艰辛探索中所取得的重要成果及其意义、发生的主要曲折及其教训，帮助学生正确认识和评价新中国改革开放前后两个历史时期的关系。

三、教学案例

（一）长津湖战役

1.案例呈现

在亚洲地图上，朝鲜的长津湖地区将永远是万恶的美国侵略强盗们的坟场。我国的人民志愿军部队，在这里的冰天雪地中，发挥了无比的神勇,经过了八天八夜的奋战,把侵略强盗们打得七零八落,取得了朝鲜东战场上决定性的伟大胜利。这一胜利,不但消除了朝鲜人民共和国被美帝侵略的危机,并且展开了人民的新历史的光辉的一页。

这一次大攻势,发动在1950年11月27日的晚上。在没有发动之前,我们人民志愿军部队已把美帝海军陆战队第一师和步兵第七师分割包围在下碣隅里、柳潭里、新兴里三个小圈子里。可是敌人们没有觉得这时他们已经陷入了危险的境地。等到总攻势的冲锋号子一响,我们的神勇的战士们,个个都像生龙活虎似的,攀着树枝和柴草,爬过冰雪的丛林和沟渠,向着敌人的阵地冲过去。在许多重要山头上,或是重要阵地上,和敌人展开了拼死的肉搏战。

在战斗刚开始的几天,那些侵略强盗还凭恃着自己有着比我们优势的武器和火力,还是进行着盲目的顽强的抵抗。但是,他们在比钢铁还要坚强的人民的力量面前,终于不能不低下了头。我们的神勇的战士们,为了要夺取一个已给敌人占据着的山头,有时要进行三番四次的冲锋战。为了要守住一个给我们夺回来了的山头,有时也要连续地击退敌人四番五次的反攻战。

12月5日这一天,是这批侵略强盗们大溃退的一天。在这天以前,每个山头每个阵地的争夺战,一共连续地进行了六七天。结果,敌人的守御不论怎样坚强,敌人的反攻不论怎样剧烈,最后胜利总是属于我们神勇无比的人民战士们。

有一个我们的连队,奉到命令必须在白天攻下一个重要的山头。战士们立即发动进攻,不管有成群的敌机在头上向低空俯冲,扫射轰炸,不管山头上敌人的火力,密集地向着我方猛烈地射击,我们的战士们只是在结了冰的雪山坡上奋不顾身地猛扑上去,滑下来了再向上爬,前面的人倒下,后面的人又接连爬上去。这样勇猛的继续不断地前进,连冲了三次,终于攻破敌人阵地,把敌人消灭干净,高高的红旗插起在山顶上。

敌人们在战斗开始的时候,自以为有着优良的武器做他们的保卫,他们可以躲在优良武器的后面,有恃无恐,所以不论他们是进行反攻,或是打算突围逃走,总是用大批坦克车掩护在前面。结果,总是给我们的战士们运用勇敢与智慧,用手榴弹和炸弹,把坦克车全部炸翻。在这样情形下,坦克车不但不能保卫敌人的安全,反而梗住了敌人的进路,使得他们不能顺利地逃走。他们的汽车更是没有用,我们的战士们要打毁一辆敌人的汽车,可说不费吹灰之力,只要一个手榴弹便可以了账。

（资料来源:谭寻编:《血战长津湖》,广益书局1951年版,第1～4页。）

1950年11月27日晚,狂风呼啸,大雪纷飞。志愿军10余万大军已隐藏在朝鲜北部广袤的山地和丛林中,第20军位于长津湖西侧,第27军位于长津湖北部和东北部。两军分别以美军陆战第1师两个团和第7师的31团级战斗队为主攻目标。当美军正沿着山间小路行进时,山林中突然传出惊天动地的军号声和呐喊声,10多万志愿军将士以迅雷不及掩耳之势扑向美军。激战一夜,志愿军将士将美军第7师和陆战第1师分割包围于下碣隅里、柳潭里、新兴里和古土里地区。

11月28日,志愿军攻占了长津湖以南下碣隅里外围的制高点1071.1高地。敌人妄图拔除这把插入咽喉的刺刀,拼死反扑。29日拂晓,小高岭争夺战打响,美陆战第1师部队轮番攻击。奉命坚守1071.1高地东南屏障小高岭的第20军58师172团3连连长杨根思沉着地说:"让敌人上来,靠近打,步枪瞄准打,机枪点射,坚决把敌人歼灭干净!"当敌人冲到离阵地30米时,战士们掷出一排手榴弹,接着用汤姆枪扫射,密集的敌人接连滚下山。

敌人多次攻击无效后,集中了重炮和B29型重轰炸机,将爆炸弹、烧夷弹甚至汽油,都倒向这座小山顶。顿时,钢铁、石块满山飞扬,烟火笼罩,小高岭变成一片火海。战斗中,杨根思带领的一个排也因伤亡逐渐减员,但战士们仍坚强地守住阵地,互相鼓励:"坚决守住阵地,敌人上来一个,就消灭他一个!"

战斗愈来愈激烈,杨根思的一个排只剩下了几个人,弹药也快打完。这时敌人发动第九次进攻,在冲天浓烟中,黑压压的敌人从正面冲上来,杨根思率领战士们掷出所有的手榴弹,再用最后一批子弹射向敌人。当杨根思打出最后一颗子弹时,40多个敌人已经爬近山顶。他突然抱起一包10斤重的炸药,从战壕里一跃而起,拉燃导火索,奋不顾身地冲向敌群。随着一声巨响,杨根思与敌人同归于尽,时年29岁。

之后,中国人民志愿军总部追记杨根思特等功,授予他"中国人民志愿军特级战斗英雄"称号,并命名他生前所在连为"杨根思连"。朝鲜民主主义人民共和国最高人民会议常务会议授予杨根思"朝鲜民主主义人民共和国英雄"称号和一级国旗勋章、金星奖章。中国人民志愿军司令员彭德怀题词赞誉他是"中国人民的优秀儿子,国际主义的伟大战士,志愿军的模范指挥员"。

(资料来源:郑学富:《血战长津湖》,《红岩春秋》2021 年第 10 期。)

2.案例指向

本案例指向教材第八章第一节第二目"捍卫巩固新政权的斗争"的内容。通过分析血战长津湖的案例,帮助学生理解中国人民志愿军在抗美援朝战场上所作出的巨大牺牲、抗美援朝的伟大历史意义等,明白和平安定局面的来之不易。

3.案例解析

本案例揭示了中国人民志愿军鏖战长津湖的壮举。长津湖战役是抗美援朝战争第二次战役中发生在朝鲜东北部盖马高原上长津湖地区的一场战役,又称咸镜南道战役。这场战役自 1950 年 11 月 27 日打响,至 12 月 24 日结束。中国人民志愿军第 9 兵团 3 个军在极寒严酷环境下坚守阵地、奋勇杀敌,共歼敌 3.6 万人,其中美军 2.4 万人。同时,此战创造了抗美援朝战争中全歼美军一个整团的纪录,迫使美军王牌部队经历了有史以来"路程最长的退却",收复了三八线以北的半岛东部广大地区,成为朝鲜战争的拐点,为停战谈判奠定了胜利基础。

抗美援朝战争是中国人民解放军首次以志愿军名义出国作战,是 20 世纪 50 年代爆发的朝鲜战争的一部分。中华人民共和国成立后,中国共产党带领全国各族人民采取各种措施保卫革命胜利成果、恢复发展国民经济、维护国家主权和安全。然而,正当全国人民集中力量争取国民经济基本好转、人民解放军准备进藏和解放台湾之际,1950 年 6 月 25 日朝鲜内战爆发。美国政府从其全球战略和冷战思维出发,作出武装干涉朝鲜战争的决策,并派遣第七舰队侵入台湾海峡,妄图阻止人民解放军解放台湾。同年 7 月 7 日,美国操纵联合国安理会通过决议,组成以美国军队为主的"联合国军",扩大侵朝战争。"联合国军"的参战,使战局陡然朝着不利于朝鲜军队的方向发展。与此同时,侵朝美机还多次轰炸中国东北边境地区,严重危害着我国的国家安全。在朝鲜劳动党和政府的请求下,中共中央审时度势,作出了"支援朝鲜人民,推迟解放台湾"的战略决策。

10月19日,中国人民志愿军雄赳赳、气昂昂跨过鸭绿江,进入朝鲜半岛。在朝鲜战场上,面对极为艰难的条件和中美国力的巨大差距,中国人民志愿军同朝鲜军民密切配合,首战两水洞、激战云山城、会战清川江、鏖战长津湖等,连续进行5次战役,歼敌23万余人。此后,又构筑起铜墙铁壁般的纵深防御阵地,打响多次进攻战役,粉碎"绞杀战"、抵御"细菌战"、血战上甘岭,创造了威武雄壮的战争伟业。1951年7月开始,战争双方进行停战谈判。朝鲜战争转入边谈边打、以打促谈的阶段。1953年7月27日,双方首席代表在停战协定上签字。抗美援朝战争胜利结束。

在抗美援朝过程中,志愿军战士面对强大而凶狠的作战对手,身处恶劣而残酷的战争环境,抛头颅、洒热血,谱写了惊天地、泣鬼神的英雄史诗。他们中涌现出杨根思、邱少云、黄继光、罗盛教等30多万名英雄功臣和近6000个功臣集体。其中,被追授为"中国人民志愿军特级战斗英雄"的杨根思牺牲在长津湖战场上。中国人民志愿军血洒战场,他们可歌可泣的英雄事迹汇成了伟大的抗美援朝精神。2020年10月23日,习近平总书记在纪念中国人民志愿军抗美援朝出国作战70周年大会上的讲话中郑重指出:"在波澜壮阔的抗美援朝战争中,英雄的中国人民志愿军始终发扬祖国和人民利益高于一切、为了祖国和民族的尊严而奋不顾身的爱国主义精神,英勇顽强、舍生忘死的革命英雄主义精神,不畏艰难困苦、始终保持高昂士气的革命乐观主义精神,为完成祖国和人民赋予的使命、慷慨奉献自己一切的革命忠诚精神,为了人类和平与正义事业而奋斗的国际主义精神,锻造了伟大抗美援朝精神。"[①]

在抗美援朝期间,党中央统揽全局,实施有力的战争动员和正确的战争指导,采取边打、边稳、边建的方针,开展了波澜壮阔的抗美援朝运动。成千上万的中华儿女报名参加志愿军,全国上下发起增产节约、爱国丰产、爱国卫生等运动,社会各界踊跃捐款捐物。据统计,至1952年5月

---

① 习近平:《在纪念中国人民志愿军抗美援朝出国作战70周年大会上的讲话》,人民出版社2020年版,第7页。

底,全国人民支援朝鲜前线的捐款可购买战斗机 3710 架。

抗美援朝战争的伟大胜利,是中国人民站起来后屹立于世界东方的宣言书,是中华民族走向伟大复兴的重要里程碑,对中国和世界都有着重大而深远的意义。经此一战,中国人民粉碎了侵略者陈兵国门,进而将新中国扼杀在摇篮之中的图谋,彻底扫除了近代以来任人宰割、仰人鼻息的百年耻辱,彻底扔掉了"东亚病夫"的帽子,极大促进了国防和军队现代化。经此一战,中国打败了侵略者,震动了全世界,奠定了新中国在亚洲和国际事务中的重要地位。第二次世界大战结束后亚洲乃至世界的战略格局得到深刻塑造,全世界被压迫民族与人民争取独立和人民解放的正义事业受到极大鼓舞,有力推动了世界和平与人类进步事业。

(二)古田水电站建设

1.案例呈现

福建古田水电站第一级第一期建设工程已经完工,1 日正式发电,并且通过高压电线向福州送电。古田水电站建成以后,是继官厅水电站发电后的又一座由中国工程技术人员设计,并且用中国制造的设备装备起来的大水电站。

这座水电站的厂房建筑在地下。全部工程分为三级,第一级工程的发电量是 6 万千瓦。1 日从这里发出的电力是 1.2 万千瓦。今后福州市的工业和照明用电,以及福州以东长乐县莲柄港电力灌溉区等,都将获得廉价的电力供应。

1 日中午 12:30,水电站的建设者在工地举行了剪彩仪式,由福建省副省长陈绍宽剪彩。中共福建省委员会副书记江一真在会上讲了话。他代表全省人民向指导和帮助建设水电站的苏联专家致谢。苏联专家亚尔马尔金在讲话中称赞我国技术的迅速进步。

（资料来源:《古田水电站开始送电》,《新华社新闻稿》,1956 年 3 月 6 日,第 9、10 页。）

古田水电站是一座高水头的水电站,电站的厂房建筑在地下的岩石里。通过这样一个技术复杂的高水头地下电站的建设,不但培养了一批勘测、设计、施工的技术力量，积累了许多宝贵的建设经验，同时也大大加强了水电工作人员向科学进军的信心。

（资料来源：翁义孟：《最近发电的古田水力发电站》，《水力发电》1956 年第 4 期。）

古田一级电站的主要机电设备都是新中国工人阶级自己制造的，第一期两台 6000 千瓦水轮发电机组是由哈尔滨电机厂第一次试制成功的，4 台 4200 千伏安 66 千伏主变压器是上海电机厂第一次的产品并曾参加了东德展览，旧中国不能自制水电设备的历史永远结束了。

（资料来源：蔡文元：《回忆古田溪一级水电站的建设》，《福建党史月刊》2006 年第 3 期。）

中华人民共和国成立初期，国家十分重视福建省的电力工业建设，把兴建古田溪水电站列为全国最先开工的主要水电工程之一。1951 年 3 月，古田溪水电站一级一期工程破土动工，经过五年奋战，于 1956 年 3 月 1 日建成投产。二期工程于 1959 年 10 月 9 日竣工发电。一级电站装机容量共计 6.2 万千瓦。一级大坝建成后，形成库容 5.67 亿立方米的年调节水库，可控制流域面积 1325 平方公里。紧接着二、三、四级电站相继动工兴建。但由于指导思想上的失误，一九五八年盲目地把主要的人力物力转移到装机容量 120 万千瓦的建溪水电工程和装机容量 60 万千瓦的棉花滩水电工程，结果以后都被迫先后下马，不仅浪费了资金，也影响了古田溪电站工程的建设速度。1960 年，国家遇到了严重困难，二级工程处于半停顿状态，四级工程一度下马。1965 年复建后，1966 年"文化大革命"开始。面对历史的曲折，担负施工任务的闽江水电工程局的广大干部、技术人员和工人经受了严峻的考验。他们坚守岗位，加紧施工，努力减少给工程造成的损失，到 1973 年年底，先后完成二级电站装机 13 万千瓦、三级电站装机 3.3 万千瓦、四级电站装机 3.4 万千瓦的建设任务。4 座梯级电站总装机容量 25.9 万千瓦，年平均发电量 13.48 亿千瓦时，并承担省电网调频、调峰及事故备用的任务。

古田溪梯级电站的建成，是同全国各地和全省人民的大力支援紧密相连的，同时也培养壮大了水电建设施工队伍，先后输送近 3000 名技术工人、工程技术人员和管理干部，分赴云南省以礼河、广东省流溪河和四川狮子滩等水电工程，为发展中国水电建设事业作出了积极的贡献。

（资料来源：张彬主编：《当代中国的电力工业》，当代中国出版社1994年版，第732、733页。）

2.案例指向

本案例指向教材第八章第二节第二目"社会主义工业化的起步"的内容。通过分析"一五"计划重点建设工程——古田水电站的建设，帮助学生掌握"一五"计划的实施及其所取得的成就。

3.案例解析

本案例展示了古田水电站建设的情况。古田水电站，又称古田溪梯级水电站，不仅是新中国建设的第一座地下水力发电厂，而且是新中国建设的第一座梯级水电站。20世纪50年代初，中央在制定第一个五年计划时，将古田水电站列为全国第"101"个重点建设工程。这也是中华人民共和国成立后全国第一个开工建设的水电工程。1951年3月，动工兴建古田溪一级电站。1956年3月1日，一级一期工程提前竣工投产，并建成福建省第一条古田至福州110千伏输电线路，闽北电网开始萌芽。至1973年4个梯级电站先后建成投产。这是由中国自己设计、制造、施工、安装的，福建省当时单机容量最大、每千瓦容量造价最省、每百万平方米水库面积淹没农田最少、采用技术最新、自动化程度最高的一座水电站。古田水电站是"一五"计划时期社会主义工业化建设的一个缩影。

中华人民共和国成立之初，工业基础特别是重工业基础十分薄弱，交通运输业极不发达；在轻工业方面，由于受能源、原材料的制约，一时开工不足，而且得不到新装备的补充和改造。鉴于这种国情，为实现社会主义工业化，中共中央作出优先发展重工业的抉择。1952年12月，中共中央在《关于编制一九五三年计划及五年建设计划纲要的指示》中指出："工业化的速度首先决定于重工业的发展，因此我们必须以发展重工业为大规模建设的要点"，"首先保证重工业和国防工业的基本建设，特别是确保那些对国家起决定作用的，能迅速增强国家工业基础与国防力量的主要工程的完成"[1]。

---

[1] 中共中央文献研究室编：《建国以来重要文献选编》第3册，中央文献出版社2011年版，第449页。

为准备进行有计划的经济建设，我国从 1951 年就着手编制第一个五年计划。1953 年起一面开始实施，一面继续讨论修改，到 1954 年 9 月形成草案。1955 年 7 月召开的一届全国人大二次会议通过了这个计划。"一五"计划确定的经济建设指导方针，突出了集中主要力量发展重工业，建立国家工业化和国防现代化初步基础的核心要点，同时要求相应地发展交通运输业、轻工业、农业和商业，相应地培养建设人才，保证国民经济中社会主义成分的比重稳步增长，保证在发展生产的基础上逐步提高人民物质生活和文化生活水平等。

"一五"计划在编制和实施过程中，较好地处理了我国经济建设中的几个重大关系：集中主要力量发展重工业，同时不放松农业、轻工业，对国民经济各部门统筹兼顾、全面安排；科学进行工业布局，基本建设投资和投资金额在限额以上的工业建设单位有一半左右安排在内地，改变我国工业大多集中在沿海地区的不合理状况；根据我国国力，积极稳妥地确定工业、农业生产平均每年增长的指标，既积极又稳妥；把发展生产同改善人民生活恰当地结合起来，积累和消费的比例关系比较协调；既要争取外援，肯定苏联的援助对我国工业化的重要作用，同时强调自力更生，国家建设应以国内力量为主。

"一五"计划时期，中国开展了以引进苏联先进技术为核心的大规模经济建设。其中，最显著的标志是苏联援建的 156 项工程。这些工程项目主要涉及国防工业、冶金工业、能源工业、机械工业、化学工业和轻工业等方面。苏联不仅为此提供了巨额的资金和设备支持，而且派遣了大批的专家来华指导工业化建设。古田水电站的建设便与苏联专家的指导密切相关。从 1953 年开始，经济建设工作有计划地在全国展开。全国城乡迅速形成参加和支援国家工业化建设的氛围。工业建设战线喜报频传。1953 年 12 月，鞍山钢铁公司的三大工程——大型轧钢厂、无缝钢管厂、七号炼铁炉举行开工生产典礼。

"一五"计划时期开启的大规模工业化建设，使中国的民用工业生产能力和技术水平前进了一大步。国防工业更是实现了跨越式发展。这些都为我国建立独立完整的工业体系奠定了基础，为社会主义建设积累了宝贵经验。

（三）"红色资本家"荣毅仁

1.案例呈现

荣毅仁同志是伟大的爱国主义、共产主义战士。青年时代，荣毅仁同志就抱着实业救国的理想，进入家族企业勤奋工作，希望以自己的努力，办好实业，报效国家。帝国主义的侵略、国民党政权的腐败和旧中国的积贫积弱、民族工业发展的艰辛，给出身于民族资产阶级的他以深刻的教育。新中国成立后，在党的统一战线的感召下，在毛泽东、周恩来等老一辈无产阶级革命家的关怀下，他开始了解中国共产党的政策，并逐渐认识到，共产党是为人民服务的，社会主义是振兴中国的唯一出路，只有共产党才能救中国。从此他成为共产党的真诚朋友。1950年6月，荣毅仁同志受到了毛泽东主席的亲切接见，聆听了毛泽东主席的教诲，使他深受鼓舞。他坚决拥护并自觉接受中国共产党的领导，拥护社会主义。在国家发行胜利折实公债时，他主动认购650万份。他积极支持抗美援朝，捐献七架半飞机和大量衣物。1954年5月，他响应党和政府号召，提出对申新纺织公司等荣氏企业实行公私合营，在完成对资本主义工商业的社会主义改造中起了带头作用，为新中国的工业振兴作出了重要贡献，赢得了普遍尊重，被称为"红色资本家"。1957年1月初，陈毅同志根据毛泽东主席的指示去上海开展有关工作，赞扬他"既爱国又有本领，堪当重任"。随后，他当选为上海市副市长，成为他人生道路上的一个新起点。"文化大革命"期间，他受到冲击，身处逆境，但始终没有动摇自己对中国共产党和走社会主义道路的信念，经受住了严峻的考验。

（资料来源：张德江：《在纪念荣毅仁同志诞辰100周年座谈会上的讲话》，《人民日报》2016年4月27日第2版。）

截至1954年8月，上海有2000余户私营工厂申请公私合营。在申新系统，广州二厂厂长在征得荣毅仁同意后，于1953年12月首先向广州市委递交公私合营申请书（1954年6月正式批准）。1954年3月18日申新总管理处召开第80次会议，决定授权总经理荣毅仁办理无锡申新三厂的合营手续。荣毅仁当天向无锡市人民政府提出合营的申请。1954年4

月申新86户股东开会决定由总经理荣毅仁申请办理公私合营手续。当时,在沪申新系统的公私合营手续虽未办理,但荣毅仁的选择早已明确——走社会主义道路,是"人心所向"。

（资料来源:罗苏文:《从棉纺巨头到副市长——荣毅仁的沪上十年(1949—1959)》,《档案春秋》2013年第7期。）

1955年8月,申新系统的企业,全部实行了公私合营。各厂的全体职工和资方都以无比兴奋的热情来欢庆这件大喜事。政府派了公方代表与私方代表共同组成了公私合营筹备委员会。职工们热情更高,在不影响生产的原则下,组织力量,清点了企业的全部财产,清出了许多过去我们不清楚的财产,并公平合理地核定了私股股金。对原有私方实职人员,都根据各人的能力和资历,进行了适当的安排,我仍担任了公私合营申新棉纺织印染厂总管理处总经理的职务。企业合营后,无数的事实使我更加认识到社会主义经营管理的优越性。像申新九厂在合营之后,棉纱的制造成本就比合营以前降低了15%;棉布的次品率也从20%降低到1%～2%左右。

（资料来源:荣毅仁等:《在向劳动者过渡的道路中》,上海人民出版社1957年版,第13～14页。）

2.案例指向

本案例指向教材第八章第二节第四目"改造资本主义工商业"的内容。通过分析"红色资本家"荣毅仁的案例,帮助学生理解我国对资本主义工商业进行社会主义改造的政策举措,以及爱国资本家在这一历史进程中所作出的贡献。

3.案例解析

本案例主要展现了"红色资本家"荣毅仁在社会主义改造时期,响应党和政府政策号召,带头对荣氏企业实行公私合营的壮举。"红色资本家"指的是热爱祖国、拥护中国共产党的领导,致力于社会主义现代化建设和祖国和平统一事业,具有社会主义和共产主义远大理想的资本家群体。"红色资本家"这个称号由周恩来首次提出。1957年4月,在欢迎苏联最高苏维埃主席团主席伏罗希洛夫的宴会上,周恩来示意出席作陪的民族资本家——天津针织品织造公司经理王光英向苏联贵宾敬酒,双方相谈甚欢、热烈拥抱。是时,周恩来风趣地对伏罗希洛夫说道:"您拥抱的是位红色资本家。"

同王光英一样,荣毅仁先生亦是一位"红色资本家"。他是中国现代民族工商业者的杰出代表,1916年5月1日出生于江苏无锡一个著名的工商业家族。他早年接受中西方文化的启蒙教育,从上海圣约翰大学历史系毕业后,开始辅佐父亲经营面粉、纺织和金融等庞大的家族企业。上海解放前夕,荣氏家族迁往海外,荣毅仁毅然作出留在上海、拥护中国共产党的决定,逐渐成为荣氏家族企业的代表。中华人民共和国成立后,荣毅仁满腔热忱地积极投身新中国的建设事业。1950年后出任上海申新纺织印染公司总管理处总经理等职。在国家对资本主义工商业进行社会主义改造的过程中,他身先士卒、率先垂范,带头将申新纺织印染公司等荣氏企业实行公私合营,为新中国的社会主义改造和工业振兴作出了突出贡献,由此获得"红色资本家"的称号。

从本案例中我们可以看出,荣毅仁积极响应党和国家的政策号召,对荣氏家族企业进行社会主义改造。同时,在这一过程中,作为民族资本家的荣毅仁亦逐渐完成了自身的"改造"——他由一位旧社会家族企业的掌门人转变成为新社会参加企业管理的公职人员和走上社会主义道路的"红色资本家"。

申新系统的公私合营和社会主义改造亦是当时——国家对资本主义工商业进行改造时期,民族资本主义工商业获得新生的一个缩影。对资本主义工商业进行社会主义改造,就是要把民族资本主义工商业改造成为社会主义性质的企业,在这一过程中对民族资产阶级实行赎买政策。改造的大致步骤:民族资本主义企业首先提出公私合营的申请,获批准后,政府派出公方代表与私方代表共同组成公私合营筹备委员会。该委员会对企业的财产进行清点,核定私股股金。值得注意的是,在此过程中国家并未将资本家粗暴"消灭",而是给原有私方实职人员——资本家安排了工作,许多人担任了一定的领导职务。比如,荣毅仁在公私合营后,仍然担任公私合营的申新棉纺织印染厂总管理处总经理一职。这种安排,既有利于发挥资本家的经营管理特长,同时也为使他们成为自食其力的劳动者创造了条件。此外,国家还安排资本家进行学习,组织他们到各地参观访问,帮助他们了解国内外形势。

由于党在对私营工商业的改造中,紧紧抓住有利于生产和流通的中心环节,依据国家的需要、企业改造的条件、供产销平衡的可能、资金的准备,以及资本家的自愿,积极稳步地前进,在把私营工商业逐步纳入各种形式的国家资本主义的同时,生产不受影响。因此,公私合营为工商业的发展带来了活力,显示出了社会主义经营管理的优越性。正如案例中显示,申新九厂在合营后,棉纱的制造成本比合营前降低了15%,棉布的次品率也从20%降低到1%~2%。

最后,"红色资本家"是一个特殊的社会群体,也是一个带有中国特色的名词。荣毅仁是新中国"红色资本家"的代表。中华人民共和国成立后,在社会主义建设的各条战线上涌现出王光英、荣毅仁、卢绪章、庄世平、霍英东等一大批"红色资本家"。他们拥护中国共产党的领导和社会主义制度,对新中国的经济建设作出巨大贡献,直接推动了我国政治、经济等领域的变革和发展。

(四)七千人大会报告文本的生成

1.案例呈现

1962年1月11日,七千人大会正式开幕。大会的第一项议程就是讨论刘少奇代表中共中央向大会的报告(第一稿)。根据毛泽东的提议,报告不必先经中央政治局通过,而直接印发大会全体代表讨论,这在党的历次会议上还是第一次。毛泽东认为,参加会议的有各方面人员,多数接近实际和基层,能够从各个角度提出意见来,这样做可以更好地集思广益。从1月11日到29日,参加大会的七千多名代表按地区分成小组,对刘少奇的报告展开热烈讨论,提出许多修改意见。周恩来后来在传达大会精神时曾把这段时间称为大会的第一个"高潮"。

在大会对报告讨论期间,根据毛泽东的意见,刘少奇组织了一个有部分政治局委员、各大区书记和中央有关部门负责人共21人参加的报告起草委员会,充分听取大会代表的意见,对报告作进一步修改。17—24日,刘少奇先后八次主持报告起草委员会会议,对报告作了重要修改,形成报告第二稿。修改过程中,多次送毛泽东阅改。24日,毛泽东在同刘少奇、邓小平谈话时肯定了对报告的修改,表示"赞成这个方向"。

1月25日,刘少奇主持政治局扩大会议。会议讨论并基本通过报告第二稿,同意正式提交大会。刘少奇在讲话中强调了七千人大会的重要意义:"现在有一个七千人大会在这里,包括县委第一书记、第二书记,还有各厂矿、各部门的同志。这样多人,要统一思想,统一认识。而从1958年以来,我们又发生这样多问题,一方面有很多成绩,另一方面有很多缺点错误,到底如何认识,这是一个大问题。要统一认识,统一思想,以至以后还要统一计划,统一行动。这是我们党内目前的关键时期的关键问题。"

1月27日,刘少奇代表中共中央所作的报告正式印发给大会代表。报告共分三部分:(1)目前形势和任务;(2)关于集中统一;(3)党的问题。报告分析了目前国内经济状况以及造成困难的原因,总结了1958年以来在社会主义建设中的经验教训,代表中共中央承担了领导责任,要求全党下大力气纠正工作中的缺点错误,克服困难,做好国民经济调整工作。报告提出当前在经济工作中要加强集中统一,反对分散主义,更快地争取国民经济的根本好转。报告阐述了党的实事求是、群众路线等优良传统作风,严肃批评这几年干部作风中虚假浮夸、强迫命令、严重脱离群众的现象,要求全党克服主观主义、官僚主义、命令主义、分散主义等坏思想、坏作风,把党的战斗力大大加强起来。

(资料来源:金冲及主编:《刘少奇传》,中央文献出版社2008年版,第816~818页。)

2.案例指向

本案例指向教材第八章第五节第二目"国民经济调整和'四个现代化'战略目标的制定"的内容。通过分析七千人大会报告文本的特殊生成过程这一案例,帮助学生理解七千人大会召开的特殊历史背景、大会的主要特点以及历史地位。

3.案例解析

本案例主要展示了七千人大会报告文本的特殊生成过程。1962年1月11日至2月7日,在北京召开扩大的中央工作会议。出席会议的有中央和省、地、县委四级主要负责人以及重要厂矿和军队的负责干部,共

7118 人,通常称为七千人大会。作为在国民经济调整的关键时刻召开的一次会议,这次会议呈现出规模空前、中央领导人带头做自我批评主动承担责任、纠正错误和开辟未来等特点。实际上,这次会议报告的生成形式也呈现出不同于以往会议的特点:"会议的报告未经中央政治局通过,而直接印发大会全体代表讨论,开创了党的历次会议的第一次。"大会报告初稿获得了全体代表的广泛讨论,特别是刘少奇组织了一个报告起草委员会,先后召开八次会议,围绕报告要不要整体推翻、反对分散主义是不是抓住了主要矛盾、指标是低是高、犯错误的原因和错误的责任、"三面红旗"等五个问题畅所欲言、各抒己见。[①] 在与会者广泛讨论后,报告经政治局扩大会议通过,最终形成正式文本,并于 1 月 27 日正式印发给大会代表。当然,这次大会报告文本生成形式上的创新以及报告形成过程的充分讨论和极端审慎,是由这次会议召开的特殊背景和重要性所决定的。

(1)历史背景

1956 年生产资料所有制改造完成,标志着社会主义基本制度在中国确立,中国开始进入全面建设社会主义的历史阶段。围绕怎样建设社会主义、怎样巩固和发展社会主义,党领导人民在实践中进行了艰辛探索。1957 年冬开始,全国掀起"大跃进"、人民公社化运动的高潮,"左"倾错误泛滥,严重损害了民众的生产积极性。毛泽东等中央领导集体虽然对"左"倾错误进行了初步纠正,但由于庐山会议以及随后开始的"反右倾"斗争中断了纠"左"进程,加上自然灾害和苏联政府背信弃义撕毁合同,党和人民面临新中国成立以来前所未有的严重经济困难。1961 年 1 月,党的八届九中全会决定对国民经济实行"调整、巩固、充实、提高"的八字方针,国民经济转入调整轨道。经过一段时间的调整,到 1961 年年底,国民经济特别是农村形势已显露出好转的势头。但是,发展仍很不平衡,城市局势依然十分严峻,工业生产继续大幅度滑坡。而党内各级领导对调整工作的重要性和紧迫性的认识仍不统一,不少地区和部门还采取观望徘徊的态度,许多政策落实不下去,严重影响了调整工作的深入开展。不改变党内的这种思想状况,国民经济调整将难以为继。为进一步总结"大跃

---

① 张素华:《七千人大会报告的讨论修改情况》,《党的文献》1999 年第 6 期。

进"以来的经验教训,统一认识,增强团结,动员全党更坚决地执行调整方针,为战胜困难而奋斗,中共中央决定召开扩大的中央大会来统一全党的思想。可见,这次会议是在国民经济调整的关键时刻为统一全党思想而召开的一次重要会议。

(2)历史意义

这次会议由毛泽东主持,刘少奇、毛泽东、周恩来、邓小平、朱德、陈云等都作了重要讲话。在这次会议上,刘少奇代表中央提出书面报告草稿并给予了口头说明,初步总结了"大跃进"以来经济建设工作的基本经验教训,着重指出了工作中发生的工农业生产计划指标过高、对建设事业的发展要求过急、国民经济比例严重失调等缺点和错误。1月30日,毛泽东发表长篇讲话,着重阐述了民主集中制的极端重要性,并带头做了自我批评。邓小平、周恩来分别代表中央书记处和国务院在大会上作自我批评,并提出了恢复党的优良传统和克服目前困难的主要办法。朱德在山东组的全体会上发言,提出要纠正"左"的偏向,恢复和发展生产。

这次会议发扬了党内的民主和自我批评精神,统一了全党的认识,对动员全党团结奋斗战胜困难起了极其重要的作用。从1963年夏开始,各项建设事业呈现出明显的健康发展势头。到1965年年底,国民经济调整的任务全面完成。正如学者指出,七千人大会是为了总结"大跃进"的经验教训,是为使人们跌倒了再爬起来的一个大会,可以说是那个年代的一个缩影。透过这个大会,我们可以了解那个年代的政治、经济和文化,了解那个年代人们的生活和精神状态。[①]

(五)福建"小三线"建设

1.案例呈现

60年代,在美苏两国加紧对中国进行军事威胁,特别是美国支持台湾的国民党当局武装窜犯我国东南沿海地区的历史条件下,中共中央在研究制订"三五"计划时,将加强战备提到新的高度进行安排部署,并展开

---

① 张素华:《变局:七千人大会始末》,中国青年出版社2012年版,第4页。

了"大、小三线"的建设。福建地处东南沿海,面对台澎金马,为了加强战备,巩固海防,福建省根据中央关于加强"三线"建设的方针,对国民经济的布局进行了重新调整和部署,从 1964 年开始实施建设"小三线"的战略计划。

1964 年 9 月,福建省委在福州鼓山召开常委会会议,对战备支前、"小三线"建设作了全面的研究部署。将福州、厦门、漳州、泉州沿海地区划为第一线;鹰厦线南段,由建瓯、南平至漳平、龙岩地区划为第二线;闽赣边区,武夷山以南、鹰厦线以西,包括长汀、连城、清流、宁化、建宁、泰宁、光泽、顺昌、建阳、松溪、政和一带划为三线。10 月 16 日,福建省委决定成立了"省委军工及三线建设领导小组",根据中央关于对一、二线的经济建设采取"停"(停建一切新开工项目)、"缩"(压缩正在建设的项目)、"搬"(将部分企事业单位全部搬迁到三线)、"分"(将部分企事业一分为二或一分为三,将分出的部分迁往内地)、"帮"(从技术力量、设备等方面对三线企业对口帮助建设)的精神,确定了"小三线"建设的原则,即必须适应战时需要,力求完备,本着平时和战时相结合,军工生产和民用生产相结合,远期和近期相结合的原则。充分利用福建闽西、闽北的有利地形,采取靠山、分散、隐蔽、打洞等措施,一面把福州、厦门、泉州沿海地区的重要企事业单位,分散分批迁往二、三线,一面加速二、三线的建设,力争在 3～5 年内实现经济建设和军工建设的战略调整和转移。

⋯⋯⋯⋯⋯⋯

随着"小三线"建设的全面展开,福建省经济发展的布局发生了新的变化。为了发展军工生产,加大了对重工业的投入,如利用三明钢铁厂原有的基础,投资 148 万元修复和配套了电炉车间和轧钢车间,对龙岩风动工具厂和永安机械厂、永安车辆修配厂进行扩建。南安化工厂和漳州化工厂迁往二、三线,按军工规划进行建设,以满足军工生产的需要。由于加大了重工业的投入,原有的农、轻、重的比例逐渐发生变化。

根据"小三线"建设的要求,一些与备战密切相关的工业迁往内地,如将福州抗菌素厂迁至南平建瓯之间的房村一带,生产葡萄糖、酒精、金霉素、代血浆、强心针等,将厦门橡胶厂和福州翻胎厂迁往龙岩,将原分布于福州、厦门、泉州等沿海城市的电线厂、灯泡厂、蓄电池厂等,迁入南平、三明、龙岩等地。另外,迁入内地的还有厦门工程机械厂、福州机器厂、福州农械厂、福州机床厂、漳州内燃修配厂、厦门轴承厂、福州搪瓷厂、厦门皮革厂、泉州皮革厂、泉州麻纱厂等,原定在福州新建的年产 100 吨涤纶中间试验厂、厦门化纤厂年产 100 吨尼复丝车间,福州新建的日产 5 吨人造纤维厂也都先后迁往内地兴建。这些工厂涉及地方军事工业、民用机械工业、轻化工业等,随着这些工厂的先后内迁,在一定程度上改变了福建工业的地区性结构。

（资料来源:钟健英:《六十年代福建的"小三线"建设》,《福建党史月刊》1998 年第 5 期。）

2.案例指向

本案例指向教材第八章第五节第四目"全面建设社会主义的成就"的内容。通过分析案例,帮助学生理解 20 世纪 60 年代中期至 80 年代中国开展"三线"建设的时代背景、主要内容以及历史意义。

3.案例解析

本案例展现了 20 世纪 60 年代福建省开展"小三线"建设的情况。鉴于严峻的国际局势以及所处的特殊地理位置,福建省积极响应中央加强"三线"建设的方针,在省内实施建设"小三线"的战略计划。福建省委对"小三线"建设作了全面研究部署,明确了"小三线"建设的原则。"小三线"建设的全面展开,使福建省的经济布局呈现新的局面,长期落后的闽西和闽北地区的经济、文化、交通、通讯等方面建设有了一个大发展的机遇。据统计,"小三线"建设期间,从 1965 年 10 月到 1971 年,先后有 14 家福建沿海城市企业迁到了闽北南平市的南平、顺昌、邵武、建阳等县市,开始新的艰苦创业。比如,1965 年 10 月福州电池厂迁到南平市郊十里安,更名为南平电池厂。

实际上,福建的"小三线"建设并非个例。在这一时期,北京、上海、山东、江苏、浙江、广东等省市均开展了轰轰烈烈的"小三线"建设。而包括福建省在内的"小三线"建设则是全国性"三线"建设的一部分。就此而言,福建省的"小三线"建设亦是中国"三线"建设的一个缩影。

"三线"建设是 20 世纪 60—80 年代中国以加强国防为中心的战略大后方建设,是新中国国防建设和国家经济建设的重要组成部分。"三线"

建设发生在中国周边局势恶化之际。20 世纪 50 年代后期开始,中苏之间的矛盾和冲突日益加剧。60 年代前期,国际形势出现新的动荡。中苏论战带来的意识形态争论更是恶化了两党、两国关系。几乎与此同时,1964 年 8 月美国悍然轰炸越南北方,中国周边形势紧张起来。备战问题摆到党的重要议程上来。1964 年五六月间,中央政治局常委扩大会议和中央工作会议专门讨论"三五"计划时,高度关注国家安全的毛泽东,从经济建设和国防建设的战略布局考虑,将全国划分为一、二、三线①,提出"三线"建设问题。他说:只要帝国主义存在,就有战争的危险。我们不是帝国主义的参谋长,不晓得它什么时候要打仗。我们把三线的钢铁、国防、机械、化工、石油、铁路基地都搞起来,那时打起仗来就不怕了。有了准备就可能不打了。据此,中央改变"三五"计划的最初设想,作出了开展"三线"建设、加强备战的重要战略部署。同年 10 月,中共中央下发《一九六五年计划纲要(草案)》,提出"三线"建设的总目标:采取多快好省的办法,在纵深地区建立起一个工农业结合的、为国防和农业服务的比较完整的战略后方基地。

据不完全估计,1964 年下半年至 1965 年,在西南、西北"三线"部署的新建、扩建和续建大中型项目有 300 多个,包括钢铁、有色金属、森林建材、石油化工、铁路交通、邮电、教育等各个方面,重点是四川攀枝花钢铁工业基地、甘肃酒泉钢铁厂、成昆铁路、成都航空工业基地、西北航空航天工业基地和电子工业基地等。一、二线地区各省市也部署了一批本省的"小三线"项目。

1965 年夏,"三线"建设进入实质性实施阶段,并在 1965—1966 年形成一个小高潮。据统计,1965 年"三线"建设的投资占国家基建总投资的近 1/3,1966 年占到 1/2。为统一协调和指挥"三线"建设,1965 年 4 月成立国家建设委员会,谷牧任主任。起步阶段的"三线"建设进展很快,仅1965 年就完成全部搬迁计划的 40%,当年建成和部分建成的项目占在建

---

① 一线指东北及沿海各省市;三线指云、贵、川、陕、甘、宁、青、晋、豫、湘等 11 个省区,其中西南(云、贵、川)和西北(陕、甘、宁、青)俗称"大三线";二线是指一、三线之间的中间地区;一、二线地区各自的腹地又俗称"小三线"。

项目的近40%。1966年除继续进行已上马的重点项目外,贵州、甘肃、四川的一些大型项目开始上马。"文化大革命"初期,"三线"建设受到严重影响。随着各级革委会的建立、党的九大的召开以及党的各级基层组织相继恢复,主持政府工作的周恩来等领导人抓紧时机,着手恢复经济工作,"三线"建设继续推进,并取得了丰硕成果。一大批交通运输线、输油管线和邮电通信设施接续建成,已经开发的油田持续发展。比如,70年代初期,在极端恶劣的条件下,铁道兵指战员和铁路工程建设人员在人迹罕至的崇山峻岭间克服艰难险阻,建成了连接我国大西南地区的成昆铁路、湘黔铁路和襄渝铁路,改变了西南地区交通闭塞的状况。

"三线"建设不仅极大地增强了国防力量,而且在很大程度上改变了旧中国工业布局不平衡的状况,使一大批当时顶尖的军工企业、国有企业、科研院所来到西部,为西部地区提供了难得的发展机遇。当然,由于对战争作了立足于准备应对"早打""大打"的估计,"三线"建设在部署上要求过急,铺开的摊子过大,注重战备要求,忽视经济效益,增加了建设费用,造成了不少浪费。

(六)尼克松访华与中美关系正常化

1.案例呈现

1972年2月17日10点35分,我们离开安德鲁斯空军基地,飞往北京。当飞机加速、离开地面时,我想到马尔罗讲的话。我们正在开始一次在哲学上争取有所发现的旅程,这个旅程正像很早以前在地理上发现新大陆的航行一样不可预卜,并且在某些方面一样危险。

像亨利和鲍勃在飞机上所指出的,我们从全国各地收到的祝愿我们成功的电报几乎使我们产生一种宗教的感觉。我对亨利说,我感到真正的问题在于美国人民拼命地、几乎是天真地争取和平,任何代价在所不惜。他认为,对于这次大胆的行动以及访问一个为许多美国人所不熟悉的国土这一事件,还有某种兴奋的成分。

我们在上海作短暂停留,让中国外交部官员和一位中国领航员登上飞机。一个半小时以后,我们准备在北京降落。我从舷窗向外眺望。时值冬季,田野是一片灰黄。小村镇就像我看过的图画里中世纪的村镇一样。

我们的飞机平稳着陆,几分钟后停在候机楼前。门开了,帕特和我走了出去。

周恩来站在舷梯脚前,在寒风中不戴帽子。厚厚的大衣也掩盖不住他的瘦弱。我们下梯走到快一半时他开始鼓掌。我略停一下,也按中国的习惯鼓掌相报。

我知道,1954 年在日内瓦会议时福斯特·杜勒斯拒绝同周握手,使他深受侮辱。因此,我走完梯级时决心伸出我的手,一边向他走去。当我们的手相握时,一个时代结束了,另一个时代开始了。

············

我在离开中国前夕的宴会上祝酒说,"我们今天所发表的联合公报概括了我们会谈的结果。这个公报明天将成为全世界的重大新闻。但是,我们在那个公报中所说的话,远不及我们在今后为建立跨越 1.6 万英里和过去分割我们 22 年的敌对状态的桥梁而将做的事情来得重要。"

(资料来源:理查德·尼克松:《尼克松回忆录》中册,裘克安等译,世界知识出版社 2000 年版,第 671~696 页。)

尼克松访华开启了中美关系正常化的进程。两国在上海发表《联合公报》,标志着中美之间长期敌对的状态已经结束,也标志着国际政治格局的转换。这为亚太地区乃至世界的和平带来了新的希望。但是,"上海公报"表明中美双方在台湾问题上的立场还相差甚远,尼克松政府也没有明确承认中华人民共和国是中国唯一的合法政府。这意味着实现中美关系正常化还有一段艰难的行程。不过需要注意的是,在尼克松访华期间,双方敲定了建交条件,即美国对台断交、废约、撤军,中方也不再以彻底解决台湾问题作为与美国交往的前提,双方决定在正式建交前互设联络处。

(资料来源:章百家:《记忆与研究:尼克松访华与中美关系正常化》,《中共党史研究》 2022 年第 4 期。)

1972 年 2 月 21—28 日尼克松访华。经过反复磋商,2 月 28 日,发表了中美上海公报。该公报有一个突出的特点,就是公报公开摆出了双方由于社会制度不同,而在主要问题上的重大分歧。公报着重指出的共同点包括：第一，明确宣布了国际关系中的反霸原则，即"任何一方都不应该在亚洲—太平洋地区谋求霸权，每一方都反对任何其他国家或国家集团建立这种霸权的努力"。第二，明确宣布"中美两国关系走向正常化是符合所有国家的利益的"。上海公报的发表，结束了中美两国间 22 年的敌对状态，开始了中美关系正常化的过程，成为中美两国友好关系发展的基础；上海公报的发表开始了国际范围内反霸斗争的新阶段。它对美国是一个约束，对各国人民是一个保证，对霸权主义是一个遏制。因此，尼克松访华，上海公报的发表，在"中美两国关系史上是一个创举"，是"重建中美关系的分水岭"。

（资料来源：万松玉：《尼克松主义与中美关系正常化》，《河南大学学报（哲学社会科学版）》1989 年第 1 期。）

2.案例指向

本案例指向教材第八章第五节第四目"全面建设社会主义的成就"的内容。通过分析尼克松访华与中美关系正常化这一案例，帮助学生理解我国在全面建设社会主义时期在外交方面所取得的成就。

3.案例解析

本案例说明了尼克松总统访问中国及其对中美关系正常化的影响。1972 年 2 月 21 日，美国总统尼克松访问中国，同毛泽东、周恩来等国家领导人举行会谈，中美发表上海联合公报，宣布两国关系走向正常化。尼克松访华不仅在 20 世纪中美关系史上，而且在世界外交史上占有重要地位。那么，尼克松访华何以发生、如何推进以及如何认识其对中美关系正常化的影响？

（1）尼克松访华的历史背景

中华人民共和国成立后，美国对华实行政治孤立、经济封锁、军事遏制的敌视政策。随着国际局势的演进，特别是进入 20 世纪 60 年代中后期，中美两国领导人都认为有必要也有可能举行改善两国关系的外交谈判，以实现两国关系的正常化。在美国看来，苏联是美国的主要威胁，美苏对立是它所面对的严重问题。而且，美国要尽快结束越南战争，消除越南战争败局造成的影响并维持它在世界上的霸权地位，对付苏联的挑战，迫切需要改善同中国的关系。而此时中苏关系恶化的加剧使美国意识到

联华抗苏的设想具有现实的可能性。就中国方面来说，要对付苏联当时
对我国国家安全所构成的直接和严重的威胁，要解决台湾问题以实现国
家统一大业，要恢复和扩大国际交往、积极参与国际事务，也需要缓和同
美国的关系。

在此情况下，尼克松当选美国总统后，决定调整美国的全球战略，改
善美国长期敌视中国的政策。这无疑为两国关系的改善提供了契机。尼
克松通过各种渠道向中国领导人秘密转达同中国改善关系的意图。对
此，我方予以积极回应。1971 年 4 月，毛泽东根据美方的请求，决定邀请
正在日本名古屋参加第三十一届世界乒乓球锦标赛的美国乒乓球队访问
中国，以中美人民之间的民间交往作为打开两国官方关系的序幕。7 月 9
日，美国总统特使、总统国家安全事务助理基辛格秘密访华。15 日，中美
两国同时发表公告，宣布中国邀请美国总统尼克松访华。

（2）尼克松访华的历史进程

1972 年 2 月 21 日，尼克松总统访华。当天下午，毛泽东会见了尼克
松，双方就中美关系和国际事务进行了认真、坦率的交流。接着，周恩来
同尼克松就两国关系正常化及双方共同关切的其他问题交换了意见。28
日，中美双方在上海发表《中美联合公报》，标志着两国关系正常化进程的
开始。在《中美联合公报》中，双方申述了各自的原则立场，强调双方同意
以和平共处五项原则来处理国与国之间的关系。双方郑重声明：中美两
国关系走向正常化是符合所有国家的利益的；双方都希望减少国际军事
冲突的危险；任何一方都不应该在亚洲—太平洋地区谋求霸权。在台湾
问题上，中国政府明确指出，台湾问题是中国的内政，用什么方式解决应
该由中国自己来决定。美方则表示：认识到在台湾海峡两边的所有中国
人都认为只有一个中国，台湾是中国的一部分，美国政府对这一立场不提
出异议。《中美联合公报》的发表是中美关系史上的里程碑。此后，两国
政府继续就建交问题举行会谈。

（3）如何正确认识尼克松访华与中美关系正常化

尼克松访华和《中美联合公报》的发表，宣告了中美之间长期敌对状
态的结束，揭开了中美关系正常化的序幕。此后，中国方面积极采取措施
为两国邦交关系正常化而努力。据尼克松访华的亲历者朱永嘉回忆：尼

克松访华后,中国要面对世界了,上海就着手办外语培训班,培养外语人才……这一切说明,在那时我们已经在为中美关系即将翻开的新的一页作准备了。[①] 然而,由于要实现中美建交,美国政府必须断绝同台湾当局的所谓"外交关系",从中国台湾地区撤出美国全部武装力量和军事设施,废除同台湾当局的所谓"共同防御条约",承认中华人民共和国政府是中国的唯一合法政府。这意味着实现中美关系完全正常化还有一段艰难的行程。

尼克松访华是新中国成立以来外交领域的一大突破,是中国同西方国家关系出现重大转机的标志性事件。尼克松访华和中美关系正常化为后续对外开放的启动提供了可能性和有利的国际环境。这恰恰证明了历史的连续性,亦证明了习近平总书记所强调的我们"不能用改革开放后的历史时期否定改革开放前的历史时期"论断的睿智。尼克松访华和中美关系正常化亦带动了中日邦交正常化的实现。同年,日本首相田中角荣访华,两国发表关于建交问题的联合声明。此外,中国还同英国、荷兰、希腊、联邦德国等国先后建立大使级外交关系。

四、延伸阅读

1.习近平:《在纪念中国人民志愿军抗美援朝出国作战 70 周年大会上的讲话》,人民出版社 2020 年版。

2.武力:《中国的第一个五年计划》,北京出版集团公司、北京人民出版社 2019 年版。

3.中共中央党史和文献研究院编:《中国共产党的一百年:社会主义革命和建设时期》,中共党史出版社 2022 年版。

4.张素华:《变局:七千人大会始末》,中国青年出版社 2012 年版。

5.章百家:《记忆与研究:尼克松访华与中美关系正常化》,《中共党史研究》2022 年第 4 期。

[①] 金光耀、朱永嘉:《我所经历的尼克松访华》,《史林》2013 年第 S1 期。

五、拓展研学

1.为配合案例讲述,教师可以组织学生观看《长津湖》《长津湖之水门桥》《上甘岭》《解密1972》等影像资料,增强学生对这段历史的学习兴趣。

2.教师可以结合学生的寒暑假社会实践活动,组织学生前往古田水电站以及闽西、闽北"小三线"建设的厂矿企业或遗迹进行考察,撰写调研报告,加深学生对这段激情燃烧的岁月的了解,体会社会主义道路的正确性和优越性。

3.结合实践教学,让学生组成实践小组,拍摄"七千人大会"以及关于荣毅仁事迹的情景剧或微视频,让学生在情景演绎中增进对这段历史的了解和认识。

第九章　改革开放与中国特色社会主义的开创和发展

一、教学主要目标

本章的教学任务主要围绕中国特色社会主义道路的开创和接续发展而展开,教学主要目标包括:

了解中共十一届三中全会召开的历史背景、主要内容和伟大意义,深刻领会十一届三中全会是新中国成立以来的伟大历史转折。

了解"建设有中国特色的社会主义"命题提出的重大意义,了解中国特色社会主义开创与接续发展的历史进程,坚定只有中国特色社会主义才能发展中国、只有坚持和发展中国特色社会主义才能实现中华民族伟大复兴的信念,增强中国特色社会主义的道路自信、理论自信、制度自信和文化自信。

了解改革开放和现代化建设深入推进的历史进程和取得的巨大成就,深刻认识改革开放是决定当代中国前途命运的关键一招。

二、教学重难点

改革开放决策的历史背景,中共十一届三中全会的主要内容和伟大意义,引导学生认识中共十一届三中全会是新中国成立以来伟大的历史性转折。

"建设有中国特色的社会主义"命题提出的重大意义,引导学生正确认识"改革开放前"和"改革开放后"两个历史时期的相互联系和重大区别。

改革开放和现代化建设深入推进的历史进程和取得的巨大成就，引导学生运用辩证的方法认识和评价改革开放过程中的事件和人物。

三、教学案例

(一)从邓小平三落三起的人生经历,深刻领悟改革开放总设计师高风亮节的人格魅力

1.案例呈现

在邓小平同志三落三起的政治生涯中,有一栋小楼与他乃至共和国的命运有着不解之缘。……小楼原是学院一位领导的住宅,后作为因"一号命令"疏散到江西的"党内第二号最大走资派"邓小平的临时住所,他和家人在这里度过了三年多的谪居岁月。……

寒冬,他坚持每天洗冷水澡,磨砺意志,锻炼体魄;酷暑,他坚持上工劳动,体验世情。……他密切关注世界风云变幻,关注政坛的跌宕起伏,关注国家的经济发展,关注人民的生活状态。……他在这里静静地读书,静静地踱步,静静地思考。他不是在担忧眼前生活的艰难,更不是在考虑个人的政治机缘。他不断思索的,是几十年的革命风云,是党和国家所走过的不平坦的道路,是惨痛的教训,是胜利的辉煌。他思索的,是过去,是现在,更是未来。……

他说过,我是中国人民的儿子,我深深地爱着我的祖国和人民。……信仰是人的精神内核,是支撑一个人坚定走下去的动力源泉。英国作家塞缪尔·斯迈尔斯说过,能够激发灵魂的高贵与伟大的,只有虔诚的信仰。……

正是基于这个信仰,他在被解放后,以一个政治家极大的政治勇气和胆略,对"文化大革命"造成的混乱局面进行了全面整顿,领导和支持开展

真理标准的大讨论,提出必须完整准确地理解毛泽东思想,尽快把全党的工作重心转移到经济建设上来。

正是基于这个信仰,他在对什么是社会主义、怎样建设社会主义等一系列问题进行深刻反思后,创立和发展了建设有中国特色的社会主义理论,科学地阐明了社会主义的本质。他提出的社会主义的根本任务是发展生产力,全党要一心一意搞社会主义建设,使我国人民的物质文化生活发生了翻天覆地的巨大变化,一个繁荣昌盛、欣欣向荣的社会主义中国巍然屹立在世界的东方。

正是基于这个信仰,他从来没有因个人的遭遇而消沉、悲观。无论环境怎样恶劣,他从没有动摇自己的理想,从没有放弃斗争,也从没有忘记作为一个共产党员的责任。他当时就说,"我还会出来工作的。"很难设想一个人在被撤职、打倒和羁押之时,还这样忧国忧民,对未来充满信心,对自己的信仰终生不渝。

人的一生,会遇到各种各样意想不到的困难和挫折。邓小平同志也是。一生波澜壮阔,身经百战,历尽磨难,几度沉浮。但正是因为他胸中有信仰,心中有人民,所以在逆境面前选择坚定,在是非面前选择正义,在风浪面前选择从容,在高压面前选择抗争……给人以星火者,必怀火炬。他一生信仰如炬,理想如帜,用实践演绎和诠释了中国共产党人价值追求的真谛和内涵,在人们的心中树起了一座丰碑。

(资料来源:廖毅文:《信仰的能量》,《人民日报》2013 年 2 月 27 日第 24 版。)

虽然邓小平身材矮小,但担任最高领导人的他在房间一露面,就能展现出夺人的气势,自然而然地成为众人瞩目的中心。有不止一位观察家说过,他似乎能给房间带来电流。他在解决重大问题时专注而果断,既有战时军队司令员那种天生的沉着,又有半个世纪里接近权力中心处理重大问题养成的自信。他经历过官场沉浮,在妻子儿女和亲密同事的支持下又东山再起,所以对自己的处境已经泰然自若。如果他不了解某事,他随时乐于承认。吉米·卡特总统曾评论道,邓小平跟苏联领导人不一样,他有一种内在的自信,这使他能直奔实质问题。

(资料来源:傅高义:《邓小平时代》,冯克利译,生活·读书·新知三联书店 2013 年版,第 20 页。)

1977 年 7 月 16 日至 21 日,中国共产党第十届中央委员会第三次全体会议在北京召开。……这次会议最重要的成果,是邓小平再次复出,担任中央党政军领导职务。……党的十届三中全会的各项决策,特别是关于重新恢复邓小平职务的决定,得到了全党和全国各族人民的热烈拥护。7 月 22 日,全会公报公布的当晚,北京市不少群众自发走上街头表达自己的欣喜之情。23 日,首都 100 多万军民怀着喜悦的心情冒雨举行庆祝游行,同时,十万各界群众在工人体育场举行盛大的庆祝集会,热烈欢呼党的十届三中全会的召开。全国各地也纷纷举行庆祝会。人们用"英明的决策、伟大的胜利"来称颂全会,用"全党欢呼,全军振奋,人民欣慰!"这样的词句表达对邓小平重新恢复工作的拥护。

邓小平的重新复出,顺应了党内外广大干部和群众的要求,有力地推动了各个领域亟待开展的拨乱反正的工作。

(资料来源:《中国共产党历史》第 2 卷(1949—1978)下册,中共党史出版社 2011 年版,第 1003~1004 页。)

2.案例指向

本案例指向教材第九章第一节第一目"伟大转折和成功开创中国特色社会主义"。改革开放与中国特色社会主义的开创,毫无疑问,起决定性作用的是邓小平。因此,在教学过程中,结合邓小平三落三起的人生经历,了解邓小平高风亮节的人格魅力,能够更好地理解这一时期中国历史发展的主题、主线。

3.案例解析

中国改革开放的总设计师邓小平具有三落三起的传奇人生。1933年,在中央苏区,因为执行毛泽东的正确路线,被王明"左"倾教条主义者诬为江西"罗明路线"的头子,即邓小平、毛泽覃、谢唯俊、古柏四大"罪人",遭受残酷打击。"文化大革命"初期,他被错误地视为"党内第二号最大的走资派"而遭受批判,再次被打倒。1975 年年底,随着"反击右倾翻案风"运动的开展,他第三次被打倒。但是,每一次,邓小平都奇迹般地复出,而且,他愈挫愈勇,不断创造人生的辉煌。他带领党和人民开创了建设有中国特色的社会主义道路,他和孙中山、毛泽东一起并称为 20 世纪中国最杰出的三位历史伟人。

　　本案例所选择的三则材料,都围绕邓小平三落三起的人生经历和高风亮节的人格魅力展开论述。

　　第一则材料记述了"文化大革命"期间,邓小平谪居江西三年多的基本情况。1969 年 11 月,邓小平被下放到南昌市新建县拖拉机修造厂劳动改造,在这样的人生逆境中,邓小平处之泰然。他利用生产劳动的机会,和工人们深入接触,尽可能地了解生产情况和基层人民的生活状况。他粗茶淡饭,而且是自己动手,甘之如饴。他顽强地锻炼身体,以保有一个健康的体魄,为能够长久地工作奠定基础。他手不释卷,刻苦研读马列主义、毛泽东著作和各种典籍,并结合党和国家的发展历史,融入自身的实际,深入思考党和国家的前途、命运,人民群众的安危冷暖。最根本的,他始终抱持着坚定的信念,正是这种信仰,给予邓小平源源不断的力量,这便是这则材料中所论述的"信仰的能量"。在江西三年多,邓小平在住地和工厂之间,踩出了一条小路,人们亲切地称之为"小平小道"。

　　第二则材料来自美国著名学者傅高义先生的论著《邓小平时代》,在这部具有全球影响力的巨著中,傅高义先生对邓小平的历史功绩和历史地位作了深入的阐述,给予了充分的肯定。我们知道,邓小平带领全党和全国各族人民勇闯新路,开创了中国社会主义现代化建设的新局面,开辟了建设有中国特色的社会主义道路。这一历史伟业不仅全面惠及十几亿中国人,极大地改变了人们的生产、生活状况,改变了中国社会历史发展的进程,而且对世界历史发展也产生了深远的影响。正因为如此,具有全球广泛影响的美国《时代》杂志,于 20 世纪 80 年代在封面登载邓小平的巨幅照片。由此,国际社会普遍认同中国改革开放取得的伟大成就,高度肯定邓小平的丰功伟绩,把这段历史时期称为"邓小平时代"。

　　第三则材料讲述了邓小平第三次复出时的情况。1976 年 10 月,"四人帮"被粉碎,延宕十年之久的"文化大革命"终于结束,由于长期的社会动乱,这时的中国,真可谓是满目疮痍。政治上,冤、假、错案成堆,社会关系严重扭曲;经济上,国穷民困,几乎到了崩溃的边缘。因此,人心思治,人们把希望寄托在邓小平身上,因为 1975 年邓小平主持中央日常工作,进行全面整顿,短时间内就取得了显著的成效,虽然被迫中断,但是留给人民和历史的影响都非常深刻,大家强烈要求邓小平复出。同时,党内一些老干部,诸如叶剑英、李先念、陈云、王震等,都要求邓小平同志出来工作。1977 年 7 月召开了中共十届三中全会,恢复了邓小平的领导职务。

邓小平三落三起的人生经历和高风亮节的人格魅力,给予我们深刻的启示。

(1)要怀抱坚定的信念

可以说,信念是一个人安身立命的基础,它引导着一个人的人生航向。邓小平青年时代在法国勤工俭学期间,经过认真的思考和反复的比较,接受了马克思主义,加入伟大的中国共产党,投身于中国革命、社会主义建设和改革开放伟大事业中,他的信念是坚定的,一以贯之的。如果说有变化,那是经受过实践的淬炼和岁月的洗礼,更加明确。正是这样坚定的信念,为邓小平提供了源源不断的力量,使他能够战胜各种各样的困难,经受住各种各样的考验。对于青年大学生来说,要以邓小平为榜样,确立正确的世界观、人生观和价值观,坚定马克思主义的信念,如习近平同志谆谆告诫的,要扣好人生的第一粒扣子,走好人生的每一步。

(2)要树立创新的勇气

邓小平的人生经历中充满着创新的勇气。1977 年 2 月,"两个凡是"刚刚提出,同年 4 月邓小平就旗帜鲜明地提出批评,明确指出"两个凡是"不行,不符合马克思主义。要知道,邓小平这时还未复出,但邓小平就是这样,绝不明哲保身,充满创新的勇气。在邓小平和许多老一辈革命家的支持下,党的十一届三中全会彻底否定"两个凡是"的错误方针,重新确立了马克思主义的思想路线、政治路线和组织路线,开启了我国改革开放和社会主义现代化建设新时期,实现了历史性的伟大转折。1992 年春天,88 岁高龄的邓小平视察武昌、深圳、珠海、上海等地,发表一系列重要讲话,从理论上深刻回答了长期困扰和束缚人们思想的许多重大问题,对中国社会主义现代化建设事业具有重大而深远的意义。这些都是他勇于创新的具体事例。今天,创新已经成为中国社会发展的不竭动力,成为人们的普遍共识。我们要以邓小平为榜样,勇于创新,善于创新,不断推动社会的发展进步。

(3)要不断增强学养

创新不是凭空产生的,它的底气来自深厚的学养,而深厚的学养需要日积月累,需要不断经受实践的检验。邓小平同志在长期的革命和建设实践中,非常注重理论学习,而且,他不拘泥于本本,更是坚决反对教条主义。他尊崇实际,崇尚实践,在此过程中,不断增强了他深厚的马克思主义学养。在真理标准大讨论过程中,他对解放思想作出了科学阐释,我们知道,解放思想绝不等同于随心所欲地胡思乱想,如果没有深厚的马克思主义学养是断难做到的。邓小平同志的经历告诉我们,做好创新,人生有所成就,必须不断增强自己的学养,为此,要努力学习,深入实践。

(4)要厚植为民情怀

全心全意为人民服务是中国共产党人的根本宗旨,邓小平毕生践行这一宗旨,他的座右铭:"我是中国人民的儿子,我深情地爱着我的祖国和人民。"他是这么说的,更是这么做的。1977 年 7 月,中共十届三中全会恢复了邓小平的领导职务,在会议上他作了一个表态性的发言:"我出来工作,可以有两种态度,一个是做官,一个是做点工作。我想,谁叫你当共产党人呢,既然当了,就不能够做官,不能够有私心杂念。"①正是这种深厚的为民情怀,强烈的使命意识,驱使邓小平披肝沥胆,排除万难,奋然前行,勇开新局,勇闯新路。

(二)小岗之闯

1.案例呈现

"大包干,大包干,直来直去不拐弯,保证国家的,留足集体的,剩下都是自己的。"这一闻名全国的《大包干歌》中所传唱的大包干,指的是安徽省凤阳县小岗村在中国农村率先试行的包干到户这一生产责任制。大包干一经产生,就以其极强的可操作性,深受广大农民欢迎,给中国共产党解决人民群众的温饱问题带来了契机,为中国特色社会主义理论的开创提供了农村的实践样板。

2018 年 12 月 18 日,党中央、国务院授予农村改革的先行者、小岗村"大包干"带头人 18 位同志改革先锋称号,颁授改革先锋奖章。事迹介绍

---

① 《邓小平讲话实录:演讲卷》,红旗出版社 2018 年版,第 141 页。

是这样写的："1978 年冬,安徽省凤阳县小岗村 18 户农民,以敢为天下先的精神,在一纸分田到户的'秘密契约'上按下鲜红的手印,实行农业'大包干',从此拉开我国农村改革的序幕。"

千百年来,中国一直是一个人口大国,而温饱问题一直困扰着中国社会。为了解决这一难题,中国共产党在建党后的各个历史时期进行了各种尝试。"文革"后,党中央选择在安徽这一农业大省进行了农村改革的试点。

1977 年 6 月 22 日,中央委任万里为中共安徽省委第一书记,经过 3 个月的调查研究,制定了省委《关于当前农村经济政策几个问题的规定(试行草案)》,并于 11 月 20 日以省委文件的形式下发。该政策突破了当时的许多禁区,如自留地和家庭副业,过去是要割掉的"资本主义尾巴",现在要"鼓励";以前生产队没有生产自主权,这里提出要"尊重"生产队的生产自主权;在劳动计酬上,对少量农活可以实行定额计酬。

1978 年,安徽大旱,为了救灾济民,安徽省委 9 月出台规定:集体无法耕种的土地,可以借给社员耕种,谁种谁收,国家不分配征购任务;从集体土地中每人借一分地种菜(实际上是种粮食)度荒。当年,凤阳县是重灾区,为了能够顺利度荒,凤阳县马湖公社率先实行了"分组作业,以产定工"生产责任制,凤阳县委对这一突破以队为基础的生产责任制采取了默许的态度。此时,无论是省委的"借地度荒"的政策,还是凤阳县委"分组作业,以产定工"的办法,对小岗实行包干到户有着十分重要的启示作用。

1978 年秋天,小岗生产队的 20 户人家共计 115 人,被凤阳县梨园公社分为两个作业组,实行的责任制是包干到组。小岗生产队在执行相关政策时发现,这种分组作业的方式还是很难调动广大农民的生产积极性。为了彻底解决这一问题,1978 年冬,小岗村 18 户当家人聚集在严立华家,召开了一次秘密的会议,讨论将分组作业改为包干到户的可行性,结果,大家一致同意采用分户承包土地的做法。

鉴于当时的政治压力,所有社员都表示要为这一做法集体负责,因此18 个带头人采用了立字为据的做法,在一份生死契约书上签字盖章,以示风险共担,契约书的内容如下:"我们分田到户,每户户主签字盖章。如以后能干,每户保证每户的上交和公粮,不在(再)向国家伸手要钱要粮,如不成,我们干部坐牢刹(杀)头也干(甘)心,大家社员也保证把我们的小孩养活到十八岁。"鉴于小岗生产队另外两户外出逃荒去了,他们的手印由他们的儿子和兄弟代按。

小岗村18位带头人的红手印催生了我国的家庭联产承包责任制,并最终上升为我国农村的基本经营制度,彻底打破"一大二公"的人民公社体制,解放了农村生产力,一举解决了广大群众的温饱问题。以大包干为核心的家庭联产承包责任制的实行,开创了我国农业发展历史上的第二个黄金时代。

小岗人以按红手印表决心的方式推进了"大包干"的伟大实践,孕育了以"改革创新,敢为人先"小岗精神。2005年6月21日,时任浙江省委书记的习近平在《光明日报》发表文章《弘扬"红船精神"走在时代前列》,提出"开天辟地、敢为人先"的"红船精神",而"改革创新,敢为人先"的"小岗精神",正是"红船精神"在改革开放初期农村土地改革实践中的体现。

(资料来源:《安徽滁州:"18枚红手印"背后的故事》,https://www.cqcb.com/dyh/media/dyh3493/2021-09-20/4465505_pc.html,访问日期:2024年4月20日。)

2.案例指向

本案例指向教材第九章第一节第三目"改革开放的起步"的子目"农村改革的突破性进展"。中国改革开放的起步,一个重要的问题便是农村改革,安徽省凤阳县小岗村18户农民以按红手印表决心的方式实行"大包干",是新时期勇闯新路之举,因此通常也被称为"小岗之闯"。当然,改革开放时期的各项改革举措并不是孤立的,它们是相互联系的一个有机整体,其中,农村改革走在了前头,是其他各项改革的基础。只有充分理解了农村改革,才能更加深入地把握改革开放的历史。

3.案例解析

中国是一个传统的农业国,影响农业生产效率的因素有很多,归纳起来有生产力和生产关系两个方面,因此,推动农业生产的发展和进步,需要多方发力。新中国成立以来,农业的发展和进步是显著的,取得的成绩必须充分肯定,但是其间存在的问题也需要正视,特别是"文化大革命"以来,长期严重的"左"的错误政策,导致农业生产徘徊不前,农业产出严重不足,不仅影响到广大农民的生活,而且严重影响到城市居民的生活供给。全国人民都不满意,存在着变革的深厚民意基础。这一时期,广大农村实行的人民公社体制,典型特征是"一大二公",从基层生产单位来说,没有足够的自主性,根本谈不上因地制宜地发挥自身优势,加快农业生产的发展。从个体的农民群众来说,他们的利益诉求得不到满足,生产者的主体地位得不到体现,生产积极性受到严重挫折,创造性发挥不出来。再加上严重的"左"倾错误理论的鼓吹,诸如越穷越光荣,越穷越革命,搞穷过渡等,尤其是"宁要社会主义的草,也不要资本主义的苗"。在微观的具体政策层面,在广大农村大力推行割资本主义的"尾巴",严重限缩农民的家庭副业和多种经营,诸如农户的养猪、养鸡等都受到严格的限制,更谈不上让农民大量种植蔬菜、水果等,搞得国穷民困,整个社会死气沉沉,缺乏生机与活力。这种局面当然不是党和政府所希望的,也和中国共产党的根本宗旨相背离,更不被广大人民群众特别是农民群体所欢迎和拥护。中国的改革势在必行,伟大的农村变革就是在这样的历史条件下孕育产生的。

本案例材料讲述的安徽省凤阳县小岗村便是这一时期农村改革的典型代表。安徽省地跨长江和淮河,是一个农业大省,也是经济发展相对落后的地区。"文化大革命"时期,安徽省各方面建设遭受到重大破坏,是一个重灾区,特别是"文化大革命"后期,安徽省主要领导人跟随"四人帮",大力推行一整套"左"倾错误做法,使得安徽省经济发展更是雪上加霜,广大农村一片凋零,农民群众普遍吃不饱,穿不暖。粉碎"四人帮"以后,1977年6月,中央调整了安徽省主要领导,任命万里同志为中共安徽省委第一书记。万里上任以前对安徽的穷困有所了解,但当他接触到安徽省当时的实际情况,尤其是安徽省农村的情况时,还是触目惊心。上任伊始,他便深入各地调研,几乎走遍全省,令他印象深刻的是,全省农民家庭基本上没有像样的木器家具,甚至有些十来岁的孩童,冬天没有最基本的御寒衣物。这种情况着实令万里震惊,强烈的使命意识驱使他采取切实有效的措施,迅速改变这一状况。万里大力推动安徽省各项改革,尊重农民的首创精神,实现了农村改革的巨大突破。其实,安徽省的情况是当时全国的一个缩影,各地农村的情况大抵如此。

　　小岗村是中国农村改革的主要发源地之一,以它为代表的小岗之闯,冲破了旧的体制的束缚,走出了一条农村改革的新兴之路。安徽省是中国农村改革的发祥地之一。早在 1956 年,安徽省就实行过以"包产到户"为特征的农业生产责任制①,但在当时的社会环境下,各项条件不具备,改革没有成功。而到了 1978 年年底,中国的社会环境发生了深刻的变化,"四人帮"被粉碎,"文化大革命"已经结束,人心思治,快速发展经济、尽快改变贫穷落后的面貌,已经成为全社会的普遍共识。邓小平第三次复出,真理标准大讨论在中国大地上如火如荼地展开。所有这些都为中国新时期的改革奠定了坚实的基础。

　　以小岗村为代表的中国农村改革,在这样的社会环境下,悄然拉开了序幕。1978 年年底,小岗村 18 户农民召开了一次会议,签订了一份秘密协定,搞起了大包干。由于充分调动了农民的生产积极性,第二年获得了丰收,一举改变了小岗人吃不饱饭的局面。此消息不胫而走,由公社到县里,然后传到了省里。在此过程中,出现争论是再平常不过的了,因为这毕竟是一种重大的改变,肯定的有之,否定的也有之。但无论如何,事实摆在那里,尊崇实际的万里,得知小岗村的改革,予以高度肯定,并称农民的小茅屋里出了马列主义。今天我们仔细研读摁了 18 个鲜红手印的那一份秘密协定,内容平淡无奇,文字简单,还有不少错别字,显得有些粗糙,但它平实,符合当时的农村实际。正因如此,万里不仅宽容、肯定小岗村的改革,高度赞扬农民群众的首创精神,而且对农村改革予以引导。他及时地把安徽省农村的改革情况向邓小平汇报,得到了邓小平的肯定。这样,来自基层的改革之举,得到了中央高层的充分肯定,上下合力,很快便显现出磅礴之力。各种形式的农业生产责任制在中国广大农村推展开来,取得了巨大的历史性成就。小岗之闯,孕育了"改革创新,敢为人先"的小岗精神,是值得我们珍视的宝贵的精神财富。

---

① 陈锡文:《中国农村改革:回顾与展望》,天津人民出版社 1993 年版,第 41 页。

(三)试办经济特区的豪迈之举

1.案例呈现

中共十一届三中全会后,习仲勋和中共广东省委一班人深入基层,实事求是,解放思想,认真总结建国以来特别是半年来谋划广东新发展的实践,深深感到现行的经济管理体制和管理方法严重束缚着生产力的发展,认为要在二十世纪末实现四个现代化,就必须进行经济体制改革。为此,在一九七九年四月召开的中央工作会议上,习仲勋代表中共广东省委向中央提出了"要权"进而"先走一步"的要求。中央这时正在考虑实施对外开放的战略,广东的这一建议和要求与中央不谋而合。中央同意广东、福建在对外经济活动中实行特殊政策和灵活措施,并试办深圳、珠海、汕头和厦门经济特区,实行同内地不同的政策,在全国最先迈开了改革开放的重要一步,对我国实现从高度集中的计划经济体制转变到充满活力的社会主义市场经济体制发挥了重要作用。……

会议期间的一天下午,习仲勋在怀仁堂向邓小平做了专题汇报,再次提出希望中央下放若干权力,让广东在对外经济活动中有较多的自主权和机动余地;允许在毗邻港澳的深圳、珠海以及属于重要侨乡的汕头,各划出一块地方,单独进行管理,作为港澳同胞、华侨和外商的投资场所,按照国际市场的需要组织生产,初步定名为"贸易合作区"。邓小平非常赞同广东富有新意的设想。他敏锐地感到这是一种新思路,是中国实施开放政策、促进经济发展的一个重要突破口。当听说"贸易合作区"的名称定不下来,大家意见不一致时,邓小平不假思索地说:"还是叫特区好,陕甘宁开始就叫特区嘛! 中央没有钱,可以给些政策,你们自己去搞,杀出一条血路来。"[①]

(资料来源:《习仲勋传》下卷,中央文献出版社 2013 年版第 443、454、455 页。)

2.案例指向

本案例指向教材第九章第一节第三目"改革开放的起步"的子目"对

---

① 《邓小平年谱(1975—1997)》(上),中央文献出版社 2004 年版,第 510 页。

外开放的启动和创办经济特区"。中共十一届三中全会的召开,标志着中华人民共和国的历史发展到一个新的阶段,这一时期的突出特征是对内改革和对外开放,也称改革开放。开放也是一种改革,而试办经济特区则是对外开放的重要举措。在教学过程中,讲深、讲透创办经济特区的相关情况,对于加深学生了解和理解改革开放的必要性和取得的历史性成就很有帮助。

3.案例解析

改革开放是决定中国前途命运的关键一招,而试办经济特区是其中的重要举措。

中国改革开放的大幕开启以后,选择哪里作为突破口,以什么作为抓手?这是摆在当时领导人面前的一个重大问题。改革开放总设计师邓小平在布局谋篇,其他人也在立足自己的实际不断探索。广东省华侨众多,是著名的侨乡,而且毗邻香港、澳门,具有发展外向型经济的优势。受中央委派,复出不久的习仲勋主政广东。当时的广东,和全国其他地方一样,也是百废待举,有各种难题需要面对,其中一个棘手而又紧迫的问题便是逃港事件频发,弄得广东省领导焦头烂额、疲于奔命。习仲勋等人在处理这些问题的过程中,发现一味地堵不是良策,既治不了标,更治不了本。他们得出结论,关键是要想办法迅速发展经济,尽快缩小广东与港澳地区的差距。他们提出了许多办法,包括试办经济特区的动议。而邓小平这时也把目光聚焦于祖国的东南沿海,广东方面提出的试办经济特区的主张和中央不谋而合,于是乎,试办经济特区的伟大创举便付诸实施。本案例选择的材料反映了这一历史抉择的基本情况。中央有关方面经过综合考虑,并和广东、福建两省充分讨论,决定在深圳、珠海、汕头和厦门各划出一定范围的区域,试办经济特区。

试办经济特区是探路之举,既要大胆地试,大胆地闯,又要充分把握可控性原则,而且要及时总结经验,把这项伟大的事业做好、做实,并不断推向前进。改革开放之初,各项事情千头万绪,国家财力非常有限,只能发挥各地的主观能动性,艰苦创业。从案例材料的内容中,我们清楚地看到,邓小平明确地告诉习仲勋,广东试办经济特区,中央是拿不出资金来支持的,因为中央没有钱,只能在一些政策上给予支持。但邓小平对创办经济特区抱有坚定的信心,他希望习仲勋能够杀出一条血路来,为中国的改革开放探路。

　　任何事物的发展都不可能是一帆风顺的,试办经济特区也是这样。在创办经济特区的早期,虽然取得了显著的成绩,也存在一些问题,关键是以什么样的态度去看待这些问题。在试办经济特区之初,社会上一直就存在着批评的声音,有些甚至是求全责备。在这样的时刻,尊崇实际的邓小平不顾年事已高,不畏旅途劳顿,于1984年春天,赴广东、福建、上海等地视察,其间考察了深圳、珠海、厦门等经济特区,充分肯定这些经济特区取得的成绩。为了鼓舞这些经济特区的建设者,邓小平分别为深圳经济特区和厦门经济特区题了词。同时,邓小平指出:"特区是个窗口,是技术的窗口,管理的窗口,知识的窗口,也是对外政策的窗口。从特区可以引进技术,获得知识,学到管理,管理也是知识。特区成为开放的基地,不仅在经济方面、培养人才方面使我们得到好处,而且会扩大我国的对外影响。"[1]与各种对试办经济特区求全责备的声音不同,邓小平满腔热情地支持、鼓励创办经济特区。他认为中国的大门只能打开,不能关上,而且要越开越大。他根据对世界形势的观察和分析,形成两个重要的理论观点,即"现在的世界是开放的世界"[2]和"中国的发展离不开世界"[3]。

　　在邓小平的主导下,中央逐渐统一了对试办经济特区和扩大对外开放的认识,高度肯定经济特区的创办,认为要进一步扩大对外开放。1984年5月,中共中央、国务院批转《沿海部分城市座谈会纪要》,决定进一步开放大连、秦皇岛、天津、烟台、青岛、连云港、南通、上海、宁波、温州、福州、广州、湛江和北海等14个沿海港口城市。1985年2月,中共中央、国务院决定将长江三角洲、珠江三角洲、闽南厦漳泉三角地区开辟为沿海经济开放区。1988年3月,国务院决定进一步扩大沿海经济开放区范围,并将辽东半岛、胶东半岛、河北省环渤海湾地区和广西北部湾地区的一些市县,以及杭州、南京、沈阳等省会城市列入沿海经济开放区,从而使中国

------

① 《邓小平文选》第3卷,人民出版社1993年版,第51、52页。
② 《邓小平文选》第3卷,人民出版社1993年版,第64页。
③ 《邓小平文选》第3卷,人民出版社1993年版,第78页。

在东部沿海地带由南往北共1.8万公里长的海岸线地区形成了一个狭长的沿海对外开放前沿地带。到了20世纪90年代,初步形成了全方位、多层次、宽领域的对外开放格局,这一格局的形成,为发展外向型经济创造了有利的条件和环境,促进了我国对外贸易的迅速发展,推动了其他领域的改革。

试办经济特区这一重要举措,不仅很好地发挥了窗口作用,而且透过这一窗口,中国的对外开放逐渐扩大,对内改革不断深入。这样的历史实践使改革开放的观念深入人心,人们深刻地认识到,改革开放是决定中国前途、命运的关键一招,是强国之路。邓小平之后,党和国家历任领导人都倡导改革开放,坚定不移地坚持改革开放,并不断地把改革开放引向深入,人民群众更是赞成改革开放,拥护改革开放。我们有理由相信,中国的大门一定会越开越大,中华民族伟大复兴的历史使命一定能够实现。

(四)党和国家的生命线、人民的幸福线

1.案例呈现

要坚持党的十一届三中全会以来的路线、方针、政策,关键是坚持"一个中心、两个基本点"。不坚持社会主义,不改革开放,不发展经济,不改善人民生活,只能是死路一条。基本路线要管一百年,动摇不得。只有坚持这条路线,人民才会相信你,拥护你。谁要改变三中全会以来的路线、方针、政策,老百姓不答应,谁就会被打倒。这一点,我讲过几次。如果没有改革开放的成果,"六·四"这个关我们闯不过,闯不过就乱,乱就打内战,"文化大革命"就是内战。为什么"六·四"以后我们的国家能够很稳定?就是因为我们搞了改革开放,促进了经济发展,人民生活得到了改善。所以,军队、国家政权,都要维护这条道路、这个制度、这些政策。

(资料来源:《邓小平文选》第3卷,人民出版社1993年版,第370～371页。)

必须认识到,我国社会主要矛盾的变化,没有改变我们对我国社会主义所处历史阶段的判断,我国仍处于并将长期处于社会主义初级阶段的基本国情没有变,我国是世界最大发展中国家的国际地位没有变。全党要牢牢把握社会主义初级阶段这个基本国情,牢牢立足社会主义初级阶

段这个最大实际,牢牢坚持党的基本路线这个党和国家的生命线、人民的幸福线,领导和团结全国各族人民,以经济建设为中心,坚持四项基本原则,坚持改革开放,自力更生,艰苦创业,为把我国建设成为富强民主文明和谐美丽的社会主义现代化强国而奋斗。

(资料来源:习近平:《决胜全面建成小康社会 夺取新时代中国特色社会主义伟大胜利——在中国共产党第十九次全国代表大会上的报告》,《人民日报》2017年10月28日第1版。)

2.案例指向

本案例指向教材第九章第二节第三目"改革开放和现代化建设的深入推进"的子目"社会主义初级阶段理论和党的基本路线的提出",以及第五目"中国特色社会主义事业的继续推进"的子目"邓小平南方谈话"。在教材第九章的教学过程中,讲深、讲透中国共产党带领人民探索中国特色社会主义道路、提出党在社会主义初级阶段基本路线的艰辛与不易非常必要。唯有如此,才能够加深青年大学生对于坚持党的基本路线极端重要性的理解,使他们对这个问题经常保持清醒的认知,从而内化于心,外化于行,增强他们贯彻党的基本路线的自觉行动。

3.案例解析

中国共产党在长期的革命、建设和改革开放过程中,形成了相互联系、构成有机整体的几条路线,即党的思想路线、政治路线、组织路线和群众路线。党的思想路线通常也称为认识路线,这是前提和基础,因为大规模的群众实践需要科学理论的指导。党的组织路线,也称为干部路线,是保障,因为正确的思想路线和政治路线确立以后,干部起到决定性作用。党的群众路线是一切为了群众,一切依靠群众,从群众中来,到群众中去,它是党的各项路线的落脚点,因为我们党的根本宗旨是全心全意为人民服务。而党的政治路线,在历史上被称为总路线或基本路线,它是党的路线的核心。

1978年12月,召开了具有伟大历史意义的中共十一届三中全会,果断停止使用"以阶级斗争为纲"的口号,作出了把党和国家的工作重心转移到经济建设上来的决策,同时决定实行改革开放,从而实现了新中国成立以来党的历史上伟大的历史性转折。1979年3月,在中央理论工作务虚会上,针对当时思想界出现的各种错误倾向,邓小平旗帜鲜明地提出,必须坚持四项基本原则。这样,新时期我们党的政治路线的核心,即"一个中心、两个基本点"已经形成:一个中心,就是以经济建设为中心;两个基本点,即坚持四项基本原则,坚持改革开放。同时,鉴于历史上的经验教训,我们对我国社会所处历史发展阶段也展开了深入研究,逐步得出社会主义初级阶段的论断,由此党和国家出台的一系列方针、政策,经过初步的实践检验,证明是正确的。1987年10月召开的中共十三大,对社会主义初级阶段理论作了系统阐述,在此基础上,第一次明确地论述了党在社会主义初级阶段的基本路线:领导和团结全国各族人民,以经济建设为中心,坚持四项基本原则,坚持改革开放,自力更生,艰苦创业,为把我国建设成为富强、民主、文明的社会主义现代化国家而奋斗。

邓小平亲身经历了中国的革命、建设和改革开放,参与和主导了党和国家的一系列重大的决策,深谙党和国家的发展历史,深知提出党在社会主义初级阶段基本路线的艰辛与不易,因而也就更深刻地理解坚持这条基本路线的极端重要性。他在多种场合、各种会议上,反复强调必须坚持党在社会主义初级阶段基本路线不动摇。邓小平1992年南方谈话在许多重大理论领域取得了新的突破。其中,关于要毫不动摇地坚持党在社会主义初级阶段基本路线的论述非常鲜明,振聋发聩。从而使必须毫不动摇地坚持党在社会主义初级阶段基本路线的观念深入人心,在全党、全社会形成了基本路线动摇不得的普遍共识。

中国特色社会主义伟业是一个接续奋斗的历史过程,而关于坚持党在社会主义初级阶段基本路线不动摇的观念也不断传承。邓小平之后,党和国家历任领导人都一再强调坚持基本路线的极端重要性。本案例引述的第二则材料来自习近平总书记在中国共产党第十九次全国代表大会上的报告,在此,习近平连续用了三个"牢牢"来阐述必须毫不动摇地坚持党在社会主义初级阶段的基本路线,即"全党要牢牢把握社会主义初级阶段这个基本国情,牢牢立足社会主义初级阶段这个最大实际,牢牢坚持党的基本路线这个党和国家的生命线、人民的幸福线"。牢牢把握、牢牢立足、牢牢坚持,层层递进,构成一个有机整体,这样就把坚持党的基本路线不动摇的认识上升到一个新的高度,形成坚持党的基本路线是党和国家的生命线、人民的幸福线这样的新理念。因此,全党和全社会也就有了新的共识,必须毫不动摇地坚持党在社会主义初级阶段的基本路线,因为这是党和国家的生命线、人民的幸福线。

从中国共产党历史发展进程中,我们可以清楚地看到,制定一条正确的政治路线非常重要,也非常不易,在此过程中,正确认识我们的国情,明确我们面临的主要任务,明晰我们所处的发展阶段是关键一环。中共十一届三中全会以后,经过全党上下不断深入的探索,我们比较全面地把握了基本国情,认识到我国正处于并将长期处于社会主义初级阶段,这个阶段的历史任务非常艰巨,需要上百年时间的努力才能完成,因此,邓小平一再嘱咐我们,党的基本路线动摇不得,基本路线要管一百年,道理就在这里。

(五)计划和市场都是资源配置的手段

1.案例呈现

计划多一点还是市场多一点,不是社会主义与资本主义的本质区别。计划经济不等于社会主义,资本主义也有计划;市场经济不等于资本主义,社会主义也有市场。计划和市场都是经济手段。

(资料来源:《邓小平文选》第3卷,人民出版社1993年版,第373页。)

我国经济体制改革确定什么样的目标模式,是关系整个社会主义现代化建设全局的一个重大问题。这个问题的核心,是正确认识和处理计划与市场的关系。传统的观念认为,市场经济是资本主义特有的东西,计划经济才是社会主义经济的基本特征。十一届三中全会以来,随着改革的深入,我们逐步摆脱这种观念,形成新的认识,对推动改革和发展起了重要作用。……

我们要建立的社会主义市场经济体制,就是要使市场在社会主义国家宏观调控下对资源配置起基础性作用,使经济活动遵循价值规律的要求,适应供求关系的变化;通过价格杠杆和竞争机制的功能,把资源配置到效益较好的环节中去,并给企业以压力和动力,实现优胜劣汰;运用市场对各种经济信号反应比较灵敏的优点,促进生产和需求的及时协调。

同时也要看到市场有其自身的弱点和消极方面,必须加强和改善国家对经济的宏观调控。我们要大力发展全国的统一市场,进一步扩大市场的作用,并依据客观规律的要求,运用好经济政策、经济法规、计划指导和必要的行政管理,引导市场健康发展。

社会主义市场经济体制是同社会主义基本制度结合在一起的。……

建立和完善社会主义市场经济体制,是一个长期发展的过程,是一项艰巨复杂的社会系统工程。

(资料来源:《江泽民文选》第1卷,人民出版社2006年版,第225~228页。)

2.案例指向

本案例指向教材第九章第三节第一目"社会主义市场经济体制改革目标和基本框架的确立"。在第九章教学过程中,需要讲述的一个重点问题便是中国经济体制改革的目标和方向。我们知道,中华人民共和国成立以后,在特定的历史条件下,全面学习苏联,在经济体制方面,逐渐形成了计划经济体制,这种经济体制以高度集中为主要特征。计划经济体制在一定历史阶段发挥了应有的作用,但也存在着严重的弊端,而且随着实践的发展,这种弊端越来越明显。中国开启改革开放的新征程后,对高度集中的计划经济体制进行改革,势所必然。

3.案例解析

社会主义能不能搞市场经济?也就是说社会主义能不能和市场经济结合起来,这是中国经济体制改革面临的重要抉择。要突破这一难题,必须解决两个重大的理论问题:一是,社会主义历史阶段属于何种经济形态?二是,计划和市场的属性如何?我们知道,马克思主义关于社会形态理论是研究社会发展史的重要理论依据,而马克思主义社会形态理论有多种维度,既有直接或间接以生产关系的性质为标准划分的经济社会形态,又有以生产力和技术发展水平以及与此相适应的产业结构为标准划分的技术社会形态。其中,经济社会形态又有五种社会形态划分法和三种社会形态划分法,就三种经济社会形态来说,是指在历史上依次更替的自然经济社会、商品经济社会、产品经济社会三种社会形态。社会主义历史阶段到底属于商品经济社会还是产品经济社会?在理论上长期没有明确的结论,而实践的发展又需要有明确的论断。关于计划和市场的属性问题,长期和社会性质纠合在一起,认为市场经济是资本主义独有的,计划经济则是社会主义的本质特征。这些理论不仅适应不了新的实践,而且严重制约了实践的发展,当然需要突破。

改革需要综合配套,但各个时期有不同的侧重点,我国的改革是从经济领域首先展开的,先易后难,循序渐进,是我国改革顺利发展的一个显著特点。中国改革开放之初,面临诸多问题,就经济体制改革而言,我们取得的一个重大突破,是关于我国正处于并将长期处于社会主义初级阶段,而社会主义历史阶段属于商品经济形态,还没有发展到未来的产品经济形态。1984年10月,中共十二届三中全会审议通过的《中共中央关于经济体制改革的决定》,指出要大力发展社会主义商品经济,这样就在马克思主义发展史上明确社会主义商品经济形态。毫无疑问,这是理论上的一个重大突破,为中国经济体制改革迈向社会主义市场经济奠定坚实的一步。在经济体制改革的艰难前行过程中,邓小平多次指出,社会主义也可以搞市场经济。经过深入的思考,也经过实践的反复检验,1991年春节,邓小平在上海的谈话指出:"计划与市场只是资源配置的两种手段和形式,而不是划分社会制度的标志。"1992年,邓小平南方谈话又进一步强调了上海谈话的观点。[①] 这一重大的理论上的突破,为我国经济体制改革确立社会主义市场经济方向又奠定了坚实的一步。在此基础上,1992年10月召开的中共十四大,明确提出我国经济体制改革的目标是建立社会主义市场经济体制。

本案例选择的两则典型材料都围绕确立社会主义市场经济体制问题展开论述。第一则材料来自邓小平《在武昌、深圳、珠海、上海等地的谈话要点》一文,在这里,邓小平明确指出,计划经济不是社会主义的本质属性,市场经济也不是资本主义所特有的,计划和市场本身并不反映社会制度的属性,它们都只是经济手段。这样,在理论上发展了马克思主义,在实践上推动了中国改革开放的进程。第二则材料来自江泽民在中共十四大上所作的报告《加快改革开放和现代化建设步伐,夺取有中国特色社会

① 杨继绳:《邓小平时代:中国改革开放二十年纪实》下,中央文献出版社1998年版,第536页。

主义事业的更大胜利》。在这里,江泽民明确指出中国经济体制改革的目标和方向是建立社会主义市场经济体制。这样,在理论和实践的结合上,就把社会主义基本制度和市场经济的手段连接起来,从而实现了马克思主义的新跨越。

确立社会主义市场经济体制改革的目标和方向,符合中国经济发展的客观实际,适应了扩大对外开放的形势,也顺应了世界历史发展的潮流,推动了中国经济的发展,迅速改变了中国社会的面貌。经过改革开放几十年的艰苦创业,我国社会经济落后的状况得到了很大的改观。现在,我国经济总量稳居世界第二,基础设施建设成效显著,人民生活水平明显提高,实践充分说明,沿着社会主义市场经济体制改革的目标和方向前进,是正确的。当然,建立和完善社会主义市场经济体制是一个长期发展的过程,也是一个复杂的社会系统工程,绝不可能一蹴而就,对此,全党上下和广大民众一直都有清醒的认识。1993 年 11 月,中共十四届三中全会召开,审议通过了《中共中央关于建立社会主义市场经济体制若干问题的决定》,明确了建立社会主义市场经济体制的基本任务和要求。随后,出台了一系列的改革举措:深化国有企业改革,建立现代企业制度;推进价格体系改革;财税体制改革迈出重要步伐;金融体制改革稳步推进;汇率改革迈出关键步伐;多层次的社会保障体系建设步伐加快。经过 10 年的努力,社会主义市场经济体系逐步建立,到 2003 年 10 月,中共十六届三中全会审议通过了《中共中央关于完善社会主义市场经济体制若干问题的决定》,提出:大力发展国有资本、集体资本和非公有资本等参股的混合所有制经济;放宽市场准入,允许非公有资本进入法律法规未禁入的基础设施、公用事业及其他行业和领域;建立归属清晰、权责明确、保护严格、流转顺畅的现代产权制度;建立有利于逐步改变城乡二元经济结构的体制……经过持续不断的努力,社会主义市场经济体制逐步完善,一个充满生机和活力的社会主义中国正阔步走向世界。

四、延伸阅读

1.《邓小平文选》第 2 卷,人民出版社 1994 年版。

2.《邓小平文选》第 3 卷,人民出版社 1993 年版。

3.邓榕:《我的父亲邓小平》,生活·读书·新知三联书店 2013 年版。

4.傅高义:《邓小平时代》,冯克利译,生活·读书·新知三联书店 2013 年版。

5.《习仲勋传》下卷,中央文献出版社 2013 年版。

6.习近平:《决胜全面建成小康社会 夺取新时代中国特色社会主义伟大胜利——在中国共产党第十九次全国代表大会上的报告》,人民出版社 2017 年版。

7.《江泽民文选》第 1 卷,人民出版社 2006 年版。

五、拓展研学

1.布置学生观看 48 集电视连续剧《历史转折中的邓小平》,使学生对改革开放这段历史有一个直观和整体的了解与把握,促使他们认真思考,理性认识改革开放的必要性和艰巨性。

2.组织学生参观厦门特区纪念馆,让他们身临其境地感受厦门经济特区创办的艰辛过程,深刻认识改革开放以来厦门经济特区各方面建设取得的辉煌成就,增强学生对创办经济特区的认同和理解。

3.布置学生搜集农村改革的相关资料,有条件的学生可以利用寒暑假到安徽省凤阳县小岗村参观。在此基础上,组织学生开展一个小型的辩论会,就目前的农村现状和农村改革进行研讨。

第十章　中国特色社会主义
进入新时代

一、教学主要目标

党的十八大以来，中国特色社会主义进入新时代，我国社会主要矛盾发生变化，世界遭遇百年未有之大变局。以习近平同志为核心的党中央带领全国人民推进理论创新、制度创新，取得了新的历史性成就。在两个百年奋斗目标接续过程中，党领导人民如期完成了全面建成小康社会的目标，开启了全面建设社会主义现代化的新征程。

本章的主要教学目标：深刻了解中国特色社会主义进入新时代的内涵、特征、依据与意义，树立大历史观；把握中国特色社会主义在新时代的理论创新和实践成就，了解习近平新时代中国特色社会主义思想的内涵；把握理解全面建成小康社会的重要历史意义和脱贫攻坚精神；深刻理解中国式现代化的理论内涵与中国式现代化道路的重大意义。

二、教学重难点

正确把握中国特色社会主义新时代的内涵、特征，理解我国社会主要矛盾的转化，理解习近平新时代中国特色社会主义思想的理论创新和实践成就，理解完成脱贫攻坚任务、全面建成小康社会的历史意义，把握中国式现代化的内涵与特征。

深刻理解中国共产党人运用大历史观把握时代方位的方法，习近平新时代中国特色社会主义思想在中国化马克思主义发展史上的地位,脱贫攻坚精神的深刻内涵和时代意义,中国式现代化成功道路的世界意义。深刻领会中国共产党为什么能,中国特色社会主义为什么好,中国化时代化的马克思主义为什么行。

三、教学案例

(一)"中国通"罗伯特·劳伦斯·库恩谈中国新时代

1.案例呈现

2018 年 1 月 22 日,中国日报举办了首期"新时代大讲堂",在讲堂上,研究中国近 30 年的美籍"中国通"库恩,贡献了一场精彩的演讲,用英语详细地阐释了他眼中的"新时代"。

库恩说,去年 10 月 18 日,他就坐在人民大会堂里,认真听完了习近平总书记作的十九大报告。"我马上明白了我听到的东西很特别,并且决定花时间深入理解中国的新时代是什么。"

"新时代"具体指的是什么? 这是一个抽象又宏观的概念,同时也是内容细致又庞杂的"硬骨头"。库恩是这样理解的:"我更想称'新时代'为'理论的透镜',因为它是一副可以帮我们重新看清楚世界的眼镜。"

首先,毋庸置疑,要了解当今的中国,就必须理解新时代的含义。

中国共产党第十九次全国代表大会具有里程碑式的意义,其重要性甚至超过以往的代表大会,因为它不仅为未来五年或十年设下了议程,还为以后三十多年,直到本世纪中叶做了规划。

库恩从两个维度阐释了"新时代"的内容。一是基本特征(primary characteristics),二是时间轴(timelines)。

(1)基本特征是什么

总体上说,是国内和国际两个方面存在更多的复杂性和不确定性(complexity and uncertainties)。

国内,人民对美好生活的要求提高了,社会主要矛盾也发生了转化。在社会层面上,最大的问题是人们不断提升的预期。人们生活水平提高了,想要更美好的生活,并且,社会上也存在许多所谓的矛盾。在国际层面上,我们正处在一个比冷战时期更加分裂、更加复杂的世界之中。当今世界由于许多问题而处于分裂状态,每一个问题虽然其本身并不重大,却创造出了一个非常复杂的环境。

(2)新时代的时间轴

时间轴可以分成三个阶段来看。库恩认为,第一阶段是从现在到几年后的2020年。全面建成小康社会是第一个百年奋斗目标,中国共产党诞生100周年时,即2021年,在2020年左右。在这一阶段,中国需要解决的问题包括:如何实现全面脱贫,如何保持经济增长,以及如何实现从"数量型"到"质量型"发展的转变。

从2020年到2035年,在全面建成小康社会的基础上,再奋斗十五年,基本实现社会主义现代化。库恩的理解是,中期目标是从2020年到2035年,中国基本成为一个实现全面现代化的国家。这意味着:到那时,中国将具有所有的现代化特征,但这些特征并不一定完全形成。并且许多问题亟待解决,例如地区之间和城乡之间的不平衡以及农村土地改革。

从2035年到本世纪中叶,在基本实现现代化的基础上,再奋斗十五年,把我国建成富强民主文明和谐美丽的社会主义现代化强国。库恩认为:最终目标是到本世纪中叶,即2050年,(2049年是中华人民共和国成立100周年),中国将建成一个全面现代化的社会主义国家。正如大家所说的,中国来到世界舞台的中心,并且建成一个富强、民主、文明、和谐、美丽的中国。

最后,库恩用一句话概括:"这就是我所说的未来中国要实现的最终目标的不同方面,既包括国内的特征,也包括位于世界舞台中心的中国参与下的新型全球治理。"

(资料来源:《纯干货!3分钟用英文讲透什么是"新时代"》,https://baijiahao. baidu.com/s? id=1590477163590601052,访问日期:2024年4月20日。)

2.案例指向

本案例指向教材第十章第一节第一目"中国特色社会主义进入新时代"的内容。学习罗伯特·劳伦斯·库恩谈中国新时代的理解,帮助学生把握中国特色社会主义进入新时代的依据以及新时代的内涵与意义。

　　3.案例解析

　　罗伯特·劳伦斯·库恩是美国库恩基金会主席、中国问题专家,1989年起致力于向世界讲述真实的中国,尤其关注中国的改革开放。2018年,党中央、国务院授予他中国改革友谊奖章。正是基于对中国的深刻认识,在外籍人士中,库恩对中国新时代的解读具有代表性。

　　(1)要正确认识"新时代"的重要意义

　　库恩称"新时代"为"理论的透镜",说"新时代"是"一副可以帮我们重新看清楚世界的眼镜"。习近平总书记指出:"正确认识党和人民事业所处的历史方位和发展阶段,是我们党明确阶段性中心任务、制定路线方针政策的根本依据,也是我们党领导革命、建设、改革不断取得胜利的重要经验。"[①]我们党在新民主主义革命时期、新中国成立之初、改革开放以后,正是把握了自己所处的时代方位,明确了阶段性中心任务,制定了正确的路线方针政策,才取得了一个又一个胜利。

　　(2)库恩从"基本特征"和"时间轴"两个维度阐释"新时代"的内容

　　从基本特征看,库恩提出从国内和国际两个方面进行把握。国内方面,新时代中国的社会主要矛盾已然转变,从过去的"人民日益增长的物质文化需要同落后的社会生产之间的矛盾"转变为"人民日益增长的美好生活需要和不平衡不充分的发展之间的矛盾"。社会主要矛盾的变化是关系全局的历史性变化,对党和国家工作提出了许多新要求。我国在继续推动发展的基础上,要着力解决好发展不平衡不充分问题,比如城乡、区域发展不平衡问题。要大力提升发展质量和效益,更好满足人民在经济、政治、文化、社会、生态等方面日益增长的需要,更好推动人的全面发展和社会全面进步。国际方面,正经历百年未有之大变局。国际环境日趋复杂,不稳定不确定性日益增加,经济全球化遭遇逆流,世界进入动荡变革期。从时间轴看,库恩认为,新时代可划分为党的十九大召开到2020年全面建成小康社会、2020年至2035年中国基本建成现代化、2025年至2050年中国全面建成现代化三个阶段。事实上,"党的十八大以来,

---

① 习近平:《习近平著作选读》第2卷,人民出版社2023年版,第398页。

中国特色社会主义进入新时代"①。

(3)要正确理解"新时代",还要理解其深刻依据

习近平总书记指出了新时代的理论依据、历史依据和现实依据。从理论依据看,马克思主义主张远大理想和现实目标相结合、历史必然性和发展阶段性相统一,坚信人类社会必然走向共产主义,但实现这一崇高目标必然经历若干历史阶段。我们党在运用马克思主义基本原理解决中国实际问题的实践中逐步认识到,发展社会主义不仅是一个长期历史过程,而且需要划分为不同历史阶段的过程。今天我们所处的新发展阶段,就是社会主义初级阶段中的一个阶段,同时是其中经过几十年积累、站到了新的起点上的一个阶段。从历史依据看,新时代是中国共产党带领人民迎来从站起来、富起来到强起来历史性跨越的新阶段。中国共产党成立后,团结带领人民,实现了从新民主主义革命到社会主义革命、从社会主义革命到社会主义建设的历史性跨越。进入历史新时期,中国共产党带领人民进行改革开放新的伟大革命,成功开辟了中国特色社会主义道路,实现了社会主义现代化进程中新的历史性跨越,迎来了中华民族伟大复兴的光明前景。从现实依据看,我们已拥有开启新征程、实现新的更高目标的雄厚物质基础。经过新中国成立以来特别是改革开放40多年来的不懈奋斗,到"十三五"结束时,我国经济实力、科技实力、综合国力和人民生活水平跃上了新台阶。特别是全面建成小康社会取得伟大历史成果,解决困扰中华民族几千年的绝对贫困问题取得历史性成就。②

(4)要树立大历史观

"马克思主义经典作家十分重视对'时代'进行哲学思考。马克思主义政党历来高度重视历史方位问题,将准确把握时代的特点与要求,科学认识党和人民所处的历史方位,作为领导革命、建设和改革取得胜利的基本前提和关键所在。"③习近平总书记指出:"了解历史才能看得远,理解历史才能走得远。要教育引导全党胸怀中华民族伟大复兴战略全局和世

---

① 《中共中央关于党的百年奋斗重大成就和历史经验的决议》,人民出版社2021年版,第23页。

② 习近平:《习近平著作选读》第2卷,人民出版社2023年版,第399～400页。

③ 许迪:《牢固树立大历史观》,《前线》2022年第3期。

界百年未有之大变局,树立大历史观,从历史长河、时代大潮、全球风云中分析演变机理、探究历史规律,提出因应的战略策略,增强工作的系统性、预见性、创造性。"①"新时代"的划分是我们党运用大历史观准确把握历史方位的又一写照。

(二)"奋进新时代"主题成就展

1.案例呈现

在党的二十大即将召开之际,2022 年 9 月 27 日下午,党和国家领导人习近平、李克强、栗战书、汪洋、王沪宁、赵乐际、韩正等在北京展览馆参观"奋进新时代"主题成就展。

展览紧扣"奋进新时代"这一主题,以党的十八大以来以习近平同志为核心的党中央治国理政为主线,聚焦新时代 10 年党和国家事业的伟大成就、伟大变革,既展现事业发展的新局新貌,又揭示变革背后的力量和动能;既展现新时代中国共产党人的政治引领、思想指引,又反映广大人民群众团结一心、干事创业的良好风貌。展览设序厅、中央综合展区、地方展区、展望展区、室外展区和互动展区 6 个展区,面积超过 3 万平方米,运用图片、实物、模型等 6000 多项展览要素,角度丰富、内涵饱满。展示我国科技水平和制造能力跃升的自主研发关键产品实物、模型,反映功勋荣誉表彰体系日益丰富完备的勋章、奖章,国家级重大出版项目《复兴文库》,生动再现脱贫攻坚和抗击新冠肺炎疫情历史进程的实物、图表、图片,"五基"协同天空地一体化生态环境立体遥感监测体系模拟沙盘,武器装备模型,呈现总体国家安全观深刻内涵、党内法规制度建设成果的展板、实物,彰显京津冀协同发展成就的立体电子地图,展现规划建设、轨道交通和科技创新等方面亮点成果的粤港澳大湾区沙盘……一件件实物模型、一段段生动视频、一幅幅图片图表,吸引了习近平等领导同志的目光。

习近平强调,党的十八大以来,党中央团结带领全党全国各族人民,攻克了许多长期没有解决的难题,办成了许多事关长远的大事要事,经受

---

① 习近平:《在党史学习教育动员大会上的讲话》,《求是》2021 年第 7 期。

住了来自政治、经济、意识形态、自然界等方面的风险挑战考验,党和国家事业取得历史性成就、发生历史性变革,为实现中华民族伟大复兴提供了更为完善的制度保证、更为坚实的物质基础、更为主动的精神力量。要广泛宣传10年来的战略性举措、变革性实践、突破性进展、标志性成果,宣传10年来的伟大变革在党史、新中国史、改革开放史、社会主义发展史、中华民族发展史上具有的里程碑意义,激励全党全国各族人民坚定历史自信、增强历史主动,踔厉奋发、勇毅前行、团结奋斗,谱写全面建设社会主义现代化国家新篇章,夺取中国特色社会主义新胜利。

（资料来源:《踔厉奋发勇毅前行团结奋斗,夺取中国特色社会主义新胜利》,《人民日报》2022年9月28日第1版。）

步入展厅的中央综合展区,一座"奇迹号"帆船模型吸引了观众的目光。高耸的"风帆"上,一个个跃动的箭头标示着中国这10年的腾飞:从2012年到2021年,国内生产总值从53.9万亿元上升到114.4万亿元;全球创新指数排名从第三十四位升至第十二位;制造业增加值从16.98万亿元增加到31.4万亿元,海洋经济总值从5万亿元增长到9万亿元……观众们纷纷赞叹,看到这些数据,更直观地了解了党和国家事业取得的历史性成就、发生的历史性变革。

观看展览中关于脱贫攻坚历史进程的一系列实物、图表、图片,北京印刷学院学生王昊松说:"脱贫攻坚战取得了全面胜利,这是一个彪炳史册的人间奇迹。山乡巨变、山河锦绣,新时代10年,我们成就非凡!"

带着高温灼烧痕迹的神舟载人飞船返回舱、C919大型客机模型、"方寸之间"陈列墙内的芯片模块……观众驻足观看,纷纷点赞。北京农学院学生杨众说:"对展览印象最深刻的一点就是创新。抓创新就是抓发展,谋创新就是谋未来。作为新时代的青年,我们要投身科研创新,不断向科学技术的广度和深度进军,肩负起时代赋予的科技创新重任。"

修史立典,存史启智,以文化人,国家级重大出版项目《复兴文库》吸引了许多观众的目光。北京工业大学学生杜昕阳说:"从展览中,我领悟到文化自信,感受到当今文化建设蓬勃发展的生动景象。"

跟随讲解员的讲解,观众们一个展区一个展区地参观。在北京展区,冰墩墩、雪容融打卡点,观众纷纷拍照留念。走进福建展区,山海画廊徐徐展卷,在"百业福"拓福互动区,有观众留言:"谋人民福祉,建百业福地,为幸福生活拼搏奋斗!"在四川展区,观众近距离观看三星堆遗址出土的青铜人头像。在黑龙江展区,广袤良田、冰天雪地、绿水青山被"搬上"展台。看到这些,老家在黑龙江的禹琳激动地说:"10 年来,家乡的发展日新月异,人民的生活越来越好。生活在新时代,我们真的很幸福!"

（资料来源:《感悟伟大成就　汲取奋进力量》,《人民日报》2022 年 10 月 5 日第 1 版。）

2.案例指向

本案例指向教材第二节第一目"习近平新时代中国特色社会主义思想指导地位的确立"以及第三节第四目"全面总结党的百年奋斗重大成就和历史经验"的内容。本案例通过对"奋进新时代"主题成就展的分析,帮助学生理解习近平新时代中国特色社会主义思想理论创新、实践创新的内容及其意义。

3.案例解析

"奋进新时代"主题成就展充分展现了从党的十八大以来新时代十年所取得的"历史性成就"和发生的"历史性变革"。这些成果的取得离不开习近平新时代中国特色社会主义思想的引领。全面把握新时代十年的"战略性举措、变革性实践、突破性进展、标志性成果","在党史、新中国史、改革开放史、社会主义发展史、中华民族发展史上具有的里程碑意义",对增强"四个自信"具有重要的意义。

第一,通过成就展,结合相关文献,把握新时代党和国家事业取得的"十三个方面成就"。

在坚持党的全面领导上,党中央权威和集中统一领导得到有力保证,党的领导体制体系不断完善,党的领导方式更加科学,全党思想上更加统一、政治上更加团结、行动上更加一致,党的政治领导力、思想引领力、群众组织力、社会号召力显著增强。

在全面从严治党上,党的自我净化、自我完善、自我革新、自我提高能力显著增强,管党治党宽松软状况得到根本扭转,反腐败斗争取得压倒性胜利并全面巩固,消除了党、国家、军队内部存在的严重隐患,党在革命性锻造中更加坚强。

在经济建设上,经济发展平衡性、协调性、可持续性明显增强,国内生产总值突破百万亿元大关，人均国内生产总值超过一万美元，国家经济实力、科技实力、综合国力跃上新台阶，我国经济迈上更高质量、更有效率、更加公平、更可持续、更为安全的发展之路。

在全面深化改革开放上，党不断推动全面深化改革向广度和深度进军，中国特色社会主义制度更加成熟更加定型，国家治理体系和治理能力现代化水平不断提高，党和国家事业焕发出新的生机活力。

在政治建设上，社会主义民主政治制度化、规范化、程序化全面推进，中国特色社会主义政治制度优越性得到更好发挥，生动活泼、安定团结的政治局面得到巩固和发展。

在全面依法治国上，中国特色社会主义法治体系不断健全，法治中国建设迈出坚实步伐，法治固根本、稳预期、利长远的保障作用进一步发挥，党运用法治方式领导和治理国家的能力显著增强。

在文化建设上，意识形态领域形势发生全局性、根本性转变，坚持以社会主义核心价值观引领文化建设，完善公共文化服务体系，实施中华优秀传统文化传承发展工程，推动中华优秀传统文化创造性转化、创新性发展。国家文化软实力、中华文化影响力明显提升。

在社会建设上，脱贫攻坚、基本公共服务均等化等全面加强，人民生活全方位改善，社会治理水平大幅度提升，发展了人民安居乐业社会安定有序的良好局面。

在生态文明建设上，党中央以前所未有的力度抓生态文明建设，实施主体功能区战略，实施生态补偿制度、河湖长制、林长制等，打赢污染防治攻坚战，开展农村人居环境整治，禁止进口"洋垃圾"，积极参与全球环境和气候治理，作出碳达峰、碳中和承诺。

在国防和军队建设上，人民军队实现整体性革命性重塑，国防实力和经济实力同步提升，一体化国家战略体系和能力加快构建，人民军队以顽强斗争精神和实际行动捍卫国家主权、安全和发展利益。

在维护国家安全上，国家安全得到全面加强，经受住了政治、经济、意识形态、自然界等方面的风险挑战考验。

在坚持"一国两制"和推进祖国统一上，全面准确、坚定不移贯彻"一国两制"方针，坚定落实"爱国者治港""爱国者治澳"。推动两岸关系朝着正确方向发展,坚决反对"台独"分裂行径,坚决反对外部势力干涉,牢牢把握两岸关系主导权和主动权。

在外交工作上,党中央统筹国内国际两个大局,推动构建人类命运共同体,积极参与全球治理体系改革和建设,引领人类进步潮流。[①]

第二,要理解和把握习近平新时代中国特色社会主义思想"十个明确"内涵:"明确中国特色社会主义最本质的特征是中国共产党领导,中国特色社会主义制度的最大优势是中国共产党领导,中国共产党是最高政治领导力量,全党必须增强'四个意识'、坚定'四个自信'、做到'两个维护';明确坚持和发展中国特色社会主义,总任务是实现社会主义现代化和中华民族伟大复兴,在全面建成小康社会的基础上,分两步走在本世纪中叶建成富强民主文明和谐美丽的社会主义现代化强国,以中国式现代化推进中华民族伟大复兴;明确新时代我国社会主要矛盾是人民日益增长的美好生活需要和不平衡不充分的发展之间的矛盾,必须坚持以人民为中心的发展思想,发展全过程人民民主,推动人的全面发展、全体人民共同富裕取得更为明显的实质性进展;明确中国特色社会主义事业总体布局是经济建设、政治建设、文化建设、社会建设、生态文明建设五位一体,战略布局是全面建设社会主义现代化国家、全面深化改革、全面依法治国、全面从严治党四个全面;明确全面深化改革总目标是完善和发展中国特色社会主义制度、推进国家治理体系和治理能力现代化;明确全面推进依法治国总目标是建设中国特色社会主义法治体系、建设社会主义法治国家;明确必须坚持和完善社会主义基本经济制度,使市场在资源配置中起决定性作用,更好发挥政府作用,把握新发展阶段,贯彻创新、协调、绿色、开放、共享的新发展理念,加快构建以国内大循环为主体、国内国际双循环相互促进的新发展格局,推动高质量发展,统筹发展和安全;明确党在新时代的强军目标是建设一支听党指挥、能打胜仗、作风优良的人民军队,把人民军队建设成为世界一流军队;明确中国特色大国外交要服务民族复兴、促进人类进步,推动建设新型国际关系,推动构建人类命运共

[①] 《中共中央关于党的百年奋斗重大成就和历史经验的决议》,人民出版社2021年版,第27~62页。

同体;明确全面从严治党的战略方针,提出新时代党的建设总要求,全面推进党的政治建设、思想建设、组织建设、作风建设、纪律建设,把制度建设贯穿其中,深入推进反腐败斗争,落实管党治党政治责任,以伟大自我革命引领伟大社会革命。"①

第三,要进一步领会新时代坚持和发展中国特色社会主义的基本方略:(1)坚持党对一切工作的领导。(2)坚持以人民为中心。(3)坚持全面深化改革。(4)坚持新发展理念。(5)坚持人民当家作主。(6)坚持全面依法治国。(7)坚持社会主义核心价值体系。(8)坚持在发展中保障和改善民生。(9)坚持人与自然和谐共生。(10)坚持总体国家安全观。(11)坚持党对人民军队的绝对领导。(12)坚持"一国两制"和推进祖国统一。(13)坚持推动构建人类命运共同体。(14)坚持全面从严治党。②

正是在习近平新时代中国特色社会主义思想和新时代党的基本方略引领下,我国取得了新时代历史性成就。习近平新时代中国特色社会主义思想是中国化马克思主义最新成果。实践告诉我们,中国共产党为什么能、中国特色社会主义为什么好,归根到底是马克思主义行,是中国化时代化的马克思主义行。③

(三)"干沙滩"变成"金沙滩"——闽宁镇蝶变

1.案例呈现

巍巍贺兰山层峦叠嶂,守护着一望无垠的宁夏平原。在山的东麓,坐落着一个现代化生态移民示范镇——闽宁镇。这里,红瓦白墙,绿树成荫,农家小楼鳞次栉比,工厂车间热火朝天,田间地头欢声笑语,一场丰收又将来临。

---

① 《中共中央关于党的百年奋斗重大成就和历史经验的决议》,人民出版社2021年版,第24~25页。

② 习近平:《决胜全面建成小康社会,夺取新时代中国特色社会主义伟大胜利——在中国共产党第十九次全国代表大会上的报告》,人民出版社2017年版,第20~26页。

③ 习近平:《高举中国特色社会主义伟大旗帜,为全面建设社会主义现代化国家而团结奋斗——在中国共产党第二十次全国代表大会上的报告》,人民出版社2022年版,第16页。

时针拨回到 1997 年。那时这里是银川城外永宁县的一片戈壁滩，"空中不飞鸟，地上不长草，风吹沙砾满地跑"。这年初春，时任福建省委副书记的习近平来到宁夏，调研对口帮扶工作，部署"移民吊庄"工程。面对这片荒滩，他坚定地说："今日的干沙滩，明日要变成金沙滩。"由此，闽宁镇大踏步赶上了时代的脚步，创造了东西部协作发展的新模式，实现了从"干沙滩"到"金沙滩"的凤凰涅槃。

1996 年 10 月，福建省成立对口帮扶宁夏领导小组，时任福建省委副书记的习近平担任组长；11 月，习近平同志在福州主持召开闽宁对口扶贫协作第一次联席会议，拉开了闽宁对口扶贫协作的大幕。1997 年 4 月，习近平同志率团到宁夏调研考察，深入宁夏南部贫困山区访贫问苦。习近平同志边调研、边思考、边规划闽宁对口扶贫协作。在他的建议下，同年召开的闽宁两省区第二次联席会议确定，以玉泉营开发区黄羊滩"吊庄"移民点为主体，集中力量共同建设以福建和宁夏两省区简称命名的闽宁村，作为两省区对口扶贫协作的示范窗口。从此，贺兰山东麓这片毫无生机的"干沙滩"开始沸腾起来，并逐步成为接收生态移民、助力贫困群众脱贫致富的"金沙滩"，移民规模不断扩大。2001 年 12 月 7 日，经宁夏回族自治区人民政府批准，在闽宁村的基础上成立了闽宁镇。

22 年弹指一挥间。闽宁镇因扶贫而生、因脱贫而兴，目前全镇区域面积达 210 平方公里，下辖 6 个村民委员会 86 个村民小组，居民收入稳步增长，成功步入了全国重点镇行列。闽宁镇从无到有、从贫到富，是中国扶贫攻坚伟大工程的一个缩影，是党带领人民群众几十年如一日实干苦干出来的，集中展现的是东西部扶贫协作的创造性探索，本质上彰显的是中国特色社会主义制度的优越性。闽宁镇是一个生态移民镇，居民全部是从宁夏南部西海固地区搬迁来的。宁夏西海固地区山大沟深，长期干旱缺水，水土流失严重，生态环境脆弱，素有"苦瘠甲天下"之称，其贫困之深不亲临其境难以想象。什么叫穷？20 世纪 80 年代的西海固人会告诉你：锅里没粮，锅底没柴，缸里没水，身上没钱。联合国世界粮食计划署专家曾认为西海固是最不适宜人类生存的地方之一。

到 2020 年全面建成小康社会，是我们党向人民、向历史作出的庄严承诺。全面建成小康社会，最艰巨最繁重的任务在农村，特别是在贫困地区。习近平总书记多次强调，"小康路上一个都不能少"，2016 年他在宁夏考察时再次强调，到 2020 年全面建成小康社会，任何一个地区、任何一个民族都不能落下。

从 1996 年 9 月中央确定闽宁对口扶贫协作关系以来，福建和宁夏两省区按照习近平同志倡导的"优势互补、互惠互利、长期协作、共同发展"方针，用"闽宁示范村"模式这把金钥匙，打开了深度贫困地区和贫困群众脱贫致富之门。如今的闽宁镇经过"输血式"扶贫到"造血式"扶贫的蝶变，逐步探索建立起了"政府引资、企业主导、社会参与"的产业发展新机制，形成了"特色种植、特色养殖、光伏产业、旅游产业、劳务产业"五大主导产业，成为移民群众致富奔小康的源头活水。截至 2018 年年底，闽宁镇注册各类农产品商标 48 个，有 5 家企业被确立为自治区农业产业化龙头企业，实现了由最初的传统种植业到现在一二三产业的融合发展。目前，福建各类企业在闽宁镇的投资达 22.8 亿元，全镇各大产业已形成了一定的规模优势和集聚效应，有力地支撑了农民增收和现代化建设。同时，闽宁两省区在闽宁镇共建扶贫产业园，已有 6 家企业落户，投资达 3 亿元，有力地推动了闽宁镇的农业产业化和农民脱贫致富。

在特色产业发展带动下，闽宁镇脱贫攻坚进程加速，与乡村振兴同频共振。2018 年，闽宁镇人均可支配收入达 12988 元，闽宁村奠基时所在的福宁村人均可支配收入达 21640 元，远高于全国农村居民人均可支配收入水平。到 2018 年年底，全镇建档立卡户实现脱贫退出 1593 户、6536 人，贫困发生率降至 0.9％，5 个贫困村全部符合出列条件。近几年，闽宁镇把精准脱贫攻坚和实现乡村振兴紧密结合起来，紧紧围绕闽宁合作产业城和闽宁扶贫产业园建设，打造独具特色的样板镇、生活富裕的宜居镇、民族团结进步的模范镇。如今的闽宁镇，宽阔的道路两旁绿树成荫，广场、商店、医院、学校等基础设施应有尽有，居民享有 20 多项城乡居民养老保险和医疗保险，老有所养、病有所医、幼有所教，生活其乐融融。

20 多年来，在闽宁镇的示范带动下，宁夏涌现出了 110 多个闽宁协作示范村、20 多个闽宁协作移民新村、320 个易地搬迁安置区，累计接收西海固地区的易地搬迁移民 100 多万人。百万移民大搬迁，搬得出、稳得住、致得富，大大缓解了西海固的人口、资源矛盾，从而使该地区的退耕还林还草、封山禁牧、生态修复得以顺利进行。这是我们党团结带领人民群众创造的又一个奇迹，必将彪炳史册。

（资料来源：王兆斌：《"干沙滩"变成"金沙滩"——银川市闽宁镇扶贫协作调查》，《求是》2019年第6期。）

2.案例指向

本案例指向教材第十章第三节第一目"完成脱贫攻坚、全面建成小康社会的历史任务，实现第一个百年奋斗目标"的内容。本案例通过对闽宁镇变迁的学习，帮助学生理解中国共产党不忘初心，矢志摆脱贫困、推进共同富裕的坚强意志，脱贫攻坚的伟大成就与脱贫攻坚精神，完成脱贫攻坚对全面建成小康社会的意义，减贫治理的中国样本对全球减贫事业的重大贡献。

3.案例解析

从"干沙滩"到"金沙滩"，闽宁镇的蝶变，体现了党不忘初心，领导人民致力脱贫致富的卓越成就。闽宁镇乃至整个西海固的变迁，呈现了我国贫困地区从摆脱温饱到全面建成小康社会，进而推进乡村振兴的波澜壮阔历程。闽宁镇的飞跃发展是东西部扶贫协作推进共同富裕的缩影。同时，闽宁协作群体事迹充分展现了脱贫攻坚精神。

（1）闽宁镇的蝶变，反映了我国脱贫致富的卓越成效

闽宁镇由生态移民点发展而来，在闽宁两省区的共同努力下成为全国脱贫攻坚示范镇、生态移民示范点。闽宁镇的脱贫人口主要来自"不适合人居"的西海固，闽宁镇所取得的扶贫开发成效是党团结领导人民实施扶贫开发伟大成就的一个缩影。摆脱贫困，是千百年来中华民族孜孜以求的梦想。"中国共产党从成立之日起，就坚持把为中国人民谋幸福、为中华民族谋复兴作为初心使命，团结带领中国人民为创造自己的美好生活进行了长期艰辛奋斗。"[1]新中国的成立为改善人民生活打下了坚实基础。改革开放以来，党领导人民实施了大规模、有计划、有组织的扶贫开发。1984年我国的扶贫标准为农民人均年纯收入200元，这是一条低水平的生存标准，按此标准当时全国贫困人口1.25亿人。2008年提高的扶

---

[1]　习近平：《在全国脱贫攻坚总结表彰大会上的讲话》，人民出版社2021年版，第2、3页。

贫标准是按 2000 年价格农民人均年纯收入 865 元,当时贫困人口为 9422 万人。2011 年再次提高扶贫标准,结合"两不愁三保障"(脱贫群众不愁吃、不愁穿,义务教育、基本医疗、住房安全有保障,脱贫攻坚以来又增加饮水安全有保障),按 2010 年不变价格,农民人均年纯收入为 2300 元。若按 2010 年扶贫标准,1978—2020 年我国脱贫人口达到 7.7 亿多人。按照世界银行国际贫困标准,我国减贫人口占同期全球减贫人口 70% 以上。"在迎来中国共产党成立一百周年的重要时刻,我国脱贫攻坚战取得全面胜利,现行标准下 9899 万农村贫困人口全部脱贫,832 个贫困县全部摘帽,12.8 万个贫困村全部出列,区域性整体贫困得到解决,完成了消除绝对贫困的艰巨任务。"[1]中国减贫为世界减贫事业做出重大贡献的同时,中国贫困治理方案为世界提供了重要借鉴。

(2)闽宁镇的变迁,展现了我国扶贫开发推进贫困地区发展的历程

中华人民共和国成立以来,我国扶贫战略经历了救济式扶贫(1949—1985)、开发式扶贫(1986—2000)、综合扶贫(2001—2012)和精准扶贫(2013—2020)四大阶段。"100 年来,中国共产党团结带领中国人民顽强拼搏,几代人一以贯之、接续奋斗,从'小康之家'到'小康社会',从'总体小康'到'全面小康',从'全面建设'到'全面建成',小康目标不断实现,小康梦想成为现实。"[2] "脱贫地区经济社会发展大踏步赶上来,整体面貌发生历史性巨变。贫困地区发展步伐显著加快,经济实力不断增强,基础设施建设突飞猛进,社会事业长足进步。行路难、吃水难、用电难、通信难、上学难、就医难等问题得到历史性解决。[3] 全面实施乡村振兴以来,贫困地区持续推进乡村振兴工作。闽宁镇的变迁,正是我国贫困地区翻天覆地变化的缩影。

(3)闽宁镇的发展体现出东西部扶贫协作助力共同富裕的制度优势

共同富裕是社会主义的本质要求。在邓小平"两个大局"思想指导下,1996 年 5 月,中央作出"东西部扶贫协作"重大决策,由福建省帮扶宁

---

① 习近平:《在全国脱贫攻坚总结表彰大会上的讲话》,人民出版社 2021 年版,第 1 页。
② 中华人民共和国国务院新闻办公室:《中国的全面小康》,人民出版社 2021 年版,第 1 页。
③ 习近平:《在全国脱贫攻坚总结表彰大会上的讲话》,人民出版社 2021 年版,第 6 页。

夏回族自治区,重点帮扶西海固地区。时任福建省委副书记的习近平亲自开创、亲自部署、亲自推动闽宁协作帮扶工作,逐步形成了"联席推进、结对帮扶、产业带动、互学互助、社会参与"机制。在政府、市场、社会多方力量共同推动下,久久为功,闽宁协作硕果累累。闽宁镇作为东西协作的成功典范,充分体现了社会主义制度优势。

(4)闽宁协作援宁群体先进事迹展现了脱贫攻坚精神

2020 年 7 月 3 日,中宣部以云发布的方式,向全社会宣布了"闽宁对口扶贫协作援宁群体"的先进事迹,授予他们"时代楷模"称号。1996—2020 年,"闽宁对口扶贫协作援宁群体"遵循"优势互补、互惠互利、长期协作、共同发展"的方针,主动扛起对口帮扶宁夏脱贫攻坚的历史使命,11 批 180 余名福建挂职干部接力攀登,2000 余名支医支教支农工作队员、专家院士、西部计划志愿者敢于牺牲,将单向扶贫拓展到两省(区)经济社会建设全方位多层次、全领域广覆盖的深度协作,与宁夏人民一起用智慧和汗水创造了东西部对口扶贫协作的帮扶的"闽宁模式"。援宁群体的事迹充分展现了"上下同心、尽锐出战、精准务实、开拓创新、攻坚克难、不负人民"的脱贫攻坚精神。习近平总书记指出:"脱贫攻坚精神,是中国共产党性质宗旨、中国人民意志品质、中华民族精神的生动写照,是爱国主义、集体主义、社会主义思想的集中体现,是中国精神、中国价值、中国力量的充分彰显,赓续传承了伟大民族精神和时代精神。"①

(四)中国式现代化:"历史终结论"的终结

1.案例呈现

1989 年,日裔美籍学者弗朗西斯·福山在美国《国家利益》杂志发表《历史的终结》一文,宣称历史将终结于"自由民主制",后发民族和国家效仿自由民主制才得以实现现代化,以此构成"历史的终结"。之后他又写成《历史的终结与最后的人》一书,认为二战结束以来,以美苏为首的资本主义和社会主义两种思想意识和社会制度间长达半个世纪的竞争胜负已

---

① 习近平:《在全国脱贫攻坚总结表彰大会上的讲话》,人民出版社 2021 年版,第 19 页。

定,作为自由民主制替代方案的社会主义宣告失败,资本主义自由民主制从根本上满足了人类需求,因此历史在逻辑层面宣告"终结",强调各国现代化应以西方自由化的市场经济以及民主政治为标杆,只有如此才能进入现代化的最终样态。在随后的 20 年中,资本主义经济飞速发展,仿佛为西方自由民主制的胜利提供了最为有力的现实证据。福山的"历史终结论"也因此名噪一时。福山的观点在世界范围内产生巨大影响,坚定了资本主义社会对所谓自由民主制度的信仰信念信心。30 多年后,随着中国崛起以及世界多极化发展的格局逐渐形成,2014 年其为《历史的终结与最后的人》写了新版序言,坦承"唯一确实可与自由民主制度进行竞争的体制是所谓'中国模式'",但 50 年甚至更长时间后,中国在政治经济发展模式上会逐渐向美国和欧洲靠拢。他认为中国的现代化实践,不拥有长期的合法性资源,不具备能够妥善处理其面临的政治以及经济问题的相应方案,"唯一享有广泛合法性的一致性意识形态仍然是自由民主"。福山甚至认为中国会影响当前国际秩序,"中国崛起是当前国际秩序面临的最大挑战之一"。2020 年新冠疫情肆虐全球,面对各国抗疫的不同举措及相应效果,福山在其《中国挑战:中国到底是哪一种政权》一文中说到建议西方国家逐步与中国脱钩,他认为中国像 20 世纪的苏联,旨在建立"极权主义制度",将中国共建"一带一路"经济带的倡议歪曲为中国试图将世界经济中心转入由自身主导的欧亚大陆体系。

20 多年来,福山不断对其历史终结于自由民主制的观点进行修正和辩护,通过《政治秩序的起源》《政治秩序与政治衰败》等书不难看出,他已逐渐转入趋于保守的"政治秩序论",但实质只是增加了对西方民主践行方式的反思,未曾改变历史终结于自由民主制的理论本质,对中国发展道路的误读甚至由中国体制特殊性上升到了所谓的"中国威胁论"。"历史终结论"在中国式现代化生动实践面前不攻自破。

（资料来源:张美亚:《马克思主义视域下中国式现代化对"历史终结论"的终结》,《理论观察》2023 年第 9 期。）

2.案例指向

本案例指向教材第十章第三节第五目的第四个子目"明确新时代新征程中国共产党的使命任务"的内容。通过对福山"历史终结论"的终结的解读,帮助学生从全球视野理解中国式现代化的内涵、特征以及中国式现代化道路的世界意义。

3.案例解析

1989年,随着东欧剧变,社会主义走入低潮,美国政治学者弗朗西斯·福山在其《历史的终结》一文,认为自由民主也许是"人类意识形态演化的终点"和"人类政体的最后形式",并因此形成"历史的终结"。之后又写成《历史的终结与最后的人》一书,认为冷战的结束标志着共产主义的终结,归结为西方的自由民主制度,历史的发展只有一条路,即西方的市场经济和民主政治。主张后发民族国家仿效自由民主制以实现现代化。中国式现代化把马克思主义基本原理同中国具体实际相结合、同中华优秀传统文化相结合,开辟了社会主义现代化新道路,中国式现代化的生动实践打破了西方对现代化理论和实践的垄断,标志着"历史终结论"走向破产。

(1)福山"历史终结论"的理论本质是唯心论和形而上学主义

福山援引黑格尔的主奴辩证法和科耶夫的普遍均质国家思想,指出将人类最终推向自由民主制的主线是"为获得承认而斗争"的欲望。在自由民主制国家,普遍相互承认的人格与尊严在主人和奴隶之间也被实现了,而这种尊严又通过权力授予为国家所承认。因此,在自由民主的资本主义制度下,技术水平发达满足人们的物质需求,民主制度又可以使人们获得普遍的尊严和人格,并且没有任何一种制度能超越他,那么历史也就于此终结了。福山忽视历史条件、具体国情、文化背景等多重因素对现代化道路选择的影响,认为不论何种国家和民族,都可被改造为自由民主制,并将自由民主制看作是现代化的最终样态。

(2)中国式现代化是中国特色社会主义探索、发展的成果

在新中国成立特别是改革开放以来长期探索和实践基础上,经过十八大以来在理论和实践上的创新突破,我们党成功推进和拓展了中国式现代化。[①]《1954年国务院政府工作报告》指出:"我国的经济原来是很落

[①] 习近平:《高举中国特色社会主义伟大旗帜,为全面建设社会主义现代化国家而团结奋斗——在中国共产党第二十次全国代表大会上的报告》,人民出版社2022年版,第22页。

后的；如果我们不建设起强大的现代化的工业、现代化的农业、现代化的交通运输业和现代化的国防，我们就不能摆脱落后和贫困，我们的革命就不能达到目的。"《1964年国务院政府工作报告》提出："争取在不太长的历史时期内，把我国建成一个具有现代农业、现代工业、现代国防和现代科学技术的社会主义强国。"1984年3月25日，邓小平在会见日本首相中曾根康弘的谈话中指出："翻两番，国民生产总值人均达到八百美元，就是到本世纪末在中国建立一个小康社会。这个小康社会，叫做中国式的现代化。翻两番、小康社会、中国式的现代化，这些都是我们的新概念。"①

（3）中国式现代化的丰富内涵与特征

中国式现代化，是中国共产党领导的社会主义现代化，既有各国现代化的共同特征，更有基于自己国情的中国特色。

——中国式现代化是人口规模巨大的现代化。我国十四亿多人口整体迈进现代化社会，规模超过现有发达国家人口的总和，艰巨性和复杂性前所未有，发展途径和推进方式也必然具有自己的特点。我们始终从国情出发想问题、作决策、办事情，既不好高骛远，也不因循守旧，保持历史耐心，坚持稳中求进、循序渐进、持续推进。

——中国式现代化是全体人民共同富裕的现代化。共同富裕是中国特色社会主义的本质要求，也是一个长期的历史过程。我们坚持把实现人民对美好生活的向往作为现代化建设的出发点和落脚点，着力维护和促进社会公平正义，着力促进全体人民共同富裕，坚决防止两极分化。

——中国式现代化是物质文明和精神文明相协调的现代化。物质富足、精神富有是社会主义现代化的根本要求。物质贫困不是社会主义，精神贫乏也不是社会主义。我们不断厚植现代化的物质基础，不断夯实人民幸福生活的物质条件，同时大力发展社会主义先进文化，加强理想信念教育，传承中华文明，促进物的全面丰富和人的全面发展。

——中国式现代化是人与自然和谐共生的现代化。人与自然是生命共同体，无止境地向自然索取甚至破坏自然必然会遭到大自然的报复。

---

① 《邓小平文选》第3卷，人民出版社1993年版，第54页。

我们坚持可持续发展,坚持节约优先、保护优先、自然恢复为主的方针,像保护眼睛一样保护自然和生态环境,坚定不移走生产发展、生活富裕、生态良好的文明发展道路,实现中华民族永续发展。

——中国式现代化是走和平发展道路的现代化。我国不走一些国家通过战争、殖民、掠夺等方式实现现代化的老路,那种损人利己、充满血腥罪恶的老路给广大发展中国家人民带来深重苦难。我们坚定站在历史正确的一边、站在人类文明进步的一边,高举和平、发展、合作、共赢旗帜,在坚定维护世界和平与发展中谋求自身发展,又以自身发展更好维护世界和平与发展。

中国式现代化的本质要求是:坚持中国共产党领导,坚持中国特色社会主义,实现高质量发展,发展全过程人民民主,丰富人民精神世界,实现全体人民共同富裕,促进人与自然和谐共生,推动构建人类命运共同体,创造人类文明新形态。[①]

(4)中国式现代化充分展现理论和实践价值

习近平指出:"世界上既不存在定于一尊的现代化模式,也不存在放之四海而皆准的现代化标准。"[②]中国式现代化打破了"现代化＝西方化"的迷思,为广大发展中国家独立自主迈向现代化树立了典范。[③] 近代以来,每个国家都面临着如何实现现代化的问题。曾经,现代化被一些人等同于"西方化",但世界上不应只有一条现代化道路。现代化有许多共同特征,但实现现代化的方式却是不同的。中国有自己独特的文化传统、人口规模、社会制度等,不可能复制西方的现代化道路。中国取得了巨大的发展成就,对于应该追求什么样的现代化、怎样实现现代化,形成了更加成熟的理论。中国同广大发展中国家建立了非常紧密的经济联系,对发

---

① 习近平:《高举中国特色社会主义伟大旗帜,为全面建设社会主义现代化国家而团结奋斗——在中国共产党第二十次全国代表大会上的报告》,人民出版社 2022 年版,第 22～24 页。

② 习近平:《习近平谈治国理政》第 4 卷,外文出版社 2022 年版,第 123 页。

③ 卡洛斯·马丁内斯:《分享中国式现代化机遇》,《人民日报》2024 年 3 月 31 日第 3版。

展中国家探索现代化道路产生了重要影响。①

四、延伸阅读

1.习近平:《决胜全面建成小康社会,夺取新时代中国特色社会主义伟大胜利——在中国共产党第十九次全国代表大会上的报告》,人民出版社 2017 年版。

2.习近平:《在全国脱贫攻坚总结表彰大会上的讲话》(2021 年 2 月 25 日),人民出版社 2021 年版。

3.《中共中央关于党的百年奋斗重大成就和历史经验的决议》,人民出版社 2021 年版。

4.习近平:《把握新发展阶段,贯彻新发展理念,构建新发展格局》(2021 年 1 月 11 日),《习近平著作选读》第 2 卷,人民出版社 2023 年版,第 397—417 页。

5.习近平:《高举中国特色社会主义伟大旗帜 为全面建设社会主义现代化国家而团结奋斗——在中国共产党第二十次全国代表大会上的报告》(2022 年 10 月 16 日),人民出版社 2022 年版。

6.许迪:《牢固树立大历史观》,《前线》2022 年第 3 期。

五、拓展研学

1.配合案例学习,观看"库恩谈中国新时代"视频,增强学习兴趣。

2.回顾和总结我们党成立以来,党对新民主主义革命时期、社会主义革命时期、社会主义建设时期、改革开放新时期不同阶段的历史方位的认识,阶段性中心任务的内容即主要策略。

---

① 马丁·雅克:《中国形成了更加成熟的现代化理论》,《人民日报》2023 年 3 月 21 日第 2 版。

3.参观网上"奋进新时代"主题成就展,讨论实现新时代历史性成就的因素。

4.回顾新中国社会主要矛盾的变化。讨论中国式现代化的理论渊源。

后　记

　　"中国近现代史纲要"是全国高等学校本科生必修的思想政治理论课之一。根据 2005 年《中共中央宣传部、教育部关于进一步加强和改进高等学校思想政治理论课的意见》要求，厦门大学自 2005 年秋季学期以来，面向全校一年级本科生开设。

　　近 20 年来，本课程建设秉持学生中心、持续改进的教育教学理念，从课程的特色、要求和学生的实际需要出发，致力于教学改革和课程建设的探索和研究。本课程 2014 年获批校级示范性网络课程建设项目，全面启动网络教学综合平台建设。2015 年确定教学改革的思路：深化教学体系和教学模式改革，推行"专题教学（课堂教学）＋实践教学＋网络教学"三位一体综合教学改革，在专题教学中，采用案例教学法、情景教学法等。2016 年获福建省精品在线开放课程建设项目。2017 年获校第三批大类平台课程建设项目。2019 年获教育部高校示范马克思主义学院和优秀教学科研团队建设重点项目，校一流本科课程建设项目和"课程思政"建设计划项目。2021 年获批福建省一流本科课程（线下课程）。

　　本书是纲要课程教学改革和课程建设的一项成果，是中国近现代史教研部全体教师集体智慧的结晶。根据马克思主义学院的部署，中国近现代史教研部在 2023 年 11 月初率先完成了分工，各章执笔人：导言和第三章董兴艳，第一章佳宏伟，第二章史勤，第四章周雪香，第五章王明前，第六章晏爱红，第七章李小平，第八章陈洪运，第九章杨沐喜，第十章叶兴建。先后三次开会讨论写作提纲，其中第二次会议学院书记石红梅教授、学院常务副院长张有奎教授莅会指导，第三次会议学院邀请华东师范大学宋进教授指导。初稿完成后，又多次开会讨论，反复修改完善。最后由周雪香统稿。

　　本书从写作的酝酿、撰写的过程和案例的选择等都受到中共福建省委宣传部、中共福建省委教育工作委员会、福建省教育厅有关领导的关心和指导,在此表示诚挚的感谢。本书写作过程中,厦门大学校领导、党委宣传部、教务处等有关领导给予悉心指导和帮助支持,学校党委书记张荣院士亲自为丛书作序,这些关怀都是这本书能够出版的重要保障和强大动力。当然,本书的出版也离不开厦门大学出版社的大力支持,在此一并致谢。

　　习近平总书记强调,思想政治理论课是落实立德树人根本任务的关键课程。推动思想政治理论课改革创新,要不断增强思政课的思想性、理论性和亲和力、针对性。思政课教学改革永远在路上,我们仍在继续探索,不断前行。

周雪香

2025 年 3 月 1 日